DISCARD

TU RIQUEZA OCULTA

JANET BRAY ATTWOOD y CHRIS ATTWOOD,
CON SYLVA DVORAK

TU RIQUEZA OCULTA

DESCUBRE *el* PODER *de los* RITUALES *para* CREAR

una VIDA LLENA *de* SIGNIFICADO

AGUILAR

Tu riqueza oculta
Descubre el poder de los rituales para crear una vida llena de significado

Primera edición: mayo de 2015

D. R. © Janet Bray Attwood y Chris Attwood, 2014

D. R. © 2015, de la presente edición en castellano para todo el mundo:
Penguin Random House Grupo Editorial, S. A. de C. V.
Blvd. Miguel de Cervantes Saavedra núm. 301, 1er piso,
colonia Granada, delegación Miguel Hidalgo, C. P. 11520,
México, D. F.

www.megustaleer.com.mx

D. R. © Traducción: Elena Preciado
D. R. © Diseño de portada: Jess Morphew
D. R. © Fotografía de los autores: © Doug Ellis (Attwoods)
© Stacie Isabella Turk / Ribbonhead (Dvorak)

Comentarios sobre la edición y el contenido de este libro a:
megustaleer@penguinrandomhouse.com

ISBN 978-607-113-732-6

Impreso en México / *Printed in Mexico*

Índice

Introducción:
¿Por qué rituales?

Nosotros, Janet y Chris, tenemos el trabajo más emocionante que te puedas imaginar: enseñar a las personas a poseer un diseño de vida único que corre a través de cada parte de su existencia. Cuando lo descubren, las cosas que parecen aleatorias, accidentales, productos de la mala suerte o la desgracia, de repente tienen sentido. Esto también se aplica en ti. En vez de ser víctima de las circunstancias, rodando de aquí para allá por fuerzas incontrolables, puedes descubrir lo satisfactoria que es la vida. Tu diseño hace que todo se acomode en su lugar. De repente serás el centro del propósito y significado. Importarás en la forma más maravillosa posible.

Este libro te dará los pasos para profundizar en tu diseño único de vida. Te ayudará a revelar tu riqueza oculta: ese potencial desactivado por la forma caótica en que mucha gente vive. Nuestro acercamiento está arraigado en las tradiciones más antiguas del mundo, basadas en ceremonias diarias, celebraciones y prácticas para profundizar en tu corazón y mente (o sea un *host* de *rituales* que dará a tus días forma y significado). La vida cotidiana no es más que una serie de días, pero cuando puedes elevar cada uno, descubrirás alturas que nunca imaginaste.

Pero, ¿por qué rituales? La simple palabra nos trae a la mente malos recuerdos de reuniones vacías como la cena de Acción de Gracias. A veces, hay miembros de la familia que no desean estar allí, o dicen su agradecimiento tan rápido como sea posible para empezar a comer. Los rituales implican formalidad, como la ceremonia japonesa del té. Hermosa, pero no apta para el ritmo acelerado de la vida moderna.

Podemos contrastar esos momentos con una boda formal. Las bases para una experiencia inolvidable descansan en el ritual, la ceremonia y la celebración. Janet recuerda el día que se casó con Chris en una pequeña capilla:

Podía ver cómo todos nuestros amigos parecían estar de buen humor, con una expectativa feliz. Mis seis damas caminaron por el pasillo, al igual que las doce niñas con flores. Chris tuvo que correr para llegar a tiempo, pero ahí estaba, un poco rojo y agitado, esperando a su novia.

En un minuto sería mi turno y, de repente, caí en cuenta de que yo no era yo, no era la que había organizado de forma frenética ese acto, no era la que había tratado de que cada detalle saliera perfecto. Soy una persona con mucha confianza y estoy acostumbrada a actuar en público. Pero estaba temblorosa, al borde de las lágrimas. Había algo muy profundo en la atmósfera. Estaba más allá de la alegría de la ceremonia. Sentí casi como si estuviera fuera de mi cuerpo, y entonces me di cuenta del porqué. Estaba experimentando un sacramento. La religión organizada no ha sido parte de mi vida desde hace mucho tiempo, pero en ese momento, miraba de cerca una especie de misterio espiritual: La forma en que un grupo de gente se reunía para juntar a dos almas… creaba un espacio sagrado.

Nunca olvidaré esa pequeña epifanía y ahora, años después, pienso que crear un espacio sagrado, no sólo en una capilla sino en tu propio ser, es uno de los éxitos más valiosos de la vida.

Nuestro intento es ayudarte desarrollar poco a poco la riqueza del ritual que Janet experimentó ese día. Te pedimos que hagas a un lado tus ideas preconcebidas. En realidad, los rituales tienen un significado muy profundo que se ha ido perdiendo. Cada día tiene el potencial para ofrecer una epifanía, pero poca gente sabe que tiene esa oportunidad. Más adelante te contaremos una historia asombrosa sobre una mujer que descubrió una capa mental que ni siquiera soñó. Pero primero, un poco más sobre por qué llamar a este libro *Tu riqueza oculta*.

Tu potencial oculto está entrelazado en la configuración secreta de tu vida. Las respuestas a las preguntas más profundas y esperanzas más valiosas no andan por ahí, en alguna parte fuera de ti. La vida es la respuesta a la vida. Debes conectar con la parte de ti donde se encuentran estas respuestas, tus riquezas.

¿Qué evita que la gente encuentre su riqueza oculta? Hemos reflexionado mucho sobre eso y he aquí nuestra conclusión. Una de las partes más felices de la vida de una persona está conectada a una de las más tristes. La parte feliz es el sueño que tienes de qué vas a ser cuando seas grande. Empieza desde niño. Todos juntamos pedazos y piezas de una imagen ideal, la cual está basada en obtener lo que en verdad deseamos. A los seis años, lo que en realidad quieres es tu riqueza interior. No tienes mayores preocupaciones porque tus padres te proveen de protección, alimento, amigos, juegos y mucho tiempo para divertirte. Pero si viajamos treinta años en el tiempo, a menudo ese sueño se ha desmoronado, y ahora está asociado con tristeza en vez de esperanza.

¿Tienes lo que en verdad quieres? ¿Estás feliz, satisfecho y vives como te gustaría? Si sí, has logrado algo raro: Encontraste el diseño de tu vida, tal vez por medio de ensayo y error. Vives tu destino a través del trabajo, las relaciones y la diversión. ¿Qué podría ser más ideal? Contrario a lo que decía la mamá de Forest Gump, la vida no es una caja de chocolates. Más bien es como un enorme rompecabezas que promete una hermosa imagen terminada, sólo que la tapa de la caja está en blanco. La expectativa es armarlo sin ningún modelo a seguir. Para hacerlo más difícil, hay piezas nuevas que llegan cada día.

De hecho, es sorprendente lo bien que la mayoría de la gente forma algún tipo de imagen feliz. Pero enfrentemos la realidad. Todos nos asentamos. Nuestra vida ideal de seguro ha sido cambiada por algo menos maravilloso, incluso la imagen más alegre tiene sus piezas irregulares y lugares escondidos donde mueren los sueños olvidados.

En Estados Unidos, a las personas les gusta la idea de libertad total, de camino abierto y de rebeldes sin causa. Vivir de esta forma se ha convertido en el objetivo de mucha gente joven en el mundo. La realidad no es así. Más allá de las fantasías adolescentes y los sueños románticos, la felicidad verdadera proviene de saber que has construido la mejor vida posible, usando tu inteligencia, creatividad, y cada fibra de tu ser.

Como leerás en unos instantes, es posible aplicar los rituales a las acciones pequeñas y diarias para generar una cotidianidad rica y gratificante. También pueden ser ceremonias formales que te transforman al conectarte con significados profundos en cada aspecto de tu vida. Incluso pueden cambiar el curso completo de tu existencia. Para ayudarte en la exploración de este mundo extraordinario, hemos reunido una rica colección de rituales comunes y ceremoniales en www.thehiddenriches.com.

Entonces, ¿cómo revelar tu riqueza oculta? Primero, reconociendo que existe. Segundo, llevando tu mente a un nivel más profundo de atención. Tercero, canalizando tu energía vital en nuevas direcciones. Te mostraremos cómo hacer los tres, usando los rituales como clave porque proveen la ruta natural a una realidad más profunda, que ya existe dentro de ti. La atención es lo principal. Siempre estamos cambiándola de una cosa a otra. Si estás distraído, agobiado, estresado o preocupado, las influencias externas jalan tu vida diaria hacia ese camino. Para mucha gente, sacar adelante el día es una especie de ligero caos organizado.

Pero si tu atención está relajada, clara, abierta, y presente, todo cambia. Ves lo más importante y significativo para ti, y vas por él. Los rituales concentran tu atención en forma práctica, como te mostraremos en la segunda parte, donde ajustamos rutinas específicas para las necesidades principales que todos compartimos. Éstas son:

Relaciones: Atraer a tu pareja ideal y formar un lazo de amor entre ustedes.

Dieta, salud y belleza: Armonizar tu cuerpo en cada nivel de manera que se vuelva tu aliado más fuerte en la búsqueda de un estado óptimo de bienestar.

Dinero y riqueza: Empatar tus riquezas internas con la abundancia externa.

Rituales ceremoniales: Crear un espacio sagrado y entrar en él para curarse y renovarse.

Familia: Acercar a padres e hijos a un círculo más cercano de seguridad, entendimiento y amor.

Todas estas áreas son expresiones de tu diseño de vida y cuando estás alineado con él por completo, se crea lo que llamamos "riqueza iluminada". En estas esferas, la satisfacción viene de forma natural y en gran medida. Sabemos que no identificas un alto estado de realización con rituales (al menos, no todavía), pero ése ha sido su propósito por miles de años. Los rituales funcionan porque canalizan tu atención en una forma nueva... y mejor.

Para darte una idea de lo que es posible cuando te sumerges en el mundo del ritual, permítenos presentarte a Lynne Twist. Durante veinte años Lynne ha trabajado sin descanso para acabar con el hambre en el mundo. Es la jefa de recaudación de fondos de The Hunger Project (Proyecto para la hambruna). Trabajó junto a la Madre Teresa de Calcuta, Nelson Mandela y el Arzobispo Desmond Tutu; entrenó a miles de voluntarios y ha viajado por África y Asia ayudando a quienes más lo necesitan.

En 1995 Lynne recibió una llamada de uno de sus más grandes donadores. Tenía un proyecto de mascotas y quería que le ayudara. Cuando los mayores aportadores llaman, los recaudadores de fondos escuchan. Lynne voló a Sudamérica, donde el trabajo de este cliente ya había comenzado. La acompañó John Perkins, un antiguo colega y el autor del *bestseller Confessions of an Economic Hit Man*.

Nada la había preparado para lo que vendría.

Una noche, un pequeño grupo invitó a Lynne y John a una antigua ceremonia. Sentados alrededor de una fogata, ellos y el grupo fueron guiados por un chamán maya que instruyó a cada persona para que "entrara en su sueño" mientras él tocaba unos tambores. Sin esperar nada, Lynne hizo su mejor esfuerzo para seguir las instrucciones. De repente, fue transportada al cuerpo de un gran pájaro volando sobre la jungla.

"No estaba experimentando el sueño de un pájaro", remarcó con emoción años después. "Yo *era* el pájaro. Podía ver los árboles por abajo y sentir el viento en mis alas." ¿Cómo era posible?

Se dejó llevar por la experiencia, y mientras seguía volando, empezó a ver rostros que surgían de la selva. Caras fuertes, de ancestros, pintadas con dramáticos patrones difíciles de olvidar. Lynne no tiene una idea precisa de cuánto duró su experiencia, pero cuando se sintió de regreso en el cuerpo humano, estaba conmocionada de manera profunda.

"Sentados alrededor del fuego, todos empezamos a relatar nuestras experiencias. Cada persona había sido transformada en algún animal (jaguar, serpiente o pájaro). El chamán explicó que eran nuestros espíritus guías y a través de ellos podíamos recibir mensajes."

Cuando terminó, entre todo el grupo, sólo ella y su colega John Perkins compartieron la misma experiencia de volar alto, sobre la jungla, como un enorme pájaro. Él también había visto las caras pintadas que se le aparecieron a Lynne después de la ceremonia. Días después, se fue a África para atender una importante reunión. Se ocupó de asuntos nuevos y sacó de su mente el recuerdo de la extraña experiencia con el ritual.

Entró a la sala de juntas y se sentó con sus documentos. Miró alrededor e identificó caras familiares. Pero de repente, de una manera impresionante, los hombres empezaron a asumir la forma exacta de los diseños geométricos y naranjas que había visto en su "sueño". Temblando, Lynne se disculpó un momento de la junta y fue al baño de mujeres tratando de darle sentido a lo que le estaba pasando. Todavía agitada, terminó rápidamente su trabajo en África y tomó un avión de regreso a San Francisco, a su esposo Bill y al bullicio conocido de la vida en la ciudad.

Pero sus visiones no la dejaron sola. Los diseños pintados reaparecieron, ahora en los rostros de los hombres de la tripulación y los demás pasajeros. Lynne se frotó los ojos, los cerró y apretó, mientras rezaba para que fuera temporal. Deseaba que se tratara de agotamiento extremo, provocado por la agitada agenda de trabajo que la había consumido por años. En cuanto el avión aterrizó en California, llamó a John, pero estaba de viaje en Sudamérica. Así que, con impaciencia, esperó dos semanas a que regresara.

Al final, se encontraron. Lo primero que él le dijo fue: "También las has estado viendo, ¿verdad?" El silencio entre ellos fue la única confirmación que necesitaban. Mientras Lynne estuvo en África, John intentó armar el rompecabezas para entender qué estaba pasando. Al investigar, reconoció los distintivos diseños faciales. Los identificó como pertenecientes a la gente Achuar, un pueblo indígena de Ecuador que tenía poca interacción con el mundo moderno.

"Intentan hacer contacto con nosotros Lynne. Necesitamos viajar a Ecuador."

Organizaron un viaje a un área remota en lo más profundo de la selva ecuatoriana donde se hizo el contacto con los Achuar, una tribu antigua que confirmó algo sorprendente.

"Trataban de encontrar almas cuyos corazones estuvieran abiertos lo suficiente para recibir la invitación que estaban mandando. Las compañías petroleras invadían sus tierras ancestrales, destruyendo todo a su paso", comentó Lynne.

La única forma en que los Achuar podían contactar al mundo exterior era a través de mensajes espirituales. Ellos relataron con sus visiones la profecía del águila y el cóndor. "Era una profecía poderosa", explicó Lynne con sentimiento. "El águila representa la gente del mundo que ha usado su intelecto para crear avances tecnológicos modernos, trayendo a sí mismos gran abundancia. Pero en el proceso, la gente del águila se ha desconectado del corazón y de los valores espirituales más profundos que sostienen a la vida."

"Por el contrario, el cóndor representa la gente indígena del mundo que ha usado la sabiduría tradicional para mantener su conexión con los valores del corazón. Su recompensa no es económica, sino las riquezas de una vida espiritual poderosa. Una vida tan poderosa que puede enviar visiones a alguien lejano, como a John y a mí."

Lynne escuchó muy conmovida el resto de la predicción contada por los Achuar. La profecía dice que en este momento de la historia, la gente del águila y del cóndor deben unirse para asegurar la supervivencia de la humanidad.

"Ya creía parte de esto, que el llamado mundo civilizado debe proteger a los indígenas y aprender de ellos la riqueza que hemos perdido. Pero los Achuar nos dijeron algo más: Es igual de importante que la gente del águila despierte de su 'sueño'."

La experiencia de Lynne generada por la participación en un ritual, le permitió renunciar al Hunger Project y cambiar la dirección de su vida por completo. Ella, su marido y sus colegas se unieron con los Achuar para fundar la Alianza Pachamama. Esta inusual asociación ha permitido salvar de la destrucción más de cuatro millones de hectáreas de bosque tropical del Amazonas y entrenar a más de tres mil instructores para conducir los seminarios *Awakening the Dreamer* (Despertando al soñador).

La advertencia descrita por los Achuar tiene eco en los representantes de las civilizaciones más antiguas de nuestro planeta, desde los aborígenes de Australia y Nueva Zelanda hasta los Anishinabe de Norteamérica y otras tribus de los maestros espirituales de las tradiciones Védicas en la India y Nepal. Todos transmiten el mismo mensaje: El planeta está en un momento de transición. Si quienes somos parte del "mundo desarrollado" queremos continuar progresando, debemos encontrar formas de reconectarnos con la dimensión espiritual e interconectar todos los aspectos de nuestra vida.

El mundo es sólo un reflejo de cada uno de nosotros. Si sientes que tu vida está en un punto crítico, que te falta algún elemento importante para tu felicidad y sentido de propósito entonces... no estás solo.

En la historia de Lynne hay una enseñanza para todos nosotros. La esencia de una vida significativa se encuentra en reconectar con esas invisibles fuerzas espirituales a las que tenemos acceso. Si te ves a ti mismo como una parte aislada, nunca descubrirás el todo. Lo que es cierto para el planeta, también lo es para cada individuo. En otras palabras, tú y yo. No estamos atrapados en el ir y venir del mundo cotidiano. Algo rico y misterioso descansa bajo la superficie. El ritual es la forma tradicional de buscar el tesoro escondido.

Nuestro primer libro *Descubre el secreto* (www.thepassiontest.com), fue muy gratificante porque muchos lectores dijeron que les había abierto los ojos al simple hecho de que la vida podía ser apasionada, no sólo en cuanto a romance, sino en la búsqueda de nuestra propia visión personal. Este nuevo libro, *Tu riqueza oculta,* va directo al grano, a los rituales diarios que sacan lo mejor de ti y le permiten florecer.

Te mostraremos, paso a paso, una forma de juntar las piezas del rompecabezas de la existencia. Hay un diseño para tu vida. Naciste con él. Revelar tu propósito en el mundo y el rol exclusivo que te toca jugar… consiste en descubrir ese diseño de vida.

Nuestro mundo está en un punto crítico. Necesita que hagas lo que viniste a hacer. Cuando lo logres, estarás viviendo tu vida ideal, cosechando las riquezas internas que son tu derecho de nacimiento.

PRIMERA PARTE

Rituales y tu vida ideal

Una visión de plenitud

Los rituales son las herramientas para acceder a tu riqueza oculta. Pueden llevarte al corazón de tus problemas así como al de sus soluciones. Uno de sus propósitos es curar. A lo mejor esto es nuevo para muchos de ustedes, pero así ha sido durante siglos. También han servido como conexión sagrada para llegar a una realidad más alta. ¿Por qué deberías hacer ese viaje tú sólo?

Los rituales son reconexión. Cuando la mente, el cuerpo y el espíritu están conectados de verdad:

> Te sientes con más energía.
> Eres más centrado y poderoso.
> Fluyes de forma natural.
> Emanas un brillo interno y externo.

Cuando estás conectado, tu energía vital no fluye como un río sin rumbo fijo inundando sus orillas. No es como una descarga eléctrica o una bebida energizante cargada de cafeína. La fuerza de la vida es integradora; llena el cuerpo y la mente con la cantidad exacta de energía para crear un flujo, por eso cuando haces lo que más te importa te sientes bien. Te guía cuando estás en armonía con la vida y te lleva por el camino adecuado para cumplir tu único propósito de estar vivo. Tener una visión de esta energía es de vital importancia. En la antigua India se le llamaba *shakti*. En la tradición china les decían *chi*, y anda por ahí con otros nombres en diferentes culturas alrededor del mundo. Para incrementar esta energía vital o fuerza de vida se crearon rituales específicos.

Las palabras *shakti* o *chi* pueden sonar esotéricas, pero lo que en realidad importa es que todo el mundo nació con esta energía (puedes ver lo vital, feliz, curioso y vibrante que es un bebé). En cambio, cuando crece se vuelve aburrido, letárgico, ansioso o deprimido, su fuerza de vida está en decadencia. Todo esto sólo tiene sentido cuando incrementas tu energía vital para mejorar tu vida.

Nuestro objetivo es modernizar esta antigua visión. Los rituales que se originaron en culturas ancestrales pueden ser adaptados a la vida actual. Son la cima de la reconexión. Cuando logres estar conectado por completo en mente, cuerpo y espíritu, estarás completo. Ése es nuestro modelo de vida ideal.

Tu diseño de vida

Si miras a tu alrededor, puedes identificar con facilidad cuál persona dirige su vida con gran satisfacción. ¿Cómo? A todos nos gustaría estar así. Los psicólogos *performance* como Jim Loehr pasan sus carreras ayudando a compañías multinacionales y deportistas olímpicos a conectar con esta energía de fuerza vital, creando logros, triunfando sobre retos devastadores, y alcanzando éxitos inusuales (todo con la ayuda de rituales conscientes, positivos y sólidos). Tú puedes fabricar el mismo tipo de vida para ti.

La estructura formal del ritual permite a los participantes conectarse con el aspecto más profundo de su naturaleza interior. Observa los movimientos de yoga, están basados en un ritual antiguo, pero adaptados a la vida moderna para crear una conexión entre el cuerpo, la mente y el espíritu. O considera la peregrinación representada en la película *The way (El camino)*, que trata sobre la famosa ruta en España: el camino de Santiago de Compostela. El personaje principal —actuado por Martin Sheen— descubre que hacer una peregrinación no sólo se trata del lugar sagrado y el final. Es encontrarte a ti mismo, conectando con tu paz interior y tocando con esperanza ese lugar sagrado dentro de ti.

Éstos son algunos ejemplos, pero hay un diseño mucho más grande donde encajan los rituales. Imagina que hay una estructura inherente a tu vida que, cuando te alineas con ella, de forma automática te genera la sensación de descanso, flujo, paz y éxito. Visualiza esto como algo que te conecta con tu único propósito y rol, inmerso en un sentido de pertenencia, en paz contigo mismo y con el mundo. Podemos llamar a esta estructura tu diseño de vida.

No es accidente que te gusten las cosas que te gustan. Lo que atraes, lo que te apasiona, para lo que eres bueno… todo es parte del diseño único de tu vida. Cuando te alineas con él, te sientes alegre, satisfecho y con significado. Cuando no, empiezas a estar infeliz, a sufrir y a volverte miserable. Esta inconformidad es una señal de que tu vida está fuera del camino que te lleva a cumplir tu único propósito. Algo necesita un ajuste.

A través de la energía vital que te sostiene, tu diseño de vida poco a poco y de forma constante se aparece dentro de cada célula de tu cuerpo y cada parte de tu ser. Cada célula está constituida de forma dinámica, moviéndose con miles de reacciones químicas por segundo. No es una estructura estática como un plano arquitectónico o los esquemas de un chip de computadora.

Como la estructura de una célula es dinámica, puede responder a cada cambio en el cuerpo (cuánto comiste, qué tan bien dormiste, si tu humor es eufórico o depresivo). Hay una energía pequeñita moviéndose en cada célula que reacciona a estos cambios. Por consiguiente, cada una de ellas establece el balance perfecto entre orden y espontaneidad.

Lo mismo debería ser verdad en tu vida como un todo. Mucha gente conoce la famosa escena de *Jerry Maguire* donde Tom Cruise le dice a Renée Zellweger: "Tú me complementas." (¿De verdad? Tom Cruise luce como el tipo que sólo necesita unos increíbles lentes oscuros y un Maserati para estar completo.) ¿Cómo es que su vida está llena? Por amor, obvio, pero también por invertir en las cosas que tu riqueza oculta quiere expresar. Si cada célula de tu cuerpo anhela algo, ese algo te hará completo. De forma biológica fuiste diseñado así.

Tus células se desarrollan muy bien y controlan de forma maravillosa el flujo de energía que extraen del aire y la comida. En las tradiciones de sabiduría antigua, el uso de la energía vital era planeado con mucho cuidado en cada nivel. Esto proveía una forma objetiva para entender por qué estar alineado con la energía vital producía un flujo óptimo mientras que estar fuera de alineación generaba sufrimiento. El potencial infinito en el centro de cada vida fue expresado a través de cinco niveles, desde el más sutil hasta el más físico.

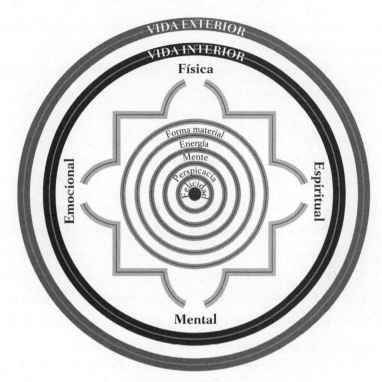

Diagrama del diseño de vida

Desde tu centro trascendente, o núcleo espiritual, el potencial infinito que ahí existe irradia a través de cinco capas. La energía de la vida se transforma en formas nuevas antes de salir por "las cuatro puertas". De manera tradicional se llaman "las cuatro puertas" de la expresión física, mental, emocional y espiritual, a los umbrales por donde fluye la energía. Toda esta actividad representa tu existencia interior. También diriges una vida exterior, como se representa por el anillo que abarca tu rol social y la imagen que das a los otros. Incluso aquellos que te conocen mejor, no pueden saber por completo de tu vida interior. Además, cuando descubres tu diseño de vida, el interior y exterior empiezan a empatar de una forma mucho más cercana. No hay duda de que usar una máscara o asumir una imagen pública te aleja del verdadero tú.

Las cinco capas a través de las cuales el potencial de tu vida se expresa por sí solo son:

El nivel de la felicidad. Es el lugar desde donde surgen la alegría, la vivacidad, la pura dicha de estar vivo. *Shakti* fluye desde esta fuente invisible.

El nivel de la perspicacia. Es la parte de ti que puede "sentir" si algo está bien o no, sin tener que pensar en ello. De aquí surge la intuición.

El nivel de la mente. Incluye pensamientos y emociones y es donde muchos tropezamos. Cuando nuestros razonamientos y sentimientos son autodestructivos, bloquean el acceso a los niveles de felicidad y perspicacia.

El nivel de la energía. Es el que atrae o repele. ¿Cada vez que conoces a alguien de inmediato sientes atracción o repulsión? Estás respondiendo al campo energético que esa persona está proyectando. Cuando alguien es oscuro y depresivo, lo sientes. Cuando la gente es amorosa y feliz, también lo sientes.

El nivel de la forma material. Es la expresión física de las capas anteriores. Serás capaz de ver la distorsión en el diseño de vida de alguien por su condición física. Cuando la gente está bien alineada se ve llena de energía, saludable y feliz.

Cuando estás alineado con tu diseño de vida, los dos anillos exteriores (uno representa tu vida interior y el otro la exterior) son perfectamente simétricos. Ahora tenemos un patrón para la vida ideal. Las leyes de la naturaleza y el poder organizador de tu fuerza vital son estructurados dentro de tu centro trascendente.

Dependiendo de tu tradición espiritual, te puedes referir a este centro como Dios, Alá, Jehová o Brahman, pero nos sentimos más cómodos usando un término de valor neutral: la fuente del poder infinito. El caudal de energía que inicia ahí viaja a través de cada nivel y se transforma en el cuerpo, la mente y las emociones. Como este flujo es natural, los antiguos sabios afirmaban que la vida era un todo que no implicaba esfuerzo.

Esta afirmación tiene un alcance tan grande que necesitamos desarrollarlo poco a poco y en detalle. Queremos mostrar que la clave para transformar la lucha en facilidad, la cual incluye cada aspecto de tu vida, es un set de rituales que te reconectan al caudal de tu energía de vida. Vamos a revisar de forma exacta qué significa esto.

¿Por qué la vida es una lucha?

Tal vez estás de acuerdo con el dicho "Por algo pasan las cosas" pero, ¿en verdad ves la razón detrás de lo que te sucede? Desde el impacto infantil de ver morir una mascota muy querida a los cinco años, hasta escuchar a tus padres peleando detrás de la puerta de tu recámara; desde esperar con impotencia cuando un miembro de la familia tiene cáncer hasta ver a un abuelo sufrir de Alzheimer, todos son traumas aleatorios sobre los que no tenemos ningún control. No parecen suceder por alguna razón. Para llegar a cualquier lado en la vida, se requiere poder personal y fuerza interior que te permitan soportar la tormenta.

Esto nos lleva de forma directa a la mente. Imagina una gran bodega cuyas puertas están abiertas. Entras y miras alrededor. Es un espacio vacío y la tenue iluminación hace que parezca infinito. La bodega es tan basta que todas y cada una de las cosas podrían almacenarse dentro.

Este lugar es tu mente. El enorme espacio esperando a ser llenado es tu potencial. De niños, nadie nos dijo que meter cosas a la bodega era involuntario (es un requerimiento de cada persona). Todas las experiencias, buenas o malas, desde el momento del nacimiento, han sido guardadas en tu mente. Ahora que eres un adulto, has recorrido un largo camino que ha ido almacenando pensamientos, sentimientos, recuerdos y todo tipo de cosas en tu bodega. Nadie llena su mente de la misma forma.

La gente más afortunada, feliz y exitosa ha descubierto un secreto sobre su cerebro. Para estas personas, la mente no es sólo una bodega para llenar con pensamientos y sentimientos al azar, impulsos y deseos. Es un lugar de riquezas escondidas. Todo el amor que experimentarás en la vida entera (presente, pasado y futuro) está ahí. Tus esperanzas serán cumplidas ahí. Hay alegría en abundancia, cuando sepas cómo descubrirla. Lo más valioso que cualquiera puede aprender es cómo encontrar estas riquezas escondidas.

Fallar al descubrirlas genera una vida marcada por el desorden y la confusión. Mucha gente ha convertido su bodega en un cuarto de adolescente. Todo es un caos. El piso está lleno de basura que se recoge y se vuelve a tirar. Las paredes tienen un montón de carteles, *stickers*, tal vez hasta una señal de "alto" robada o logos deportivos. Los adolescentes disfrutan el lujo de una recámara desordenada porque sus madres, por lo general, se exasperan lo suficiente para venir y arreglarles el desorden. Pero por desgracia, si sigues llenando tu mente de esta manera, nadie llegará a arreglar el desorden por ti.

Es probable que tu primera reacción sea: "Mi mente no está así." Sabemos que mucha gente vive sus vidas esperando encontrar éxito y plenitud, pero hay quienes no tienen idea de que su mundo interior los está alejando de alcanzar sus objetivos. Han desarrollado el hábito de una mente desorganizada y la evidencia se puede ver en uno de sus típicos días.

Nunca tienen tiempo suficiente para hacer todo.

Los accidentes y distracciones salen de la nada, llevándolos por otros caminos.

Tienen mucha actividad aleatoria en el trabajo y en la casa.

Acumulan estrés.

Las fechas límites los presionan.

De forma constante, otras personas les quitan tiempo y energía.

Si reconoces esta imagen, lo que te está robando tus riquezas escondidas no es el exterior, es decir la gente y las actividades. Más bien se están perdiendo en el desorden de tu mente, como un anillo de bodas arrojado en un terreno con maleza. Para la mayoría de las personas es difícil verlo. Trabajan muy duro para obtener recompensas externas como dinero, el trabajo correcto, una casa bonita. Pero a pesar del mejor plan y motivación se sienten frustradas. Mucho de su potencial interior está desperdiciado o no se ha descubierto.

Esto nos hizo recordar a Jonathan, quien ahora tiene como cuarenta y cinco años. Él siguió su visión de ser una persona exitosa e independiente. Cuando era adolescente, Jonathan sabía que había nacido para ser un hombre de negocios. Podía hablar con cualquiera. Su personalidad extrovertida bajó rápido las barreras sociales y tenía toneladas de entusiasmo para cualquier proyecto que empezaba.

Y emprendió muchos. Su mente siempre estaba ocupada en la siguiente idea brillante. Dejó la escuela para vender bienes raíces en Florida y rápido se volvió nervioso. A sus compañeros y jefes les agradaba. Sin embargo, Jonathan se ganó la reputación de no terminar lo que empezaba. Los contratos le aburrían y entonces veía todos los detalles quisquillosos de las hojas perforadas y las quejas de los inquilinos. Se mudó, vendió bienes raíces en Colorado, luego carros en California, después regresó. Su ansiedad terminó cuando se estableció con su amorosa esposa Karen.

Siguió un buen periodo, en el cual Jonathan fue capaz de empezar su propio negocio de botes, con el sueño de vender yates algún día. "Si naciste hombre de negocios", decía a sus amigos, "intenta vender la cosa más grande que puedas. No es más difícil que vender VW usados." Pero con todo su entusiasmo y talentos, Jonathan nunca pudo hacer sus sueños realidad. Los signos indicadores siempre estuvieron ahí:

Era impulsivo, siempre siguiendo la próxima idea brillante.
Odiaba estar atado a una rutina ordenada.
Dejaba que otros terminaran las cosas.
Sus asuntos financieros siempre fueron un desastre, generando falta de dinero y problemas de impuestos.

Sobre todo, la vida de Jonathan no le enseñó ninguna lección valiosa para construir un futuro mejor. Ahora divorciado y de regreso a las ventas de bajo nivel, Jonathan es un ejemplo que nadie quiere imitar. Pero sentimos mucha simpatía por él porque millones de personas son víctimas del desorden mental, falta de control de impulsos y una incapacidad verdadera para desarrollar sus dones naturales.

En muchos casos, éste es el resultado de no poder descubrir y entender los propios genios (sí, todos los tenemos) incrustados en el diseño de vida. Encontrarlos te permite conectar y emparejarte con otras personas cuyo talento es complementario, de esta forma cada quien es capaz de enfocarse en sus fortalezas, tal como nosotros (Janet y Chris) lo hemos hecho.

Las cosas que bloquean el éxito y la plenitud no son un misterio (aunque se siente como uno cuando estás dentro del caos). Satisfacer tu potencial ocurre en el presente. Aquí y ahora debes cumplir tus retos diarios, encontrar soluciones y seguir adelante. Ahí es donde empieza el beneficio de los rituales en el nivel práctico.

Pequeños rituales, grandes resultados

De seguro ya tienes tus propios rituales personales, pequeñas rutinas repetidas que funcionan para ti. Cuando la estrella de la NFL, el *quarterback* Tim Tebow se arrodilla a rezar antes de un juego, su ritual lo reconecta con Dios y le dedica su juego a un poder más alto. Cuando el campeón de golf Phil Mickelson cierra los ojos y visualiza cómo jugará el siguiente hoyo, el ritual concentra su mente para obtener los resultados que quiere.

Nos fascinó el artículo titulado "Why Rituals Work" (Por qué funcionan los rituales). Salió en mayo de 2013 en *Scientific American*. Los autores mencionan que los rituales personales, "los comportamientos simbólicos que hacemos antes, durante y después de un suceso significativo, son universales de forma sorprendente, más allá de la cultura y del tiempo." En la superficie, el ritual puede parecer irracional, como en este ejemplo:

Apoyo los pies en el piso muy fuerte, inhalo y exhalo de manera profunda y "sacudo" mi cuerpo para remover cualquier energía negativa. Lo hago muchas veces: antes de ir a trabajar, al entrar a una reunión y frente a la puerta de mi casa después de un largo día.

Tal vez nos guardamos esto para nosotros mismos, pero la mayoría tenemos pequeñas rutinas similares. Aun así, nos sorprendería escuchar que los investigadores han examinado los verdaderos beneficios de los rituales personales, los cuales se vuelven un poco más racionales. "Incluso los rituales simples pueden ser extremadamente efectivos. Éstos funcionan para aliviar las penas después de experimentar pérdidas (desde amorosas hasta la lotería). También se usan antes de las tareas estresantes (como cantar en público) para reducir la ansiedad e incrementar la confianza de una persona."

Antes de que pienses que esto es un asunto de fe, he aquí un punto sorprendente: "Los rituales benefician incluso a la gente que dice no creer en el funcionamiento de los mismos." Para fundamentar estas conclusiones, el artículo cita un experimento en desempeño deportivo. Se les dio una "pelota de la suerte" a algunos sujetos de estudio, mientras que otros recibieron una pelota normal. Cuando se les pidió que demostraran sus habilidades en el golf, aquellos con la pelota "de la suerte" lo hicieron mejor, gracias a que aumentaron su confianza. El desempeño también mejoró cuando el investigador le decía (a propósito) a un grupo: "Cruzaré los dedos por ustedes."

¿Hay una conexión causa-efecto entre aparentes rituales supersticiosos y mejores resultados? Los autores del artículo, quienes son profesores conductistas sociales en la Escuela de Negocios de Harvard, dejan ésta como una pregunta abierta. Pero concluyen que los rituales funcionan, en especial en situaciones donde alguien se siente ansioso o inseguro. "A pesar de la ausencia de una conexión causal directa entre el ritual y el resultado deseado, hacer algo con la intención de producir una cierta consecuencia parece ser suficiente para que ésta se vuelva realidad." Recuerda las palabras clave "intención" y "resultado deseado", desempeñarán un rol importante en este libro.

Algunos de estos rituales privados son tan valiosos que pueden hacer una diferencia proporcional a su tamaño. He aquí un ejemplo dado por un millonario independiente que es un modelo de eficiencia. Su ritual no es supersticioso, pero es muy racional, un cómodo lugar para empezar. "Miro todo lo que me pasa de tres formas. Si puedo contestar una pregunta o resolver un problema en menos de dos minutos, lo hago de inmediato. Si la pregunta o el problema me toma más tiempo, entonces se va a dos cajas. La primera contiene lo que puedo resolver hoy o mañana. La segunda tiene todo lo demás, las cosas a largo plazo. Es un sistema simple, pero te asombraría lo bien que me ha servido a lo largo de los años."

De hecho este pequeño ritual es muy brillante cuando pones atención a las opciones. Todos hemos tenido esos días en los que necesitamos hacer mil cosas. Lo primero puede ser una tarea que toma una hora o más, como pagar las cuentas del mes. Empiezas, pero justo a la mitad llega el correo. Hay una notificación de que te sobregiraste en tu tarjeta, lo cual es sorprendente y alarmante. Con ansiedad te enfocas en este problema justo cuando llegan los niños y dicen que tienen hambre. Mientras tratas de darles de comer, suena el teléfono y es tu amiga que quiere saber cuándo puede venir para platicar sobre la venta de pasteles para la caridad.

El ritual que sigue nuestro millonario amigo no resolverá el caos completo, pero veamos cómo se podría aplicar en este caso: No empiezas a pagar las cuentas porque toma demasiado tiempo. Las pones en la caja de cosas para hacer hoy o mañana. Preparar una botana para los niños toma alrededor de dos minutos, así que lo haces por adelantado. La noticia del banco tomará menos de cinco minutos en el teléfono, así que será lo siguiente. Cuando tu amiga llame para el acto de caridad, lo pondrás en la segunda caja, la de las cosas que necesitan más tiempo para planearse. No desperdicies el precioso tiempo de hoy, cuando no estás en el momento adecuado para encargarte de una actividad a largo plazo.

Gente muy exitosa ha descubierto tales rituales para ahorrar tiempo y trabajo. Los aplican cada día y entonces, se sienten más estables en sus frenéticas y ocupadas vidas. Aún mejor, disfrutan una calma interior al saber que las distracciones, caos y estrés no tienen el control. (Los sabios de la antigüedad lo tenían muy claro: La gente exitosa está alineada con su diseño de vida. El problema moderno es que ponemos nuestra atención primero a lo externo, mientras que los ancestros empezaban con el mundo interior.)

Incorporar rituales a tu vida es muy personal. Hay tres grandes áreas donde éstos pueden beneficiarte de manera maravillosa.

La primera es el *tiempo* y cómo lo manejas.
La segunda es la *energía* y cómo la gastas.
La tercera es la *mente* y cómo la organizas.

Un ritual útil mejora al menos una de estas tres cosas (y con suerte más de una). Cuando vas al mostrador del *check-in* en el aeropuerto, te formas, esperas turno y hablas con el agente hasta que te toca. Esto no parece ser un ritual para ti, pero hay países donde la gente no hace una fila, sino que se amontonan y se empujan para llegar hasta adelante (no mencionaré nombres, pero hemos estado atrapados en tales lugares).

El ritual de formarse ahorra tiempo, energía y mente. Se entiende que toma más tiempo y energía pelear tu lugar entre una muchedumbre que hacer una fila. Pero, ¿cómo ahorras en la mente? La respuesta es que no tienes que preocuparte por llegar hasta el mostrador, ni tener un plan anticipado para el caos, ni pensar en el riesgo de perder tu avión. Eso te lleva a gastar pensamiento y energía por estar reflexionando en todas las posibilidades.

Todos los rituales efectivos, con el tiempo te harán usar la mente de una manera mejor. Así que primero vamos a reflexionar sobre el tiempo y la energía.

Meta 1: Tiempo. A primera vista, el tiempo parece objetivo, un tictac de minutos y horas en el reloj. Pero también tiene una dimensión subjetiva. Cuando le preguntaron a Einstein qué significaba su teoría de la relatividad, donde el tiempo podía acelerarse o alentarse, hizo su famoso comentario: "el tiempo va rápido cuando estás con tu amor y más lento cuando estás en la silla del dentista". En otras palabras, desde un punto de vista subjetivo, el tiempo puede arrastrarse o volar. Puede sentirse vacío y solitario o rico y agradable. La mayoría no somos muy conscientes de ello. En los sondeos, los padres dicen a los encuestadores que tienen menos y menos tiempo para su familia, para las múltiples tareas de su agenda. Pero cuando se usó un cronómetro, resultó que las familias tienen más tiempo libre para estar juntas que en el pasado, en promedio dos horas al día. El sentimiento subjetivo de estar con las multitudes, apurado y presionado desvía la atención de lo que dice el reloj.

La felicidad está asociada con cómo se organiza el tiempo. Por ejemplo, los psicólogos han encontrado que la gente más feliz es aquella que pasa al menos una o dos horas al día en contacto significativo con amigos y miembros de la familia, ya sea hablando de frente, escribiendo mensajes o correos, llamando por teléfono, etcétera. Lo más importante de todo es el tiempo *humano*.

Para evaluar cómo maximizas tu tiempo resuelve este cuestionario.

¿Cómo gastas tu tiempo?

Observa un día típico en las últimas dos semanas. ¿Cómo se aplican los siguientes diez enunciados en ti?

☐ Casi siempre ☐ A veces ☐ Casi nunca Tengo el tiempo suficiente para terminar todo mi trabajo.

☐ Casi siempre ☐ A veces ☐ Casi nunca No me estresan las fechas límites.

☐ Casi siempre ☐ A veces ☐ Casi nunca Siento que tengo mi agenda bajo control.

☐ Casi siempre ☐ A veces ☐ Casi nunca Dejo algo de tiempo libre para relajarme y descansar.

☐ Casi siempre ☐ A veces ☐ Casi nunca Tomo respiros entre las partes ocupadas de mi agenda.

☐ Casi siempre ☐ A veces ☐ Casi nunca Dejo un poco de tiempo para reflexionar o meditar.

☐ Casi siempre ☐ A veces ☐ Casi nunca Tengo tiempo para jugar.

☐ Casi siempre ☐ A veces ☐ Casi nunca   Hay tiempo para mantenerme en contacto con los amigos y la familia.

☐ Casi siempre ☐ A veces ☐ Casi nunca   Tengo al menos una actividad que cumple con mis metas a largo plazo.

☐ Casi siempre ☐ A veces ☐ Casi nunca   Hago algo por mi desarrollo personal.

_____   _____   _____

Casi siempre   A veces   Casi nunca   TOTAL

En este pequeño e informal cuestionario, tener de 5 a 10 respuestas de "Casi siempre" es un buen puntaje. Uno muy bueno sería tener mínimo 7 "Casi siempre". Pero mucha gente se encontrará con un resultado pobre, es decir 5 respuestas o más de "Casi nunca". Si marcaste la mayoría "A veces" estás en una zona incierta.

Si estuvieras viviendo tu vida ideal, todas tus respuestas habrían sido "Casi siempre", y creemos que esto es posible. Todo tu tiempo puede ser de calidad. Esto incluye espacios para descansar y meditar, cuando las cualidades que estás buscando son paz, calma y sabiduría interior. Los rituales que mejoran el uso del tiempo son muchos, como te mostraremos más adelante.

Las frases clave que aplican al tiempo son:

Manejar bien el tiempo.

Encontrar espacios para cada actividad.

Alternar momentos de descanso y de acción.

Darle a cada intervalo de tiempo una recompensa

Dejar momentos para ti, para crecer y desarrollarte.

Meta 2: Energía. Cuando la gente piensa en tener más energía, empieza por el lado físico, por ejemplo, comer un desayuno saludable y dormir bien por la noche. Esto es importante, y hablando de forma médica, el hecho de que en Estados Unidos la mitad de la población adulta no duerma sus ocho horas completas por las noches es un problema. Pero para maximizar la energía el secreto es usar la mente. ¿Quién trabaja más fuerte: alguien que ama su trabajo o alguien que lo odia? ¿Cuándo estás más propenso a acelerar el paso: yendo a una fiesta o yendo a ver al contador?

Las respuestas son obvias. Buscar tus objetivos diarios (y los de largo alcance) necesita que uses mejor tu energía. Es un asunto de mente-cuerpo. Por ejemplo, la depresión se considera una enfermedad que hace que la persona se sienta triste y sin esperanza. Pero al mismo tiempo drena la energía. Los que la padecen se sienten exhaustos hasta el punto de que una tarea simple y cotidiana se vuelve imposible. En muchos casos son incapaces de lograr un descanso profundo o soñar (REM) en la noche y entonces despiertan sintiéndose fatigados en vez de repuestos.

El cerebro está involucrado en los niveles de energía de todos. Observa otra vez los obstáculos para el éxito y la plenitud que ya hemos mencionado por ahí: estrés, intrusiones diarias al azar, malos hábitos, ansiedad, inseguridad personal, falta de visión y de voluntad, incapacidad para asentarse, resistirse a los otros, distracciones y relaciones personales defectuosas. Todo esto consume tu energía y se concentra en la mente.

Por fortuna, hay conexiones mentales que puedes aprovechar para aumentar tu energía. Por ejemplo, los estudios han descubierto que los trabajadores incrementan su productividad si les dan un aumento de sueldo, pero la aumentarán más si les dan atención y aprecio (y el efecto durará más porque el aumento de sueldo se hace habitual después de unas semanas o meses). Un niño pequeño que se siente querido y valorado, por lo general estará motivado de por vida.

Así como el cuestionario del uso del tiempo, ahora te presentamos uno relacionado con la energía. Te dará una idea de cuántos reforzadores de la energía mental estás aprovechando. Verás que a lo largo del día, los mayores reforzadores son mentales (como hemos estado proponiendo).

Para evaluar lo anterior resuelve este cuestionario.

¿Cómo gastas tu energía?

Lee los siguientes diez enunciados y circula la respuesta que se aplique mejor a un día típico de las últimas dos semanas.

☐ Casi siempre	☐ A veces	☐ Casi nunca	Disfruto mi trabajo.
☐ Casi siempre	☐ A veces	☐ Casi nunca	Me siento apreciado por lo que hago.
☐ Casi siempre	☐ A veces	☐ Casi nunca	Me siento respetado y valorado en mi ocupación
☐ Casi siempre	☐ A veces	☐ Casi nunca	Todos los días voy a trabajar descansado y alerta.
☐ Casi siempre	☐ A veces	☐ Casi nunca	Termino mi jornada en buen estado físico. A veces hasta me siento energizado.
☐ Casi siempre	☐ A veces	☐ Casi nunca	Me siento tan seguro sobre mi economía que no es una fuente de preocupación.
☐ Casi siempre	☐ A veces	☐ Casi nunca	Me relaciono bien con la gente que trabajo o veo todos los días.
☐ Casi siempre	☐ A veces	☐ Casi nunca	Me siento entusiasta y optimista.

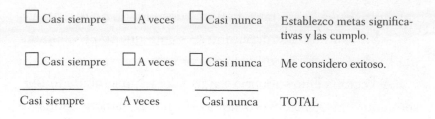

| ☐ Casi siempre | ☐ A veces | ☐ Casi nunca | Establezco metas significativas y las cumplo. |
| ☐ Casi siempre | ☐ A veces | ☐ Casi nunca | Me considero exitoso. |

| Casi siempre | A veces | Casi nunca | TOTAL |

En este pequeño e informal cuestionario, tener de 5 a 10 respuestas de "Casi siempre" es un buen puntaje. Uno muy bueno sería tener mínimo 7 "Casi siempre". Pero mucha gente se encontrará con un resultado pobre, es decir, 5 respuestas o más de "Casi nunca". Si marcaste la mayoría "A veces" estás en una zona incierta.

Si puedes realizar cada enunciado del cuestionario, incrementarás tu energía, desde ser entusiasta y optimista hasta establecer metas valiosas y cumplirlas. Lograr estos reforzadores es crucial. Además tienen el beneficio agregado de que incrementan la felicidad al mismo tiempo. Otro factor importante es administrar una fuente limitada de energía, ya que enfrentamos cada día con una cantidad finita de ésta.

Durante siglos, su consumo significaba un trabajo físico agotador que requería cada pizca de la energía biológica disponible. En 1900, a pesar de la invención del equipo motorizado de granja, 80 por ciento de las calorías quemadas en el trabajo de campo provenía de los músculos humanos. Hoy la situación está al revés. La energía mental va primero. Ésta no se mide en calorías (aunque pensar sí las gasta). En lugar de tener una fuerza debilitada por demandas físicas (como estar en la cosecha antes de una tormenta inminente) la gente moderna vive dentro de límites flexibles. Pueden organizar cómo consumir su energía, pero esto presenta sus propios problemas. La inercia, la desorganización, el frenético cumplir con las fechas límites, traer trabajo de la oficina a la casa y otras formas de desperdiciar esta fuerza vital, piden a gritos un sistema mejor.

Los rituales que se concentran en la energía son herramientas poderosas y todas las personas exitosas han aprendido a usarlos. Sus días incluyen algunos puntos clave para maximizarla y hábitos establecidos que aseguran la atención a cada uno. Los siguientes son algunos de los más importantes (como te mostraremos a través del libro):

Minimizar el trabajo aburrido y rutinario.

Dejar tiempo para descansar y reponer la energía.

Alejar la energía que debilita.

Darle al trabajo un significado personal.

Evitar estar exhausto.

Mantener la alerta mental.

Meta 3: Mente. Además del tiempo y la energía, hay otra área en la que los rituales pueden ayudarte: el pensamiento. Usamos este término para cubrir toda la actividad mental. Cualquier cosa que entre a tu cerebro puede contribuir al éxito, pero de igual forma puede perjudicarlo. Desde la era de los expertos en eficiencia, quienes empezaron a estudiar el trabajo de los hábitos hace más de 80 años, el objetivo ha sido la productividad, la cual se puede medir de forma objetiva. Pero el pensamiento es interno, privado y subjetivo. Sólo tú puedes medir la experiencia que tienes dentro. Un acercamiento casual al mundo interior de alguien, que es como la mayoría de la gente se acerca, hace de la vida un sufrimiento. Hablamos desde la dolorosa experiencia personal. Uno de los autores, Janet, tuvo una infancia difícil, lo cual ofrece pocas esperanzas para los proyectos más felices. En la época de la adolescencia, abusaron de ella físicamente, llegó a estar muy metida en drogas y vivió un tiempo con el líder de los Oakland Hells Angels (Ángeles del Infierno de Okland). Su vida juvenil estuvo fuera de control. En una existencia donde una vez se tomó treinta y seis tabletas de LSD al mismo tiempo, se aferraba a la vida con las uñas.

El punto crítico para Janet llegó de una fuente inesperada. En medio del caos aprendió a meditar. Fue un giro de 180 grados en su estilo de vida. El tipo de meditación que aprendió, TM o *Transcendental Meditation* (meditación trascendental), se ha vuelto muy popular. No es religioso, se concentra en la conciencia y no en Dios. Tenía razones para preocuparse de que esta actividad no fuera para ella, debido a su historial de abuso de drogas y a los retos emocionales que enfrentó. Pero se tranquilizó y desde la primera vez que la practicó hubo una diferencia. Experimentó un viaje interior a una parte de su mente más profunda, calmada y coherente. Podía sentir cómo disminuían sus niveles de estrés. Tuvo resultados tan notorios, que el enorme contraste entre una vida y otra fue indiscutible. A Janet la meditación la salvó. Lo que empezó como una puerta de salida se convirtió en una exploración para toda su existencia. Este libro es sólo un fruto de su viaje.

La revelación más importante que la vida te puede ofrecer es descubrir que tu mente se puede transformar. Un pensamiento coherente significa una bodega en la que todo es inventariado de forma correcta, sin esfuerzo y de manera espontánea. Ahí nada se pierde o se cambia de lugar y el sistema de etiquetado es tan fácil que cualquier objeto se puede sacar de manera instantánea. Ésta puede ser la imagen de tu mundo interior. Cuando es así, tienes tiempo para dedicarlo a la visión personal de lo que tu vida debería ser. Tu mente tendría que ser tu mejor amiga y tu apoyo más fuerte. El siguiente cuestionario te dirá qué tan cerca estás de ese ideal.

Para evaluar cómo maximizas tus procesos mentales resuélvelo.

¿Qué tan bien te trata tu mente?

Lee los siguientes diez enunciados y circula la respuesta que se aplique mejor a un día típico en las últimas dos semanas.

☐ Casi siempre ☐ A veces ☐ Casi nunca En general tengo pensamientos y sentimientos positivos.

☐ Casi siempre ☐ A veces ☐ Casi nunca No soy pesimista o depresivo.

☐ Casi siempre ☐ A veces ☐ Casi nunca Estoy conectado con mi mente, no preocupado, ni desconectado.

☐ Casi siempre ☐ A veces ☐ Casi nunca Me siento libre al expresarme con los demás.

☐ Casi siempre ☐ A veces ☐ Casi nunca Tengo impulsos creativos y puedo seguirlos.

☐ Casi siempre ☐ A veces ☐ Casi nunca Mis recuerdos me gustan aunque no todos sean felices.

☐ Casi siempre ☐ A veces ☐ Casi nunca Anticipo el futuro con esperanza y buenas expectativas.

☐ Casi siempre ☐ A veces ☐ Casi nunca Me siento bien y seguro, no ansioso o inseguro.

☐ Casi siempre ☐ A veces ☐ Casi nunca Soy tolerante con los demás y con sus puntos de vista.

☐ Casi siempre ☐ A veces ☐ Casi nunca Con facilidad puedo acceder al nivel calmado y pacífico de mi mente.

_____ _____ _____

Casi siempre   A veces   Casi nunca   TOTAL

En este pequeño e informal cuestionario, tener de 5 a 10 respuestas de "Casi siempre" es un buen puntaje. Uno muy bueno sería tener mínimo 7 "Casi siempre". Pero mucha gente se encontrará con un resultado pobre, es decir, 5 respuestas o más de "Casi nunca". Si marcaste la mayoría "A veces" estás en una zona incierta.

Janet se puede considerar una prueba viviente de que es posible mejorar de forma dramática la autoclasificación de una persona en todos estos puntos. Comparada con ella misma cuando era una adolescente, y hubiera marcado muchas respuestas con un "Casi nunca", hoy descubre que la mayor parte del tiempo contesta cada enunciado con "Casi siempre". El ideal de convertir los pensamientos en tus mejores amigos está al alcance de tu mano, como te mostraremos en los siguientes capítulos.

La gente que ha alcanzado con éxito una mente ordenada se enfoca en el hábito de reforzar los aspectos del pensamiento que enriquecen la vida. Los siguientes puntos, que pueden fortalecerse a través de los rituales diarios, son cruciales:

Agradece y expresa las cosas buenas que ya tienes en la vida.

Reconócete a ti mismo y festeja tus pequeñas victorias cada día.

Relaciónate con otras personas, ve las cosas desde su perspectiva.

Mantente centrado.

Permanece curioso y abierto de mente.

Accede a la paz profunda y calma interior.

Libera tu imaginación y otras fuentes creativas.

Ayuda a alguien más.

Resuelve al menos un problema retador.

La dimensión espiritual

En la vida diaria, seguramente tienes tus propias maneras de manejar el tiempo, la energía y la mente. Queremos que este libro te ayude a mejorarlas. Pero incluso la vida manejada con más eficiencia no se puede llamar plena hasta que sepas a qué propósito sirve. Tu diseño de vida hará que poco a poco aparezca la razón de estar aquí y liberará el potencial para lograr un nivel mucho más alto de plenitud.

En un sentido muy general, estamos hablando del lado espiritual de la vida. Ahí los rituales encuentran su mayor significado. Las riquezas más grandes que cualquiera puede descubrir son espirituales, pero también son las más escondidas. Todos somos herederos de la revolución científica que transformó al pensamiento en un proceso racional. Ahora el cerebro es la combinación de un súper *smartphone* con la computadora más avanzada. Sin embargo una mente sólo racional no vive de forma completa. Deja fuera la búsqueda de un propósito en un plano más grande de la existencia.

Es posible que la ciencia funcione sin espíritu, pero todos los días una persona se sentirá vacía y sola si su vida no es más que una colección de datos y hechos reunidos. He aquí un área donde las habilidades rituales dominan, a través de todas las maneras de observaciones religiosas, oraciones e invocaciones a Dios. Según nosotros, la parte ceremonial de tales rituales es hermosa y eleva nuestro espíritu. Pero el ritual tiene una dimensión espiritual mayor. Puede acercarte a tu alma, conectarte con un poder más grande en el universo y permitirte acceder a fuentes desconocidas de creatividad e inteligencia.

Hemos mencionado cómo la meditación transformó la vida de Janet. Como práctica espiritual, esta actividad puede desbloquear las dimensiones más altas de la mente. En el centro de cada diseño de vida está la trascendencia. Esto significa que la visión moderna está al revés. En la actualidad, lo que predomina es el mundo físico y el espiritual sólo se ve como una sombra. Para millones de personas trascender es una ilusión, cuando mucho esperan ir al cielo al morir (el único tipo de realidad trascendental de la que han escuchado hablar). Pero el diseño de vida empieza con la trascendencia, de hecho, muchas culturas antiguas ven al mundo físico como una ilusión. En otras palabras, el éxtasis es básico para la vida.

En este libro no queremos preocuparnos por términos como "alma", "Dios" o "espíritu", usa la terminología con la que te sientas cómodo. Demasiada discusión sobre Dios ha nublado el hecho de que la dimensión espiritual de la vida es natural. Existe dentro de cada quien en el nivel más profundo del ser. Surge de forma espontánea en los momentos de alegría, amor y creatividad; en reverencia a la belleza natural y se asombra ante la infinita inmensidad del universo.

Aunque hemos dejado la dimensión espiritual al final en este capítulo, sentimos que en una vida ideal, la conciencia debe estar primero. Al alinearte con tu diseño de vida, un viaje de nunca acabar se planea para ti. Eso es mucho mejor que experimentar una sarta de momentos inspiradores que no tienen una verdadera conexión entre sí. Descubrir aquello que te ayuda en el camino hace toda la diferencia. Mirando atrás, Janet pudo ver que incluso los años más difíciles de su adolescencia fueron como piedras en un río; le ayudaron a descubrir un contraste tan poderoso cuando experimentó la meditación, que su compromiso y pasión se volvieron más fuertes.

En otras palabras, la dimensión espiritual no es algo que sólo le interesa a la gente religiosa. Los rituales que se concentran en la espiritualidad otorgan los siguientes tipos de experiencia:

Te sientes iluminado, con energía y libre de cargas.

Cuando caminas por ahí te sientes como en casa, tanto en el mundo, como en tu ser interior.

Sabes que te aman y que tú amas.

Te sientes conectado con un poder más alto.

Tu vida está llena de significado y propósito.

Te sientes vinculado con todo lo que experimentas.

No te entregarán estas experiencias en un paquete forrado y amarrado con un listón cuando llegues al final del viaje. Aparecen a lo largo del camino y se fortalecerán conforme vayas progresando. Tu cerebro se irá entrenando a entender y valorar muchos de los aspectos más sutiles de la mente, y entonces te convertirás en un ser que puede vivir una vida ideal.

Las palabras clave que aplican a la dimensión espiritual incluyen las siguientes:

Reverencia

Éxtasis

Conexión

Celebración

Apreciación

Rendición

Expansión

Devoción

Amor

Este libro profundizará en aquellas prácticas que con el tiempo han probado incrementar el estado de plenitud de una persona en cada área. Por el lado práctico, te mostraremos cómo maximizar el uso de tiempo, energía y mente. Por el lado espiritual te dirigiremos hacia un significado más grande y pleno. No estaremos satisfechos hasta que tu diseño de vida se abra para ti y para todo aquel que anhela hacer su vida mejor.

Rituales básicos:
tomando el ritmo

Para eso sirven los rituales… para alojar adecuadamente
nuestros más profundos sentimientos de alegría o dolor…
ELIZABETH GILBERT, *Comer, rezar, amar.*[1]

Nos encanta el honesto e inspirador libro *Comer, rezar, amar* de Elizabeth Gilbert. En especial por una razón que se aplica a nuestro tema: su título dice la historia completa de los rituales en tres palabras. Comer es un ritual diario que une a las personas y crea un espacio abierto en la mesa. Rezar es un ritual ceremonial para aquellos que asisten a la iglesia o templo; expresa un deseo común de estar cerca de Dios. Amar no es un ritual sino el fruto de los rituales más ricos: tu vida se incrementa con el poder de amar y ser amado.

Si todos nos sintiéramos alimentados al comer, rezar y amar, la existencia estaría más cercana al ideal. El ritmo de la vida fluiría de forma fácil y desde una fuente profunda. Si quieres establecer tal ritmo, puedes iniciar en este momento, realizando unos sencillos cambios. Para mostrarte cómo, hemos construido un set de rituales básicos para organizar tu día completo de forma constante. Pero primero vamos a hablar de por qué es importante cuidarte antes que nada.

---

[1] Gilbert, Elizabeth. *Comer, rezar, amar*. Aguilar, 2006.

Cuando todos los días haces un tiempo para ti, también te ofreces un recordatorio de que te preocupas por ti mismo. No se necesita una gran muestra de amor propio. Rituales diarios y pequeños te regresan a una relación básica, la cual no necesita palabras. Eres el único en esta relación, aunque suene imposible. ¿No se necesitan dos para bailar tango? Por su puesto, pero un sólo ser humano es complejo. Cada uno de nosotros desempeña muchos roles en la vida (en este momento puedes ser un trabajador, padre de familia, cuidador, autoridad, amante o ciudadano). Cada actuación surge cuando se le necesita.

El unir estos roles separados en un sólo ser no es automático. De hecho, la tendencia es perderte en esos papeles. Por eso la madre angustiada de dos niños pequeños se pregunta si seguirá siendo atractiva (de alguna forma la representación de amante se ha desvanecido). Los rituales de cuidarte a ti mismo son una forma de saber que eres más que los roles que desempeñas.

Vamos a ver dónde estás justo ahora resolviendo un simple cuestionario.

¿Te cuidas?

¿Cuántos de los siguientes rituales, hábitos o rutinas sigues en tu vida diaria? Fíjate en un día normal y marca cada uno de los que aplicas.

☐ Todos los días reconozco mis triunfos ya sean grandes o pequeños (por ejemplo, tener éxito en una reunión, problema o reto).

☐ Con regularidad tengo tiempo libre sólo para mí.

☐ Aparto un tiempo para sentarme y reflexionar sobre mi día.

☐ Me doy gestos o palabras de aliento.

☐ Me conecto al menos media hora con alguien cercano a mí que de verdad me importa.

☐ Rezo para tener paz, comodidad y guía.

☐ Hago algo que alimente mi alma, como ayudar a alguien aunque sea de manera muy pequeña.

☐ Tengo un momento de reverencia, ya sea para Dios, para alguien que ha muerto, un mentor, un santo o para mis tradiciones.

☐ Tomo tiempo para alimentar mi cuerpo con buena comida.

☐ Expreso amor y aprecio por mi propio ser.

Total _____

Revisa tu puntuación: Todos los puntos en esta lista son buenos, es decir, no hay un resultado pobre. El ideal sería marcar tantas afirmaciones como se pueda. Si ya tienes de 6 a 10, tu cuidado personal es bastante fuerte. Te tomas un tiempo para conectarte con los demás. Ves tu vida como parte de un todo, lo valoras y te sientes orgulloso de pertenecer a él. Si marcaste de 1 a 5 oraciones, no te has puesto tanta atención como deberías. Estás más propenso a estresarte y presionarte por los sucesos diarios que demandan demasiado. De hecho, es probable que hayas sucumbido al caos de la vida moderna.

Entonces, ¿cómo puedes hacer más tiempo para autocuidarte cuando ya te sientes bastante agobiado? Aquí es donde entran los rituales básicos, como te mostraremos ahora.

Rituales básicos

Para construir una casa, se empieza por cimientos fuertes. Los rituales básicos proveen las semillas de las que puede crecer el tipo de vida que decidas tener. Las rutinas diarias impactan las tres áreas de la vida (tiempo, energía y mente) que necesitan ser optimizadas, así que no podemos subestimarlas. Cuando estableces tu propio ritmo, eres libre para concentrarte en lo que de verdad te importa (reconectándote y sanando al mismo tiempo).

Los rituales básicos crean una cadencia natural que te ayuda a mantener la atención y concentración. Así como el ritmo en la música te hace tamborilear los pies y querer cantar, cuando uses los rituales básicos para crear armonía en tu vida, descubrirás que todo parece más fácil; las actividades diarias se vuelven divertidas y energizadas en vez de opresivas y agotadoras.

Hemos construido el siguiente cuadro como un menú de opciones. Nuestro consejo es empezar con unos pocos cambios (los más cómodos) y a sentir cómo el ritmo de tu día se va acomodando más y más. Cuando las primeras transformaciones se hayan hecho automáticas, agrega más. Los rituales nunca son un fin por sí mismos. Prueba cada cambio para saber cómo te sientes al cuidar de ti mismo y perseguir tus metas diarias.

¿Los autores seguimos todos los rituales enlistados a continuación? En un buen día, sí. En uno medio bueno, más de la mitad. En uno desastroso, todos los que podamos. Por eso el menú se ve tan largo. Pero no te agobies. Si nuestra rutina de dos horas por la mañana es simplemente imposible, incorpora sólo un ritual o dos que te tomen unos minutos, o aquellos que puedas hacer mientras te bañas o rasuras. Sabemos que sentirás el beneficio. Hay mucha belleza y fluidez en una vida ordenada, y queremos que la experimentes.

PRÁCTICA RITUAL
Rutina diaria

Menú de la mañana

Escoge entre lo siguiente. Modifica los horarios para que se ajusten a tu agenda personal.

6:00 a.m.: Levantarse. Despierta, toma un minuto o dos para visualizar el día que inicia. Piensa en lo que quieras lograr. Mírate obteniendo una reserva de energía interior para cada parte de la jornada, y sé positivo en lo que observas para ti, incluyendo cómo resolverás los posibles retos.

Mientras te quitas la pijama, di: "Gracias por este día. Hoy haré el bien y daré un servicio útil y apropiado a cada persona que conozca."

6:00-6:30 a.m.: Al bañarte o lavarte, expresa: "Gracias por esta agua limpia que enjuaga y aleja todas mis preocupaciones y tensiones."

Obsérvate renovado y fresco. Cuando te lavas para quitar de tu piel los recuerdos del ayer, también eliminas cualquier resto de ansiedad, enojo, resentimiento y negatividad.

6:40-6:50 a.m.: Realiza ejercicios de yoga u otro estiramiento ligero. Antes de empezar comenta: "Gracias por permitirme trabajar y servir con salud, energía y vitalidad" o "Permíteme actuar por el bien de todos, expresando fuerza interior y gracia."

6:50-7:00 a.m.: Siéntate un momento. Sigue tus inhalaciones y exhalaciones de forma tranquila y gentil (o realiza el *pranayama*, el ejercicio de "respiración alternando las fosas nasales" descrito en las páginas 95-96).

Cuando termines enuncia: "Gracias por este respiro. Puedo seguir disfrutando el aliento de la vida."

7:00-7:30 a.m.: Medita o reza en silencio, usa la técnica de tu elección para centrarte. Interioriza, encuentra el estado de tu mente más claro.

7:30-8:10 a.m.: Tiempo práctico. Reúne todo lo que necesitas para el día que empieza. Toma una mínima cantidad de tiempo para revisar las noticias y tu correo electrónico. Si se ajusta a tu agenda, sal a caminar para conectar con la naturaleza, corre o haz ejercicio. Si es en el exterior, mejor.

8:10-8:30 a.m.: Desayuno. No te apresures o te distraigas. Saborea tus alimentos, habla con los miembros de tu familia. Dales apoyo y afecto cuando empiecen su nuevo día.

Expresa aprecio por la comida, ya sea en forma de oración, canción o una simple frase. Puede ser algo así: "Gracias por la abundancia de estos alimentos, el amor que siento por mi familia y la gracia de estar juntos en la alegría."

8:30-9:00 a.m.: Viaja al trabajo. Si puedes vete caminando o en bicicleta. Ábrete a los elementos naturales como el sol, el cielo, el viento y la sensación de un mundo despierto. Pronuncia: "Gracias por la habilidad de ver, escuchar, tocar, probar y oler este mundo. Me fascina la belleza de un nuevo día."

9:00 a.m.-mediodía. Cuando tu día laboral empiece, tómate un momento y di: "Gracias por este trabajo, que sea útil a los demás. Permíteme realizar mis tareas con alegría, creatividad e inteligencia. Que mis contribuciones siempre sean para el bien de todos."

Mientras trabajas, mantente conectado y sintiéndote bien. Haz algunos o todos de los siguientes enunciados:

Una vez cada hora, levántate y camina un poco.

Habla por teléfono, escríbele o mándale un correo a alguien cercano a ti. Habla de cómo te sientes. Interésate en lo que platican.

Apoya y valora a un compañero.

Discute un proyecto que te emocione con un colega que también se entusiasme.

Sáltate los chismes de pasillo.

Sal a tomar un respiro.

Siéntate y cierra los ojos cinco minutos para regresar a tu centro.

Menú de la tarde

Escoge entre lo siguiente. Modifica los horarios para que se ajusten a tu agenda personal.

Mediodía-1:00 a 1:30 p.m.: Pausa. Refrigerio o almuerzo. Más allá de sólo comer, designa este descanso para alimentar tu corazón y tu espíritu. Habla con la gente que valoras y quieres. Sal a caminar para refrescar tu alma. Asegúrate de moverte y estar activo al menos una parte de este tiempo. También puedes sentarte muy calmado y reflexionar cómo va tu día. Expresa: "Gracias por los frutos de este día. Que continúen mejorando."

1:30-5:00 p.m.: Trabajo en la tarde. Repite los rituales del periodo de trabajo matutino.

5:00-5:30 p.m.: Viaja de regreso a casa. Intenta ponerle el mismo interés que a tu traslado matutino. En algún punto, comenta: "Gracias por este día, el cual se agrega a mi ser y a mi vida. Nunca regresará. Lo aprecio y lo dejo ir."

5:40-5:50 p.m.: Haz un poco de yoga o estiramientos suaves. El propósito es liberar de forma natural las tensiones de tu ocupado día. Relájate y lleva a tu cuerpo a un estado de balance.

5:50-6:00 p.m.: Siéntate muy quieto, repite la suave respiración de la mañana, acompañada de las mismas palabras: "Gracias por este respiro. Puedo continuar disfrutando el aliento de la vida."

Menú de la noche

Escoge entre lo siguiente. Modifica los horarios para que se ajusten a tu agenda personal.

6:00-6:30 p.m.: Meditación y/o tiempo de oración, repitiendo tu práctica matutina.

6:30-7:30 p.m.: Cena. Es el momento más importante para toda la familia. Siéntense juntos, será mucho mejor si se ayudan en la preparación de los alimentos. Ponle atención a cada miembro de la familia. Ofrece apoyo y aprecio a lo que platiquen.

Recuerda evitar las cosas que desalientan a las familias a cenar juntas, por ejemplo, quejarte sobre tu día, discutir temas delicados, dar consejos cuando no te los pidieron, hacer críticas "constructivas", enojarse y quedarse callado por desaprobar algo.

Puedes compartir la siguiente bendición o enunciarla para ti mismo: "Gracias por todo lo que alimenta la mente el cuerpo y el espíritu. Que esta cena sea una celebración."

7:30-9:30 p.m.: Actividades nocturnas que tengan un espíritu de diversión, recreación y disfrute. Realiza los proyectos que más te gustan. Sin hacer mal uso de Internet, la televisión y/o los videojuegos, encuentra alternativas que estimulen tu creatividad y te conecten con otras personas en tiempo real.

9:30-10:00 p.m.: Prepárate para descansar. Reducir la actividad mental y física antes de ir a la cama favorece un buen sueño. Una caminata bajo la luz de la luna, un baño caliente, una taza de té… elige el ritual regular que te acomode mejor.

10:00 p.m.: Dormir. Para mejorar el sueño, ten una habitación tan oscura y tranquila como sea posible. Descansa en tu espalda por un momento, cierra los ojos y sigue tu respiración. Mientras te relajas revisa tu día. Primero reflexiona en las cosas positivas que lograste, luego en los retos que quieres cumplir, y finalmente en cualquier situación negativa que te gustaría manejar mejor la próxima vez. Permítete liberar todo diciendo: "Gracias por este precioso día. Ahora que se termina, con gratitud lo regreso a su origen."

Al final, bendice a todos los que amas, uno por uno. Envíales tu amor.

Voltéate y deja que te envuelvan los brazos del sueño.

Hay un hilo constante que recorre toda la rutina diaria que te acabamos de enseñar: gratitud. Puedes agradecer de forma directa a Dios, al universo, a la vida misma, dependiendo de qué sea más significativo para ti. El punto es que tu día crezca con valores positivos, porque así prosperarán en tu vida.

Una clave vital: la intención consciente

Para tener cualquier beneficio real, los rituales diarios deben ser conscientes e intencionados. Esto es lo que diferencia a un ritual significativo de uno vacío.

Consciente significa que le estás poniendo atención.

Intencional significa que tienes una meta o un propósito en mente.

Juntar estos dos aspectos crea un poderoso efecto. Mantienen tu concentración en lo bueno, en vez de en lo ansioso o irrelevante. Considera el ritual de revisar tu día antes de dormir. Es consciente porque estás concentrado en recordar las altas y bajas importantes de tu día. Es intencional porque quieres aprender de tus errores, apreciar tus éxitos y, entonces, mejorar.

Si sigues este ritual de forma consciente, transformarás tu vida entera. Conectarás cada día con el siguiente. Esto genera un patrón de crecimiento significativo. ¿Qué podría ser más valioso que despertar cada mañana con la seguridad de que estás armando tu vida basándote en lecciones aprendidas cada día? Y sólo necesitas un pequeño ritual diario para lograr grandes resultados. Aborda cada actividad con el espíritu de ser más consciente en tus intenciones. Por ejemplo, si antes de levantarte de la cama, estableces tu intención para ese día y visualizas bien lo que quieres lograr, ¿cómo cambiaría tu día?

O cuando te estás bañando ¿qué tal si evalúas las cosas por las que estás agradecido y te guiaron a este día en particular? O mientras te cepillas los dientes, ¿por qué no, en vez de preocuparte, piensas en las cosas que te gustan de ti mismo? Si las decisiones saludables forman parte de tu rutina regular, no tendrás que pensar mucho en ellas. Además, crear intenciones conscientes y regulares provee una estructura y una base que te ayudará a enfrentar las tormentas inevitables y matar a los dragones mentales que quieren sabotear tu felicidad.

En esta forma los rituales llevan tu intención a través del día. Veamos un ejemplo: Joe. Es una persona de hábitos. Todos los días empieza con un desayuno mientras le echa un ojo a las noticias matutinas, quejándose de cómo el mundo va rumbo al desastre.

En el trabajo, tiene su *coffee break* a las 10:30 y se pasa la mayoría de ese tiempo contando chismes e historias vergonzosas de sus compañeros. Muchas veces se da un momento para detenerse con un compañero que comparte su punto de vista político, así que pueden renegar juntos.

Cuando llega a casa se sienta frente a las noticias de la noche con una bebida. Siempre hay más razones para sentir que todo va de mal en peor. Después de cenar, mientras escucha las quejas de su esposa y viceversa, se queda dormido en la sala, viendo un partido de futbol.

Podemos decir que Joe tiene una vida llena de rituales vacíos que rara vez varían. De manera inconsciente repite las mismas acciones. Hoy, su mente tiene los pensamientos que tuvo ayer. A esto, hay que agregar el elemento de la intención. Casi no tiene ninguna. En vez de formar su vida, anda a la deriva. Qué terrible pérdida de potencial mental. Si ponemos atención con honestidad, muchos veremos un poco de Joe en nosotros mismos (sólo vivimos por repetición y costumbre).

Para salir de esta trampa y elevar tu vida a un nivel más pleno, considera lo siguiente. Cada hora de tu día, desde la mañana hasta la noche, puede ser satisfactoria de forma natural y fácil. No hay necesidad de ser inconsciente. Todo lo que necesitas es una estructura positiva que forme tu día. Lo primero es obedecer el ciclo natural que gobierna tu cuerpo (comer a horas regulares, dormir lo suficiente, darte tiempos de descanso cuando estás trabajando). La ciencia médica ha validado una y otra vez que el biorritmo del cuerpo no puede ser ignorado. Por ejemplo, la falta de sueño está conectada con la compulsión por comer, las enfermedades del corazón, la depresión y la fatiga. La generación de hormonas de la ansiedad se acentúa cuando estás cansado todo el tiempo.

En segundo lugar viene todo el problema del estrés. Todos hablamos de él pero nadie hace nada. Es acumulable, como construir una montaña agregando una piedrita diaria. La vida moderna tiene una tensión inevitable por el ritmo tan acelerado al que nos movemos. Pero, si le das oportunidad, tu cuerpo sabe cómo limpiar el estrés del sistema. Hay que reducirlo para sacarlo del camino, entonces, el sistema mente-cuerpo puede regresar a un estado de equilibrio.

Tercero, la cantidad de tiempo, energía y mente disponible durante un sólo día es limitada. Si la desperdicias, se perderá para siempre. Piensa en un padre de familia típico. Trabaja tan duro que no tiene tiempo para ver a sus hijos crecer. Diez años después, cuando mira atrás y se da cuenta de lo que se perdió, los momentos se le han escapado de las manos. Pero el tiempo no se escabulle en años y meses. Lo hace en minutos y segundos. Si enfrentas este hecho, tu mejor opción es organizar las necesidades básicas de tu día para que puedan navegar con el piloto automático, dejándote libre para usar el tiempo de una manera significativa y feliz.

La conciencia y la intención son las herramientas más poderosas de la mente.

Es un hecho básico de psicología que "a lo que más atención le pones, crece y se vuelve más fuerte". Entonces, ¿por qué no armar tu día de manera que refuerces las decisiones y actitudes más sanas? Puedes transformar tu rutina existente en rituales diarios sin agregar más tiempo, sólo aumentándole intenciones conscientes.

La historia de Marci

La cita que inicia este capítulo fue tomada de un pasaje de Elizabeth Gilbert. Es una escritora muy fluida sobre la armonía y el delicado balance de la vida.

> Para eso sirven los rituales. Los seres humanos oficiamos ceremonias espirituales para alojar adecuadamente nuestros más profundos sentimientos de alegría o dolor, de modo que no tengamos que cargar siempre con ellos.

En otras palabras, el ritual crea un santuario interior. Gilbert ahonda en lo necesario que es esto.

> Todos necesitamos unos ritos que nos proporcionen esos lugares de salvaguardia. Y creo que, si nuestra cultura no posee el rito concreto que necesitamos, entonces estamos en nuestro perfecto derecho de crear una ceremonia propia, empleando el ingenio natural propio de un fontanero/poeta para arreglar todas las roturas de nuestro sistema emocional.

Todo el mundo puede arreglar, o al menos empezar a curar, sus emociones rotas. ¿Quién no lo necesita? Conforme las tradiciones van desapareciendo, la sociedad moderna crea vacantes para esos espacios vacíos. Por fortuna hay personas que crecen en familias donde los rituales diarios de la vida no están vacíos, sino llenos de asociaciones felices. Forman cimientos sólidos para profundizar el valor del ritual mientras crecen los niños. Nuestra amiga Marci tuvo este buen inicio.

Es 1969. Marci despierta tallándose los ojos. Tiene once años y todo está bien en su mundo. Sonríe. Cuando mira alrededor de su cuarto, le encanta lo que ve: las paredes brillantes y psicodélicas, la alfombra afelpada azul rey y las cortinas floreadas en tono verde amarillento que su tolerante madre le dejó escoger.

Marci corre a la cocina y le da un beso en la mejilla a su papá, justo como lo ha hecho diario desde que se acuerda. No piensa en eso, pero su vida no se sentiría igual de bien sin este ritual matutino, el cual incluye platicar con él mientras desayunan. Nunca está demasiado ocupado para escuchar, igual que su mamá, quien siempre tiene tiempo para acostarla y taparla por las noches. (Ahora que le pedimos describir a su padre, lo llamó "la persona más naturalmente feliz que he conocido".)

Simples gestos o expresiones de amor ayudan a crear un ambiente cálido y seguro, la necesidad más básica de un niño pequeño. Al no hacerlo, se siembra la semilla de la incertidumbre. Años después puede generar sentimientos de inseguridad y desprotección. Marci siente que puede enfrentar todo. Este sentimiento no es realista para una niña de once años, pero a nivel psicológico es muy benéfico. Sentir seguridad y por lo tanto valentía le ha durado toda la vida y le ha permitido algunos logros remarcables.

En esa época de su vida, parece que todos los días son de fiesta. Antes de ir a la escuela, se sienta con su mamá a resolver el crucigrama del periódico de la mañana. Si se enferma de gripa y se tiene que quedar en casa, no se deprime, juega con su madre algún juego de mesa para levantarle el ánimo (su favorito es *Rack-O*).

En el transcurso de un año entero, las fiestas de cumpleaños, bodas, graduaciones y aniversarios marcaron el paso del tiempo. La familia de Marci no dejaba que estas ceremonias se pasaran de forma casual. La gente se paraba y hablaba de lo que sentía en su corazón. El festejado sentía un verdadero aprecio. También había rituales religiosos. La familia era judía, así que aprendió a honrar los días festivos como el Yom Kippur y el Bar Mitzvah de su primo.

Yom Kippur es la celebración más importante en el calendario judío. Marci recuerda que su papá (quien pedía muy poco de los demás) un día se sentó con ella para tener una plática seria. Tenía catorce años y con valentía había declarado que tenía otros planes en vez de ir a la sinagoga. Ya no festejaría el Yom Kippur.

"Tienes mucha libertad", le dijo su padre, "porque tu madre y yo queremos que crezcas como una persona independiente. Algún día podrás tomar las decisiones que quieras. Pero ahora vives con nosotros. Yom Kippur es muy importante en esta familia, y mientras estés aquí queremos que participes."

Marci cedió. Como tenía lazos amorosos con su padre no pudo molestarse ante su autoridad. Una plática seria no establece la actitud de una persona hacia la religión. Conforme pasó el tiempo, Marci enfrentó el asunto del judaísmo (y todavía lo hace) justo como los católicos batallan con la fe de sus antepasados. Tomó la decisión de seguir participando en el Yom Kippur, y aún lo celebra. Para ella, el tradicional Día de la Expiación se convirtió en el Día de la Identidad. Le dio a la tradición un significado personal, que es otra forma para que una persona moderna pueda relacionarse con los rituales tradicionales, a través de una conexión con la totalidad.

Marci no nació con una disposición alegre natural, a diferencia de su padre a quien le decían "el dentista feliz". A edad temprana recuerda sentimientos de duda y confusión emocional. Cuando creció y fue independiente, siempre se encontraba preocupada por las finanzas e incierta sobre el futuro. Aun con eso, está bastante segura de que los rituales básicos que le inculcaron de pequeña le dan un sentimiento de seguridad y paz. Sin ellos, sus preocupaciones la llevarían a la distracción. Pero no.

"Me siento ansiosa como todo el mundo, quizá más que mucha gente", menciona, "pero hay una voz tranquila en mi interior que me dice que todo estará bien. Nunca pierdo ese consuelo. Es el mejor regalo que recibí de mi familia, y sé que a mucha gente nunca le dieron tal obsequio."

El punto es este: cada vida necesita una base segura y los rituales pueden desempeñar ese papel. Si no obtuviste un cimiento fuerte de niño, hoy puedes usar los rituales como un mecanismo de reparación. Vamos a revisar cómo la historia de Marci presenta algunos elementos clave. Cuando los rituales son exitosos unen a la gente a través de experiencias compartidas. Entre más emociones se le agregan a un ritual, más memorable se vuelve, a veces durante años.

Los rituales básicos ofrecen una forma positiva de llenar los huecos de tu experiencia infantil. Si eres una persona común, es muy probable que tu crianza fuera tambaleante, mezclando caos con orden, seguridad con ansiedad, amor con dolor (la receta perfecta para una vida descuidada e inconsciente). El remedio es que ahora vivas con un propósito consciente. Eso te aconsejamos en este libro. Empezarás a tomar tu propio ritmo de vida con optimismo. Felicidades. A partir de aquí y de ahora, tu camino sólo será más pleno y fascinante.

Preparativos
para la transformación

Para mostrarte cómo la gente puede ser transformada cuando descubre su diseño de vida, retomaremos a Marci, la pequeña niña que conocimos en el capítulo anterior. A la edad de trece años, Marci tenía clara una cosa: sería oradora. Había escuchado a Zig Ziglar, un famoso orador motivacional, y descubrió que también quería pasar su vida inspirando y alentando a la gente. Después de lograr su Maestría en Administración de Empresas (MBA por sus siglas en inglés) en la UCLA, consiguió trabajo con una compañía de seminarios. Por años siguió su pasión por hablar, viajando de ciudad en ciudad, enseñando cursos de habilidades de comunicación en compañías que estaban en la lista de la revista *Fortune*.

El propósito de la vida de Marci pareció caer en una zona favorable, pero había algunos obstáculos mayores.

Reflexionando sobre su vida, dijo: "Empecé a cuestionarme lo que estaba haciendo. Primero que nada, todo el tiempo me sentía exhausta. Me había presionado de forma física y mental, sin respetarme ni hacer nada para mí. Segundo, me seguía preguntando si todo este esfuerzo en verdad valía la pena. Sabía cómo enseñar a la gente a mejorar sus habilidades de comunicación. Pero no sentía que estuviera haciendo una verdadera diferencia en sus vidas. ¿No se supone que ése era el punto?"

Aunque le gustaba ser oradora y entrenadora, empezó a deprimirse.

"En mis cursos conocí gente, en especial a otra mujer que sufría de baja autoestima, igual a la que yo tenía desde hacía mucho tiempo. Sabía lo terrible que es pensar que no eres bastante bueno."

Al ver qué tan profundo se había involucrado en los problemas de sus estudiantes, Marci podría haber retrocedido para protegerse detrás del rol de maestra y entrenadora. Pero en vez de eso, tuvo una "revelación" que la mandó en la dirección opuesta.

"Si pudiera descubrir cómo recuperarme de mi baja autoestima, podría pasar el conocimiento a los demás. Estaría ayudando en sus vidas de manera significativa. Ésa sería la contribución que me faltaba."

Es el punto crucial que algunas personas buscan, pero que millones no. Marci dejó de estar orientada a la meta, de concentrarse en el resultado final. Todavía estaba llena de eso (éxito, dinero, una carrera, una reputación). Había compensado su autoestima, pero nunca la curó. Ahora veía un camino diferente. Cambió su atención al proceso en vez de fijarse en el resultado. Específicamente, entró al proceso de descubrir quién era en realidad. Éste fue el principio de encontrar su diseño de vida.

De dónde viene tu diseño de vida

Regresaremos a la historia de Marci en un minuto. Primero vamos a ver cómo empezó a descubrir su diseño de vida. Cuando alguien tiene un emocionante momento de "revelación", al principio parece que todas las preguntas han sido contestadas. Marci estaba parada frente a la oportunidad, sorprendida y feliz de que hubiera encontrado una nueva forma de avanzar. Pero, ¿qué significa esto para ti? Creemos que debemos modelar nuestras vidas siguiendo grandes ejemplos, aunque al final todos caminamos nuestras propias rutas. Para nosotros, Marci se volvió un ejemplo, en especial por la forma en que enfrentó su baja autoestima. Pero lo más valioso fueron los nuevos pasos que empezó a tomar. Proveen un ejemplo excelente de la preparación necesaria para cumplir con tu diseño de vida.

Cinco pasos para prepararte

Alista el escenario para tu diseño de vida:

Paso 1: Conéctate con lo que amas

Paso 2: Monitorea tus niveles de energía física y mental

Paso 3: No te conformes con resultados externos

Paso 4: No te identifiques con tu éxito. Sigue preguntándote: ¿Quién soy en realidad?

Paso 5: Enfrenta tus problemas y debilidades con honestidad y apertura

Tal vez te sorprendas porque llamamos a estos pasos "de preparación" (no se ven tan fácil como ponerle llantas de entrenamiento a una bicicleta). Pero la mente tiene muchas capas, y la vida también. No puedes lanzarte sin preparación. Así como un buzo no puede arrojarse al océano sin el equipo y el entrenamiento adecuados. Este escenario no es aburrido o difícil. "Prepárate para tu diseño de vida" es lo mismo que decir: "Alístate para sorprenderte." Eres muchísimo más de lo que crees. Es asombroso llegar a la etapa en la que ves la verdad de esto.

¿Y quieres saber un secreto? Estos pasos son consejos buenos y valiosos. Cuando te conectas con el centro trascendente de tu diseño de vida (de manera regular y consistente a través de la meditación o cualquier otra actividad que te permita trascender el pensamiento), se desarrollan de manera natural, sin tanto esfuerzo. Es por eso que la meditación ha sido un regalo para nosotros.

Paso 1: *Conéctate con lo que amas*

Éste fue el mensaje central de nuestro primer libro *Descubre el secreto*. Tal vez has encontrado por ahí la frase que dice "Haz lo que te gusta, el dinero lo seguirá" (que por cierto se convirtió en el título de un libro famoso). Es una filosofía inspiradora, pero seguirla es un gran reto de confianza. Harris descubrió en sus encuestas que sólo 20 por ciento de los norteamericanos que trabajan sienten "pasión" por lo que hacen. Gallup encontró que sólo 29 por ciento de las personas están "comprometidas" con su trabajo.

Es muy importante sentirte conectado con lo que más te gusta de lo que haces. Como dijo Nietzsche: "Todo aquel que tiene una razón para vivir, puede soportar casi cualquier forma de hacerlo."

Aun así, para la mayoría, la necesidad de sobrevivir y sacar adelante una familia genera la creencia de que el dinero es lo primero. El amor puede esperar. Un reportaje reciente sobre la recesión económica que empezó en 2008, explicó que más graduados que nunca estaban escogiendo entrar a las áreas de finanzas y banca. A pesar de la queja que todos conocemos hacia Wall Street, los estudiantes, incluso de las universidades más liberales, se dirigen ahí (incluyendo uno de cada cuatro graduados de Harvard).

Se supone que la gente joven es idealista, entonces ¿cómo se explica esta tendencia? Los graduados no tienen ilusiones en Wall Street. Están ahí por el dinero. Argumentan que harán unos cuatro o cinco millones rápido y luego se podrán retirar a los veinticinco o veintiséis años para perseguir lo que realmente quieren. Esto es un nuevo giro de lo que siempre hicieron las generaciones más grandes: Trabaja hasta que formes tu patrimonio, después de tu retiro podrás hacer lo que amas.

En ese viejo modelo y en este nuevo giro, vemos una especie de receta para la frustración y la falta de plenitud. Conectarte con lo que de verdad te importa es la clave para satisfacer tu diseño de vida. Es la única forma de permanecer en el buen camino con tu único propósito de estar vivo. Entre más pospongas a las personas y las cosas que amas, más te separarás de ellas. Más que eso, el amor tiene su propio poder y motivación. Nunca descubrirás lo que puede hacer por ti, a menos que lo pruebes.

Todos soñamos con lo que amamos, y mientras esto se quede en fantasía, nos protege de intentarlo y fallar. Se necesita algo más (amor en acción) para apoyar y motivar a una persona. Cuando lo que amas se convierte en acción, el sueño empieza a hacerse tangible. La pasión bajo lo que anhelas te alienta a través de los inevitables fracasos y frustraciones que conlleva el convertir en realidad cualquier sueño.

Encontrar tus verdaderos deseos requiere un proceso de autodescubrimiento, en el cual confrontas las razones para no amarte a ti mismo hasta llegar al núcleo donde el amor es sólido. Entonces su poder puede manifestarse en cada área de la vida.

Cuando conviertes el amor en acciones reales, estableces un círculo de retroalimentación en tu cerebro, así que entre más haces lo que amas, más amas lo que haces. Los círculos de retroalimentación trabajan con entradas y salidas. Así que no es de sorprenderse que entre más positivo sea lo que ingresa, más positivo es lo que produce. Además, al probar las creencias del amor entrenas a tu cerebro para observarlo con más profundidad mientras evolucionas.

Paso 2: *Monitorea tus niveles de energía física y mental*

Tu diseño de vida es la fuente de tu energía. Tiene reservas incalculables, y entre más inspirado estás, más accedes a ella. Es por eso que Miguel Ángel, a pesar de todas las incomodidades de subirse a un andamio, pintar acostado por horas y enfrentar un trabajo que tomaría años completar, encontró la energía para pintar la Capilla Sixtina. En cambio, si asignan a alguien para subir el mismo andamio y cubrir el techo con una capa de pintura blanca pronto se aburrirá y cansará. Esta energía puede ser llamada física, pero la obtenemos de forma subjetiva.

Deberías hacer una actividad que te haga sentir energizado en vez de exhausto. Cuando laboras en cosas que están alineadas con lo que más te importa, con tus pasiones y con el significado de tu trabajo, obtienes energía en vez de perderla. El trabajo se siente con un propósito, y éste te jala hacia adelante, permitiéndote hacer cosas que parecen imposibles para otros.

Somos fuertes creyentes de la energía positiva. A lo largo del día, necesitas revisar que ésta no se vuelva negativa (no sólo que estés cansado). A continuación te presentamos unos indicadores, es fácil detectarlos una vez que empiezas a ponerles atención.

LA ENERGÍA POSITIVA

Da como resultado que disfrutes lo que haces.

Genera buen humor y entusiasmo.

Te une a las personas.

Muestra tu trabajo de manera positiva, como algo significativo que vale la pena realizar.

Te da una actitud optimista.

Te hace sentir vibrante y luminoso.

LA ENERGÍA NEGATIVA

Te hace sentir aburrido con lo que haces.

Genera monotonía y falta de entusiasmo.

Te aleja de los demás.

Muestra tu trabajo de manera negativa, como algo sin sentido y rutinario.

Te da una actitud pesimista.

Te hace sentir cansado y agobiado.

Conforme descubras tu diseño de vida, sabrás de primera mano la cantidad increíble de energía positiva que te inunda. El secreto es que te sientes renovado en un nivel profundo y de forma constante. Entonces, la energía que necesitas no estará bloqueada por la frustración o los conflictos internos. Es muy útil revisar los niveles de energía con anticipación para enfrentar los problemas de obstáculos y resistencia, cansancio y agotamiento, depresión y fatiga mental. Lo que quieres para ti es un caudal de energía que pueda ser continuo y renovado, el mismo problema que enfrenta la sociedad con los requerimientos de combustible. Los ingredientes que entran en tus necesidades energéticas son físicos y mentales, así que ambos deben ser maximizados para producir los mejores resultados.

La forma más fácil de lograrlo, es lo que hemos llamado el secreto que garantiza una vida apasionada: "Cuando estés frente a una oportunidad, decisión o elección, decide a favor de tu pasión."

Paso 3: *No te conformes con resultados externos*

Los resultados no son lo mismo que la satisfacción. La sociedad cree de forma errónea que estos dos conceptos son idénticos (porque así los promueven los medios masivos de comunicación y los comerciales). La idea general es que el salario más alto te guía a la felicidad más grande, junto con la casa más hermosa y el auto más rápido. Pero en realidad, según los psiquiatras, el dinero sólo te puede otorgar felicidad bajo dos condiciones. Primero, necesitas el suficiente para superar las necesidades básicas de supervivencia y conseguir un grado de comodidad. Segundo, sólo te permite ser feliz cuando el dinero mismo y todo lo que puede comprar no sean una carga.

El secreto aquí es usar los resultados externos para alcanzar objetivos internos. Warren Buffet, el inversionista más exitoso de Estados Unidos, es famoso por vivir en la misma modesta casa en Omaha donde crio a sus hijos. Éste no es un acto deliberado de abnegación. Buffet simplemente no usa su fortuna en una búsqueda falsa de felicidad. Se ve a sí mismo como alguien con un talento especial para las inversiones, y la satisfacción de dejar florecer ese talento, como el mismo lo dice, es su meta principal.

Ernest Hemingway, describiendo sus hábitos de trabajo durante su periodo más exitoso en París antes de la Segunda Guerra Mundial, cuando ganó prestigio a una corta edad, dice que se alejaba de todo en la mañana hasta que terminaba media cuartilla.

Como resultado externo, media página le tomaría a cualquier escritor profesional promedio alrededor de quince minutos. Pero los estándares de Hemingway eran increíblemente altos. Para alcanzarlos necesitaba de tres a cuatro horas. El resultado externo era insatisfactorio hasta que correspondiera con su propósito interno.

¿Cómo se hace esto en la vida cotidiana? Ya mencionamos un punto muy importante: si persigues objetivos a largo plazo, encontrarás mejor felicidad que con metas a corto plazo. Por ejemplo, tomar un largo tiempo para planear la casa de tus sueños, te dará satisfacción a lo largo del camino, lo que es diferente del breve pero intenso golpe de felicidad que obtendrías si un extraño rico y generoso te diera las llaves de una hermosa casa. El resultado externo es el mismo en ambos casos, pero el proceso interno es diferente.

El paso 3 nos habla de encontrar la satisfacción mayor en el proceso de alcanzar un resultado externo. No estamos diciendo que dinero y éxito no valgan la pena. Están relacionados con nuestras vidas y sueños. Cuando descubras tu diseño de vida, estarás inmerso en un proceso que genera un equilibrio perfecto entre la entrada y la salida. Como preparación, pon atención a la forma actual en que aplicas este balance. Los resultados externos corresponden al proceso interno cuando aparecen los siguientes indicadores:

Te sientes absorbido por lo que haces, perdido en tu trabajo como si fuera un juego.

Amas lo que haces, se refleja en un sentimiento de entusiasmo y pasión.

Tu creatividad fluye.

La energía que rodea tu trabajo es positiva.

Sientes que tu trabajo hace una contribución al mundo.

Cada paso logrado hacia la meta trae como resultado su propia satisfacción.

Paso 4: No te identifiques con tu éxito. Sigue preguntándote: ¿Quién soy en realidad?

El éxito intoxica. Te sientes más fuerte cuando triunfas que cuando pierdes. Nadie puede negarlo. Siempre hay historias de éxito que acaban mal; por ejemplo, las que hemos leído sobre los ganadores de lotería que maldicen su suerte dos años después por los cambios en sus vidas que no pudieron manejar. Es un mito decir: "No hay problema que un millón de dólares no pueda resolver." Incluso si eres bastante afortunado para mantener algo de modestia y humildad en el despertar de tu éxito, un peligro sutil se centra en lo que te identifica.

Es interesante leer estudios que descubren que los conductores de autos costosos son más propensos a ignorar los pasos peatonales que los demás. Rompen la ley porque se sienten privilegiados; no pueden ser molestados por reglas que son fáciles de incumplir. En otro estudio se pidió a estudiantes universitarios que jugaran *Monopoly*, con dos personas, pero con un cambio de reglas. A un jugador se le daría una ventaja injusta sobre el otro. Empezaría con más dinero; aventaría dos dados, el otro sólo uno; y tendría una recompensa más alta cada vez que pasara por el inicio. Al ponerlos en posición privilegiada, estos jugadores sólo podían ganar. El cambio psicológico es que después de un rato, las personas que tenían la total ventaja arbitraria empezaron a actuar como si la merecieran.

Esta actitud surgió de varias formas. Empezaron a alardear cuando hacían un buen movimiento, burlarse del otro jugador cuando perdía dinero y actuar con un poco de superioridad. Fueron más propensos a hacer trampa. De forma indirecta, hubo cambios de comportamiento fuera del juego. Por ejemplo, cuando los investigadores pusieron un platón con botana al lado del tablero, los jugadores privilegiados tomaron más. Se sentían con derecho. Nosotros agrupamos todos estos cambios de comportamiento en una categoría más grande: identificación con el éxito.

La identificación significa "Yo soy X." Si dices: "Soy inglés", estás estableciendo parte de tu identidad. Como simple enunciado, identificarte con la nacionalidad es un valor libre. "Soy inglés" es tan neutral como "Soy alemán." Pero en la vida real hay muy poco sobre la nacionalidad que sea neutral. Todo el mundo absorbe en su persona las altas y bajas de su país. Si Gran Bretaña está en guerra, si su economía anda baja, si en el escenario mundial se ve como una mala actriz en vez de una fuerza para el bien, entonces, todas estas cosas afectarán el sentimiento que una persona inglesa puede tener sobre sí misma.

Cuando basas tu identidad en valores duraderos como amor, respeto, independencia, compasión, servicio y demás, tu sentido del ser es más permanente. Estos valores se alimentan desde dentro; están conectados de forma más cercana con el centro trascendente de tu diseño de vida.

El problema es que la sociedad nos impulsa a identificarnos con resultados externos: cuánto dinero ganas, cuál es tu rango en la compañía, dónde vives y qué tan grande es tu casa. Lo que quieres alcanzar no es lo físico, sino lo que implica.

Por ejemplo, es bien sabido el hecho de que en las relaciones, el miembro de la pareja que gana más dinero por lo general se siente con derecho a decir a dónde se va o en qué gastarlo. Asociado a esto está el descubrimiento sociológico de que el mayor conflicto en los matrimonios con problemas, aparece cuando la mujer gana más que el hombre. En ambos casos, la tensión surge de identificarse con el dinero, ya sea del lado ganador o perdedor.

Hay un mito que dice que cientos de hombres de negocios arruinados saltaron de sus ventanas durante la Gran Depresión (el número era bajo pero fue muy publicitado). La verdad es que los hombres son más propensos a definir su valor por cuánto ganan. Igual de alarmante es la estadística de que después del revés de la economía en 2008, los índices de suicidio en Estados Unidos aumentaron en 40 por ciento entre los hombres blancos, lo que se supone es resultado directo del aumento de desempleo.

El paso 4 nos pide no decir "Soy rico o pobre, importante o no, exitoso o no", en términos de recompensas externas. Cuando descubres tu diseño de vida, verás que tu identidad no está ligada a tu salario ni a tus logros. "Yo" es mucho más misterioso y transformable. Cambia cuando creces y evolucionas. Básicamente te preguntarás: "¿Quién soy?" y la respuesta será que eres la esencia de vida. Tu conocimiento se funde con todo, y tu vida corre como un río, siguiendo el curso que te permite satisfacer tu propósito único y especial. Sin embargo, a diferencia del río, tu curso no es fijo; te lleva en direcciones inesperadas, haciendo cada día fresco y nuevo.

Para prepararte, recuerda que eres un cambio constante, así que trata de verte en estos términos. He aquí algunos enunciados para ayudarte a aterrizar la inmensa realidad de quién eres:

QUIÉN SOY JUSTO AHORA
Soy una persona diferente a la de ayer.

Soy un proceso en desarrollo permanente.

Soy una historia con nuevos capítulos por descubrir.

Soy parte del flujo de la vida.

Soy un hilo del entramado del universo.

Soy lo desconocido, siempre me aparezco en nuevas formas.

Soy el jugador de la vida y el actor de la creación.

Paso 5: Enfrenta tus problemas y debilidades con honestidad y apertura

Para ser francos, sentirse bien con uno mismo es muy sencillo (sólo tienes que ignorar todo lo malo). Éste es el camino más fácil, pero tiene su precio. Todos los sentimientos negativos que no quieras ver regresarán algún día. Pretender que no tienes problemas sólo los empeora. Lo que sí funciona para sentirte bien contigo mismo es mirar de forma honesta las partes de tu vida que te traen infelicidad para trabajar en ellas.

"Trabajar" implica esfuerzo y sufrimiento, razón por la cual mucha gente no resuelve sus problemas (aceptarlos es muy difícil). Pero, ¿qué es más fascinante que probarte a ti mismo que puedes crecer más fuerte y llegar a ser la persona que en realidad quieres?

Asume, porque es cierto, que fuiste diseñado para crecer y evolucionar. No hay duda de que esto es verdad, pues creciste en tu infancia. La única diferencia cuando eres un adulto, es que tus padres no están ahí para protegerte cuando fallas. Un niño no puede evitar desarrollarse físicamente. Por ejemplo, nadie tiene la opción de no experimentar los problemas de la adolescencia. Nos gusta la broma que dice: "Me rehúso a creer en la reencarnación si significa que volveré a pasar por la secundaria."

Como adulto, tienes la opción de crecer o no. Si escoges crecer, tu desarrollo será mental, emocional y espiritual, no físico. Ahora que la neurociencia ha revelado que los pensamientos y las emociones alteran el cerebro, la división estricta entre mental y físico ya no existe. Aun así, tu diseño de vida (el modelo perfecto para un futuro crecimiento) se revela en la mente al darte nuevos pensamientos, sentimientos, esperanzas, deseos y percepciones.

Para aprovecharlo, debes estar cómodo con lo que ves en tu mundo interior. Es entendible que sea un lugar que quieres evitar, que te asuste lo que encontrarás al mirarte de forma muy cercana. Pero el secreto de tu diseño de vida es que no es desagradable o negativo de ninguna manera. El poder que contiene es totalmente para bien, lo cual significa que sólo ayudará a tu crecimiento personal y no te derrumbará. Haz el intento reflexivo de decir: "Todos los días estaré consciente de cómo me siento en realidad." Una vez que empieces, la experiencia te llevará a alinearte más y más con tu propia esencia y propósito de vida.

Los problemas y debilidades que todos enfrentamos pueden ser puestos en unas cuántas categorías básicas:

Las cosas que nos asustan.
Las cosas que nos enojan.
Las cosas que nos confunden.
Las cosas que creemos que no podemos cambiar.

De estas categorías surgen ansiedad, inseguridad, frustración y hacerse la víctima. Te estamos pidiendo que resuelvas estos asuntos, sólo para estar consciente de ellos. Sería muy irracional decirte que debes estar libre de problemas antes de que puedas descubrir tu diseño de vida. El punto es exactamente lo contrario; si estás consciente de un problema, tu diseño de vida te dará la solución. La clave es la conciencia. Si no tienes claro algo, no lo puedes cambiar.

En términos prácticos, he aquí un ritual simple que puedes hacer todos los días. Cuando te sientas molesto, detente un momento y pregúntate lo siguiente:

"¿Estoy molesto porque me siento ansioso y asustado?"
"¿Estoy molesto porque me siento enojado y resentido?"
"¿Estoy molesto porque me siento confundido sobre algo?"
"¿Estoy molesto porque me siento atrapado en una situación que no puedo cambiar?"

Estas preguntas te traerán de regreso al camino realista. El siguiente paso es sentarte muy quieto y sentir de verdad. No intentes reprimirte; al mismo tiempo, no agredas a nadie. Mientras estás sentado, observa tus sentimientos y concéntrate en tu cuerpo. Haz este ejercicio de serenidad, de conciencia tranquila durante cinco minutos.

Al final, si todavía sientes que estás molesto, toma las siguientes acciones mentales:

Miedo. Si te sientes ansioso en alguna situación, respira profundo. Una vez que te hayas calmado, pregúntate si tu miedo es razonable o sólo personal. Si es razonable, entonces empieza a dar pasos para deshacerte de la razón que lo origina. Por ejemplo, si debes la renta y no la puedes pagar, lo cual angustia a mucha gente, llama a tu casero, pídele una prórroga y entonces busca un préstamo de alguien. Por otra parte, si tu miedo es personal, comprométete a trabajar en eso como un asunto que necesita tu atención. No hay necesidad de vivir con temor, ya sea razonable o infundado. Deshacerte de tus miedos es un proyecto grande para cualquiera, pero el mejor inicio es hacer consciente el problema, porque la razón es más poderosa de lo que imaginas.

Enojo. Si estás irritado por determinada situación, primero siéntate e interioriza tu sentimiento, como en el apartado anterior, durante cinco minutos. Asegúrate de estar sólo. No escuches la voz de tu cabeza que grita: "Tengo razón de estar enojado." Los pensamientos siempre justifican a los sentimientos. Mientras sientas cólera, tus pensamientos te dirán que estás en lo correcto. Pero el problema no es que estés bien o mal. La ira destruye la felicidad tanto tuya como de la persona que quieres herir. Tu objetivo es quitar la energía destructiva del camino.

Toma el tiempo que necesites para calmar tu enojo, después evalúalo: ¿Tu coraje es una respuesta razonable a la situación? Si dices sí, busca una solución cuando estés tranquilo. Digamos que en el trabajo, alguien de menor rango fue promovido arriba de ti. Responder con coraje podría ser entendible, pero si vas a la oficina de tu jefe y le armas un escándalo, no descubrirás la razón. Sólo hasta que haya pasado tu enojo averiguarás qué pasó y por qué.

El mundo contiene mucha gente irritada que necesita muy poco para prenderse. Si eres una de ellas, te ayudará ver que tu ira es personal. Es tu problema, no del mundo, porque la maldad y la injusticia siempre existirán. Reconoce si usas tu cólera como un arma, excusa, táctica para dominar, o sólo por el placer de darle rienda suelta. Hacer conciencia de que tu enojo es básicamente destructivo, tanto para ti como para los demás, te ayudará a cambiar patrones dañinos.

Confusión. Las personas están revueltas, o dicen que lo están, por diferentes razones. Tenemos a los que se echan para atrás frente a un problema con frases como: "Estoy confundido. Veo razones de ambos lados para pensar que son correctas." No hay tanta confusión, más bien no quieren involucrase. Hay otros que dicen: "Estoy tratando de entenderte, pero me confundes." Por lo general, esta táctica se usa para hacer sentir mal a la otra persona sin ser directo.

Pero también hay una confusión genuina que a todos nos ha atrapado alguna vez. Si ves a la esposa de alguien almorzando con un extraño y los dos se están riendo con una copa de vino al lado, tienes derecho a estar confundido hasta que se ofrezca una explicación. En un escenario más grande, los problemas del mundo son tan complejos, que estar revuelto es un modo razonable de reaccionar. Hay una parodia al inspirador poema de Kipling "Si" que empieza: "Si puedes conservar tu cabeza, cuando a tu alrededor todos la pierden… tal vez no entiendas la situación."

Debemos dirigirnos a la confusión personal. Siempre se manifiesta en alguna de las siguientes formas conocidas:

Indecisión. No te sientes bastante bueno, competente o inteligente.

Inseguridad. No estás seguro de que estés a salvo y protegido.

Baja autoestima. No estás seguro de que importes.

Escepticismo. No estás seguro de que la realidad es lo que parece.

Falta de confianza. No estás seguro de que puedas relacionarte con alguien de verdad.

Falta de dirección. No estás seguro de que el camino a tomar te traerá más satisfacción.

La aparición de tu diseño de vida trae consigo un sentimiento de seguridad duradero que te permite liberar tus confusiones y dudas. Descubrirás que has estado sufriendo por la confusión sobre la naturaleza de la vida y tu rol en ella. Conforme ganes claridad, las dudas desaparecen y crece la sensación de que la vida te apoya.

Cosas que no puedes cambiar. En el ámbito de los problemas y debilidades, la fuerza más destructiva es el miedo, pero la segunda es la frustración. Cuando te sientes incapaz de cambiar algo, la frustración crece, y si continúa, descubres que te vuelves resignado, resentido, pasivo, bloqueado, enojado y deprimido.

Para algunas personas la secuencia es tan familiar que renuncian a crear cualquier tipo de cambio significativo. "Así soy. No hay nada que pueda hacer al respecto." Pero el verdadero problema no es la transformación. Ya eres un montón de cambios. De manera constante, nuevos pensamientos y sentimientos revolotean en tu ser. Tu cerebro manda millones de mensajes químicos a cada célula de tu cuerpo.

El asunto real es la transformación dirigida, usando intentos conscientes para lograr lo que quieres fuera de tu vida. Si manejar el cambio ha sido un reto para ti, empieza el siguiente ritual: Cuando sientas que nada está cambiando ni cambiará detente un momento, piensa: "Estoy en constante transformación. Puedo decidir cómo hacerlo. Mi mayor aliado es mi conciencia, y conforme crezca, lo que en verdad quiero me llegará como corresponda." Luego pregúntate: "¿Qué evidencia puedo encontrar en mi vida de que esto es cierto?" Ve si puedes encontrar al menos estas dos evidencias: primero, la vida siempre está transformándose, segundo, conforme tu conciencia se expande, lo que realmente quieres empieza a llegar con su propio ritmo.

De manera constante tu mente busca pruebas que apoyen tus creencias arraigadas. Al decidir de forma consciente cambiar esas creencias y encontrar nueva evidencia que las respalde, empezarás a cambiar la forma en que experimentas la vida.

La transformación de Marci

Ahora que sabes cómo prepararte para el cambio, ¿cómo te transformarás? Para dar un ejemplo, retomaremos la historia de Marci. Estaba al borde de descubrir su diseño de vida, aunque no sabía que le ocurriría un cambio tan drástico.

Lo que sí sabía era que su vida estaba en cambio constante. Había tomado la decisión de enfrentar una de sus debilidades principales, la baja autoestima. Como era una persona de acción, rastreó por todo el país hasta que encontró a un entrenador poco conocido llamado Jack Canfield. Sus seminarios de autoestima eran unos de los más respetados. Era 1989, cuatro años antes de que Jack fuera coautor de un librito llamado *Caldo de pollo para el alma.*

Marci tomó el curso, adoptó a Jack como mentor y pronto estaba viajando por el país, dando talleres de autoestima. Se sentía bien por contribuir de forma más valiosa que antes en la vida de las personas, y sus propios problemas de autoestima empezaron a sanar. En definitiva estaba más alineada con lo que amaba hacer.

Pero cuando empezó a reflexionar, se dio cuenta de que estaba cayendo en una trampa conocida. "Después de años de enseñar programas de autoestima, mi vida seguía en un viaje continuo, viviendo con mi maleta, y quedándome entre las cuatro paredes de un hotel. En consecuencia, los seminarios me estaban matando."

Una de sus mejores amigas, Jani, intervino y le dijo: "Marci, no puedes seguir así, te ves exhausta y agobiada. Eso no es bueno para una oradora transformacional."

Marci sabía que Jani tenía razón, y aunque bajar el ritmo iba en contra de su naturaleza, aceptó la invitación de su amiga para ir a un retiro de meditación de siete días en las montañas. Confesó que en su afán por ayudar a otras personas y motivarlas a cambiar, había olvidado cuidarse y los cambios que veía en sí misma no eran positivos. Pero algo más profundo estaba trabajando. Una voz en su cabeza repetía la misma pregunta una y otra vez: "¿Esto es todo lo que hay?"

Ahora nos dice: "Siempre había sido capaz de encontrar el siguiente paso que moviera mi carrera hacia delante. En el fondo sabía que mi amiga tenía razón. Pero lo que en realidad le dije fue: 'Jani, ¿estás loca?' ¿Siete días de silencio? Ni siquiera estaba segura si duraría."

Los oradores nacieron para hablar. Marci sabía que se avecinaba una semana de tortura pura, pero ya estaba en el límite.

Jani trató de calmarla. "Sé que da miedo. Si quieres que algo nuevo entre en tu vida, debes cambiar tu apreciación. Pero así como andas de cansada, aunque tuvieras la idea perfecta frente a la nariz, ni cuenta te darías." (No estamos seguros de que lo haya dicho con esas palabras.) Así que Marci fue para una cura de descanso, o más bien la versión moderna de la renuncia electrónica: no televisión, no computadoras, no teléfonos, no nada.

La semana de silencio a la que tanto le temía, se convirtió en el descubrimiento más grande de su vida. Presentaremos todos los detalles en el siguiente capítulo. Lo que nos gustaría mostrar ahora es algo aplicable a ti, claro que un tanto diferente, porque no tienen la misma historia.

Fuerzas invisibles organizaron sucesos para llevar a Marci al lugar perfecto donde necesitaba estar en la vida. Esto no es una creencia mística. Las capas más profundas de la mente están escondidas. Pasamos nuestros días pensando, sintiendo y diciendo cosas desde el nivel superficial del pensamiento, porque los asuntos diarios no demandan mucho. Las rutinas se sienten vacías cuando pasan cosas como las siguientes:

Gastas tu tiempo en tareas automáticas y mecánicas.
Repites los mismos pensamientos, acciones y palabras.
No te sientes pleno.
No estás creciendo.

A pesar del éxito que tenía en la carrera que había escogido, Marci estaba embrujada por estos vacíos en su vida. El descontento puede ser un detonador poderoso. En su caso, sin siquiera escribir un plan, Marci estaba preparada para lo que vendría, su gran descubrimiento. Siguió las cosas que te hemos sugerido. Se mantuvo consciente de sus problemas y debilidades. Confrontó con honestidad sus verdaderos sentimientos. No se identificó con el éxito externo. Estuvo dispuesta a ver más allá de lo exterior para preguntarse: "¿Quién soy yo? ¿Por qué estoy aquí?"

En respuesta, una parte más profunda de ella misma estaba despertando. Había preparado el camino para la transformación, y ahora había llegado.

Tu momento de "revelación" y cómo alcanzarlo

Dejamos a Marci, en el inicio de su semana de retiro. El centro de meditación se encontraba en un tranquilo bosque dentro de las montañas de Catskill, en Nueva York. Cuando llegó, no estaba feliz. Durante los primeros cuatro días, sus mayores temores sobre estar en silencio se cumplieron.

Ahora nos cuenta: "Todo era insoportable. Ayudaba un poco escribir notas, digo, sólo nos podíamos comunicar de esa forma. Pero mi amiga Jani, la que me convenció de ir, no me respondía, nadie lo hacía. Estaba como león enjaulado, contando los días para poder hablar otra vez."

Lo único que hacía esto soportable, fue establecer una rutina diaria que se sentía muy saludable y relajante. Su rutina se acercaba mucho a lo que describimos en nuestro programa de rituales básicos: dormirse temprano, levantarse con el sol, hacer yoga y meditar. La comida era vegetariana y en la tarde daban una caminata por el bosque.

Marci se ríe cuando menciona: "Era como un spa pero con cinta en la boca."

El silencio era exasperante. Cada vez que pensaba que ya no podría aguantar más, recordaba la instrucción inicial que le dieron cuando llegó: "Apégate a la rutina." Lo hizo, y para su sorpresa, su inconformidad empezó a desaparecer. Poco a poco, sintió que se iban capas de cansancio. Su antigua energía, emoción y entusiasmo por la vida empezaron a regresar.

"Me sentía bastante tranquila. En el fondo tenía un miedo continuo de convertirme en un caso de agotamiento permanente. Pero, obvio, toda esta nueva energía me hacía querer escapar de ahí tan pronto como pudiera."

Recordó que este sentido de renovación provenía de la rutina que estaba siguiendo y que debía continuar. Entonces, el cuarto día, en medio de su meditación, se le prendió el foco. Tuvo un momento de inspiración. Le llegó una idea que sabía, de manera instantánea y con total certeza, que valía un millón de dólares o más. Pero como le había hecho la promesa a Jani de guardar silencio por siete días, lo único que podía hacer era esperar antes de que pudiera contarle a alguien o actuar en ello. Al final, en la mañana del octavo día, cuando terminó el curso, Marci corrió a toda velocidad, rebasó a Jani como un correcaminos y marcó un número en el teléfono de monedas más cercano.

La persona a la que estaba llamando era Jack Canfield, coautor de *Caldo de pollo para el alma*, libro que fue un mega-*bestseller*. Se puso en contacto con él después de asistir a sus seminarios de autoestima, y con los años Canfield se había convertido en su mentor.

Cuando contestó el teléfono le dijo: "¡Jack! Lo tengo. *Caldo de pollo para el alma de las mujeres.*"

Contuvo la respiración, esperando por su respuesta… Lo que le contestó le envió una oleada de alivio: "¡Qué gran idea! No puedo creer que nadie hubiera pensado eso antes."

En ese momento, nació la serie de libros más popular de no ficción de todos los tiempos.

Encuentra tu propio descubrimiento

¿Qué inspiraría un descubrimiento en tu vida? Es una pregunta capciosa, ya que cada persona es única. Durante siglos, se pensó que la inspiración provenía de un poder más alto, por ejemplo de Dios, las musas, los dioses o los ángeles. Hasta hoy seguimos sufriendo por encontrar una explicación que funcione para la gente moderna y racional. La respuesta reside en tu diseño de vida. Si haces memoria, recordarás que uno de sus círculos es sobre la perspicacia. Todo el mundo tiene momentos cuando sin ninguna razón, sabe que algo está bien. Puede ser amor a primera vista o una premonición sobre un acontecimiento futuro. Todas las piezas se alinean y de repente el candado se abre. El diseño de vida nos dice que estos instantes de "revelación" no son accidentales. Representan un potencial específico de intuición construido dentro de la mente de cada quien.

Marci encontró su descubrimiento en un momento de inspiración que le ocurrió desde la tristeza (en su emoción, así es como lo sintió). Pero, de hecho, su "revelación" fue preparada con mucho cuidado desde antes. Vamos a recapitular lo que pasó en realidad.

Relajación: Marci se retiró de la vida frenética y se dio un tiempo para relajar mente y cuerpo.

Reconexión: La regularidad de la rutina la regresó al curso natural de su biorritmo y al ciclo de amanecer y atardecer, lo cual tiene un poderoso efecto en la psicología.

Silencio: Fue lanzada de regreso a sí misma, lo que al principio le provocó mucho miedo. Pero después de un tiempo, Marci se dio cuenta de que el silencio es el estado natural de la mente al descansar.

Meditación: Se adentró en el silencio, la fuente de la creatividad y percepción.

Estos son los ladrillos que construyen un momento de "revelación". Los maestros espirituales en las antiguas tradiciones alrededor del mundo los han descrito durante miles de años. El resultado final para Marci Shimoff fue que se volvió la imagen de *Caldo de pollo para el alma*. Sus libros de la serie y los que escribió por su cuenta pasaron ciento dieciocho semanas en la lista de los más vendidos del *New York Times* y vendieron quince millones de copias alrededor del mundo. Pero para alcanzar este punto final, todo tuvo un proceso. En la actualidad, cada año, Marci va a un retiro de silencio.

"Soy más eficiente", dice con una sonrisa. "Ahora, con cuatro días que trabaje es suficiente. Todavía es un reto completar la semana entera."

Marci también ha personalizado los rituales básicos que funcionan para ella, y los observa de forma religiosa, no importa qué tanto ajetreo haya a su alrededor. Cada mañana hace su "bebida verde". Es una combinación licuada de muchos ingredientes como espinacas, col, apio, almendras escaldadas, aguacate, pepino, leche de coco y un poco de *stevia* para endulzar. Sus rituales matutinos también incluyen un masaje con aceite, meditación, una oración, una pequeña ceremonia de devoción, y al menos tres o cuatro veces a la semana, su forma favorita de ejercicio: zumba. Probamos su bebida verde y créanlo o no, nos convenció. Es deliciosa. Sus rituales básicos son un modelo de las muchas cosas que su gran descubrimiento le trajo. Si traducimos esto a nuestra vida, he aquí lo que necesitas hacer:

Relájate. Esto significa hacer un alto total en tu actividad. Sentarte solo. Y dejar que el estrés y la fatiga del día se vayan. No esperes hasta el final de la jornada para hacerlo. Lo ideal es relajarse en el momento que sientas cualquier monotonía y falta de energía. Pocos piensan que tienen la capacidad de hacerlo, pero todos podemos tomarnos cinco o diez minutos tres veces al día para disfrutar la paz y la quietud.

Reconéctate. Es fácil olvidar que todos somos hijos de la naturaleza, y que nuestros cuerpos están atados a los ciclos del sol, la luna, la marea, las estaciones y demás. Hasta las investigaciones médicas han descubierto un tipo nuevo de célula en la retina que está sintonizado con las tonalidades de azul del cielo. Esto ha evolucionado de manera que tu reloj interno puede estar en armonía con el amanecer y el atardecer. Con unos cuantos minutos al día que pases fuera, tal vez recostado en el pasto y contemplando el cielo, es suficiente para reconectarte con tu fuente.

Fluye. La naturaleza sigue su curso sin esfuerzo, un reflejo es la forma tan fácil en que las células organizan miles de reacciones químicas cada segundo. El cerebro también funciona fácilmente, pero asumimos que tenemos que intervenir. Cada momento en que dudas, criticas, discutes, resistes y vences obstáculos, tu ego se vuelve parte de una pelea que no necesita existir. Así que es muy valioso hacer lo que puedas para atraparte antes de caer en la lucha, alejarte y recordar que la vida es como un río, y la mejor forma de vivir es fluir en él.

Encuentra tu silencio. Asistir a un retiro de una semana no es fácil para todo el mundo y no es la única forma de encontrar el silencio. El verdadero silencio está dentro de ti, enterrado bajo capas de actividad mental. Mientras sigas alimentando esa actividad, tu silencio se irá sepultando cada vez más profundo. Por otra parte, el silencio exterior ayuda a descubrir el interior. Si quieres poner esto en práctica, encuentra un momento diario para absorber el completo silencio de una iglesia o capilla, un cuarto sin ruido, incluso el sótano. Siéntate con los ojos cerrados durante diez minutos, sólo disfrutando el silencio, déjalo refrescarte y que no te importen los pensamientos que pueden ir y venir.

Medita. Hay muchas formas de hacer esto. Nuestro método favorito es la TM (meditación trascendental por sus siglas en inglés) por muchas razones. No es religiosa y no tiene alusiones a prácticas de otras culturas. En lo personal amamos la India, pero eso no es un requisito para aprender a meditar. La TM es una versión moderna de la meditación más profunda que se realiza en la India, desde hace miles de años. Tiene la belleza de ser simple y práctica para relajar la mente.

Pero al mismo tiempo accedes a la compleja matriz de tu diseño de vida porque, como su nombre lo implica, entras en la región trascendente en el mismo centro del corazón del mandala. Al ser constante con la TM compruebas que esta región trascendente es la fuente misma de la creatividad y la inteligencia. Y si necesitas validación externa, los cientos de estudios científicos publicados en revistas serias confirman estos beneficios. Por eso, para nosotros la TM ha sido una herramienta invaluable para la apertura de cada aspecto de nuestras vidas.

No podemos enseñarte cómo practicar la técnica TM en este libro porque se necesita entrenamiento por parte de un instructor calificado. En cada ciudad y casi en todas partes hay maestros de TM y por lo general un centro donde aprenderla. Puedes contactar al instructor más cercano en www.tm.org. Te la recomendamos mucho.

PRÁCTICA RITUAL
Respiración alternando las fosas nasales

Como una práctica provisional, puedes beneficiarte de un ritual simple que calma de inmediato. Cierra los ojos, siéntate muy quieto y realiza este ejercicio conocido como "respiración alternando las fosas nasales" (fíjate en los diagramas):

Usando tu mano derecha, coloca con suavidad tu pulgar sobre la fosa derecha y el anular sobre la izquierda. Dobla los dos dedos de en medio hacia tu palma.

Ahora respira normal, pero cuando lo hagas, inhala a través de una fosa y exhala por la otra. Una vez que encuentres la forma, verás que es muy fácil. Primero, presiona un poquito tu fosa izquierda e inhala por la derecha. Luego, presiona la derecha y exhala por la izquierda. Sin cambiar los dedos de posición, inhala a través de la fosa izquierda, luego presiona para cerrarla y puedas exhalar por la derecha. Repite, respirando con facilidad por unos

cinco o diez minutos. Después de ese tiempo puedes sentarte con los ojos todavía cerrados y apreciar tu quietud interior. Poco a poco sal de tu estado meditativo, respira profundamente y abre tus ojos de manera lenta. Una sugerencia útil es no abalanzarse de inmediato a una actividad vigorosa.

Este ritual de respiración proviene de la India, donde se le conoce como *suryanadisuddhi pranayama*. Hay muchas variaciones, pero la que te damos aquí es muy buena para calmar la mente porque nuestra respiración está conectada de forma muy íntima al pensamiento. Logra tranquilizar al cerebro. La clave es dejar que el efecto calmante surja de manera natural. Si te falta aire o quieres jalar por la boca, está bien. No te aceleres ni presiones. El objetivo es permitirle a tu mente que se estabilice en sí misma, sin esfuerzo.

Otra cosa, no te preocupes si te quedas dormido antes de que el tiempo acabe. La mayoría de la gente tiene mucho cansancio acumulado que quiere escapar a la primera oportunidad. En este caso, dormir es una buena forma de liberar el estrés.

En la historia de Marci siguió apareciendo, poco a poco, su diseño de vida. El éxito material no hizo que buscara el final de su viaje, para nada. Los verdaderos frutos de su descubrimiento empezaron a surgir en otras áreas. Por ejemplo, su vida se llenó de asombrosas coincidencias. Los extraños en un avión eran exactamente las personas con las que necesitaba conectar. Si tenía un problema, la respuesta parecía que le caía del cielo. Marci sería la primera en decirte que cree que sus rituales la conectan con su centro espiritual diario, y que esta conexión es la fuente de todas las bendiciones que disfruta.

En nuestro lenguaje, diríamos que sus rituales la mantienen alineada y conectada con su único diseño de vida. Su alineación da como resultado la confluencia de sucesos que crean resultados improbables, pero siempre benéficos. Por ejemplo. Una vez al año, Marci llama a Master Yau, un maestro chino del *feng shui*, para ayudarla a asegurarse de que su casa esta acomodada de manera que mejore su éxito, prosperidad y felicidad. Aun así, se sorprendió cuando ocurrió un enorme descubrimiento en su negocio después de hacer lo que parecía un cambio pequeño.

Marcí se había mudado a una nueva casa un año antes y Master Yau vino a su visita anual. Frunció el ceño y dijo con un tono frustrado: "No has movido el enorme espejo de tu oficina como te dije el año pasado."

"Me encanta ese espejo", respondió Marci. "Hace que el espacio parezca más grande y refleja la hermosa vista de la Bahía de San Francisco."

Pero como Master Yau no cambió de parecer, le pidió a los jardineros que estaban trabajando en su casa que le ayudaran a mover el gran espejo a la sala, donde le había dicho que estaría bien. La primera vez que Master Yau le dijo que lo moviera, Marci estaba tratando de conseguir un contrato para un programa de PBS. El proyecto estaba atorado, atrasándose por una cosa o por otra. Al final, se rindió a la frustración y ya no había escuchado nada sobre eso en nueve meses.

Una hora después de mover el espejo, sonó el teléfono. Era la gente de PBS convocándola para el antiguo asunto. "Acabamos de tener una reunión y hemos decidido financiar todo tu *show*." Estaba pasmada.

¿Acaso mover el espejo fue la razón para que el *show* de Marci se hiciera presente? He aquí lo que dice: "En mi corazón, sé que muchas cosas asombrosas han ocurrido porque traje lo sagrado a mi vida a través de los rituales. Me dieron un lugar seguro, un sentido de confianza y una conexión con mi familia y amigos que son simple y sencillamente maravillosos."

Ya te hemos mostrado muchas cosas para que te animes a alinearte con tu diseño de vida. Dicen que para probar el pudín hay que comerlo, así que aceptamos el reto de darte un descubrimiento que genere tu propio momento de "revelación". Cuando ocurre tal instante, la transformación ya no se ve como una pelea o un sueño distante que nunca se vuelve realidad. Cambiar se sentirá natural, sin esfuerzo y de alguna forma indescriptible... "bien".

El diseño de vida bloqueado

Alinearte con tu diseño de vida no significa que no tendrás ningún reto. Los pros y contras son parte de lo que hace el camino tan interesante. La diferencia es que cuando estás alineado con tu diseño de vida, los obstáculos te confunden sólo un poco, porque tienes un fuerte sentido de propósito. Los retos se vuelven oportunidades en vez de barreras insuperables.

Ya viste (en la página 27) que el diagrama del diseño de vida tiene un punto central con cinco círculos a su alrededor. Estos círculos representan los niveles a través de los cuales tu núcleo espiritual se expresa por sí mismo: forma material, energía, mente, perspicacia y felicidad. El punto central es tu núcleo de conciencia pura, donde existen todas las posibilidades. La energía vital fluye del centro hacia fuera cuando tus débiles pensamientos, deseos y sueños se convierten en intenciones conscientes. Estas intenciones nacen de lo más profundo de nuestro ser y muchas veces encuentran su propia forma de manifestarse. Por ejemplo: el niño jugando con un camioncito de bomberos que crece para ser bombero; la niña que se siente tan amada que quiere ser la madre perfecta un día; el niño que tiene un primo invidente que quiere ser doctor, etcétera. Cada logro requiere pasos que son físicos, mentales, emocionales y sí, espirituales (en lo que crees y en verdad reverencias).

Por desgracia, estas "cuatro puertas" pueden bloquearse, lo que causa todos los problemas. Las obstrucciones son el resultado de emociones acumuladas, condicionamientos negativos, estrés agobiante y otros obstáculos. Por ejemplo, cuando decimos que alguien está cegado por la ira, un bloqueo está trabajando. No se puede tener acceso al nivel de la mente porque todo está atorado de forma temporal en el nivel emocional. Es entonces cuando el diseño de vida de una persona se vuelve distorsionado y muy incómodo. Imagina a un hombre joven vagando sin rumbo fijo y sin trabajo, sintiéndose como un paria sin oportunidades a la vista. Su situación podría representarse como el diagrama que se incluye más adelante.

El sentido del diseño de vida está perdido. Las líneas curvas más abultadas representan cómo la distorsión interna puede desparramarse en una vida en sociedad de una persona. No hay coherencia entre la existencia interior y exterior. Es el tipo de desconexión que hace sentir a la gente vacía y falsa. Como resultado, lo que pasa al interior se siente tan incómodo que puede saltar al mundo como enojo, agresión u otros comportamientos destructivos. Las cuatro puertas de la expresión física, mental, emocional y espiritual están tan bloqueadas que el acceso a su centro es imposible.

Pero lo valioso es darse cuenta de que no importa lo que ha pasado en tu existencia hasta ahora, el centro de tu diseño de vida permanece intocable. En el diagrama siguiente las cuatro puertas están bloqueadas, creando distorsión en la vida interior y exterior de la persona, pero el centro trascendente y los cinco anillos que lo rodean están tranquilos. Todo lo que se necesita es desbloquear esas entradas y entonces, el poder, la inteligencia y la creatividad de la trascendencia fluirán otra vez a través de tu vida.

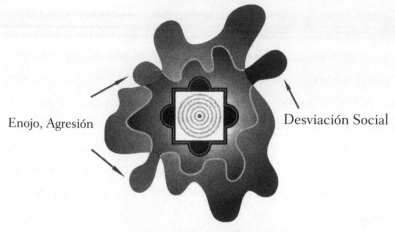

Enojo, Agresión

Desviación Social

Diseño de vida obstruido

Hemos ofrecido un ejemplo extremo, pero para la mayoría de la gente hay tanto bloqueo que el daño está hecho, todo originado por su incapacidad de encontrar el centro por sí mismo (a menudo ni siquiera aceptan que una cosa con tal trascendencia existe). No hace falta decir que mucha gente no experimenta la alegría que emana de su centro, sólo infelicidad y frustración, acompañadas de una vaga urgencia de seguir buscando e investigando. Pero si no saben qué dirección tomar, la búsqueda se convierte en un vacío. La única guía confiable, el diseño de vida, no está disponible. Sin embargo, todos los componentes del ser aún están ahí. No se pueden suprimir de forma permanente. No importa lo que haya pasado en la vida de alguien o que tan angustiosa se haya convertido su existencia, la estructura interna permanece intacta y puede ser accesible. Sólo es cuestión de remover todo lo que bloquea las cuatro puertas.

Estos obstáculos crean un estado de confusión donde la mente envía mensajes revueltos. Veámoslo más de cerca, porque la claridad es la base para avanzar. "Cuando eres claro, lo que quieres se mostrará en tu vida, pero sólo en la medida de tu claridad" (tomado de *Descubre el secreto*).

Creencias de corazón

La claridad perfecta puede revelarse en un instante, como sucede en *Un cuento de navidad* cuando Scrooge se da cuenta de la forma tan terrible en que ha desperdiciado su vida. Tales momentos de "revelación" dan esperanza, porque muestran la forma de reconectarse con el diseño de vida. ¿Por qué algunas personas tienen un momento así que les cambia la vida y otras no? Mucho tiene que ver con las creencias y actitudes. ¿Qué pasa cuando crees el cliché de que la vida es injusta? Esta creencia es pesimista y te convierte en una víctima esperando a que pase la siguiente cosa mala. Hay una antigua broma que todos los estudiantes de medicina han escuchado sobre la señora que va al doctor porque tiene miedo de padecer cáncer. Después de un montón de exámenes, el doctor descubre que no tiene nada. Seis meses después la mujer regresa, segura de que esta vez sí está enferma. Otra vez le hacen todos los estudios y el doctor le dice que está en perfectas condiciones.

Esto sigue así por años, hasta que la señora tiene un poco más de sesenta. Va con el doctor con sus temores habituales, sólo que esta vez sí hay malas noticias. Sus exámenes muestran signos de cáncer. Ante ello exclama: "¡Lo ve! ¡Se lo dije!"

La moraleja de la historia es que anticipar lo peor es una terrible pérdida de vida. Cuando te preocupas por el futuro, el presente se te escapa de las manos. Las creencias que son impulsoras de vida te mueven hacia delante: hacen mejor el hoy. Acepta que vives en un universo amigable y que esta vida se organizó para apoyarte. ¿No te parece lógico que la vida en un universo tan increíble debería tener el potencial para ser fácil y divertida?

Todos conocemos gente que está segura de que el mundo está en las últimas. De manera constante buscan formas de probar que su pesimismo está justificado. ¿Y qué encuentran? Pruebas diarias de lo horrible que es la vida. Su refuerzo continuo crea lo que se conoce como *creencias de corazón*.

Una creencia de corazón es más que una convicción profunda. Contiene algo *que debe ser*. Mucha gente a lo largo de los siglos ha sostenido la afirmación de que son individuos separados, apartados de la gente y del mundo a su alrededor. Este pensamiento arraigado condujo sus acciones. Fue la base para los celos, la envidia, la guerra, la codicia y la generadora de tantos otros problemas. Algunas personas trascendieron estas profundas convicciones a través de su fe en un Dios omnipresente. Por medio de estas creencias de corazón vieron la interconexión entre ellos y el mundo. Hoy, mientras la física moderna indaga en la naturaleza de la vida más básica, incluso la ciencia sugiere que la separación es un artefacto de experiencia sensorial, no realidad. Y cada vez más y más personas adoptan la opinión de que la vida es un todo interconectado. Las creencias de corazón pueden ser positivas o negativas. Su característica común es que guían de manera inconsciente nuestros pensamientos y acciones.

Si nos preguntamos por qué cada vez más personas no están teniendo momentos de "revelación," la razón más grande es que sus creencias de corazón están bloqueando el camino. Vamos a hacer esto personal. Revisa las declaraciones de la siguiente lista. Contiene tanto positivas como negativas. ¿Cuáles tienes, no sólo de manera casual, sino profundamente arraigadas? Sé honesto ya que es el primer paso para cambiarlas.

¿Cuáles son tus creencias de corazón?

De la siguiente lista, marca las creencias positivas o negativas que sientas como propias.

☐ 1. Soy único, distinto a todos los demás en el mundo.

☐ 2. Al morir, todo se acaba.

☐ 3. Tengo algo especial que ofrecer.

☐ 4. Casi todo lo que pasa es por casualidad. Es inútil buscar un significado escondido.

☐ 5. Estoy aquí para crecer y evolucionar.

☐ 6. La vida es sólo lo que ves. No hay un plan más grande.

☐ 7. Merezco las cosas maravillosas que quiero para mí.

☐ 8. La naturaleza humana siempre tiene maldad u oscuridad.

☐ 9. Merezco ser amado.

☐ 10. Me asusta acercarme mucho a alguien más. Es más seguro mantener mi distancia.

☐ 11. La intimidad es algo maravilloso.

☐ 12. Me consideraré afortunado si alguien me quiere y desea estar conmigo.

☐ 13. Hay una chispa de bondad en cada ser humano.

☐ 14. No espero grandes cosas de mí mismo. Sólo son un sueño.

☐ 15. Juego mi rol en un plan más grande, incluso cuando no puedo ver cuál es.

☐ 16. La gente nunca cambia en realidad.

☐ 17. La vida tiene significado y sentido.

☐ 18. No tengo nada especial que ofrecer.

☐ 19. Después de morir, iré a un mejor lugar. La muerte no es el final.

☐ 20. Soy ordinario. Mi vida no tiene nada de especial.

PUNTUACIÓN

Cuenta el número de casillas impares que marcaste (1, 3, 5, etcétera). Éstas son tus creencias de corazón positivas.

Total _____

Cuenta el número de casillas pares que marcaste (2, 4, 6, etcétera). Éstas son tus creencias de corazón negativas.

Total _____

No hay una puntuación buena o mala para este test, pero te dirá muchas cosas, empezando por cuánta de tu actitud positiva es contrarrestada por creencias negativas. Todos somos criaturas complicadas, nadie es positivo o negativo por completo. A veces, incluso tenemos creencias contradictorias sobre el mismo asunto.

Pero ya sea positivo, negativo o indeciso, tus creencias de corazón moldean tu manera de ver al mundo, a ti mismo y al corazón de tu ser. Creemos de forma firme que éste no es un juicio final. Conforme surge tu diseño de vida, tus creencias cambiarán y se volverán más positivas, porque las creencias negativas son el resultado de un flujo distorsionado de energía vital. Quítalas y todo se transformará.

Cuando termines de hacer el test, guarda la lista. Después de leer este libro y asimilar su contenido, regresa a tus creencias otra vez. Pregúntate:

¿Esta creencia *tiene* que ser cierta?

¿Qué la hace tan convincente?

¿Quiero tener creencias más útiles?

Al hacerte estas preguntas, empiezas a ser consciente de tus motivos e impulsos ocultos. Las creencias de corazón son inconscientes, por eso son tan poderosas. Tomemos una de las negativas: *Me consideraré afortunado si alguien me quiere y desea estar conmigo*. Para mucha gente, ésta es una declaración muy arraigada. Hay quienes incluso aguantan una relación abusiva porque de manera inconsciente piensan que son tan desagradables que se merecen ese trato.

Menos extrema, pero también dañina, es la obsesión por la imagen corporal. Las niñas crecen viendo imágenes de los perfectos cuerpos de las supermodelos, y cuando no pueden alcanzar ese ideal, pierden autoestima. Hay un paso muy pequeño entre: "no me gusta mi cuerpo" y "no merezco ser amado." De ahí se pueden derivar todo tipo de problemas, desde desórdenes alimenticios hasta promiscuidad sexual y depresión. Las creencias son detonadoras. No son pasivas. Una simple creencia de corazón puede desencadenar una sarta de comportamientos que ni siquiera sabes cómo se relacionan. Recuerda a Marci al principio de su viaje, cuando se volvió una oradora exitosa enseñando a la gente cómo comunicarse en los negocios. En la superficie, el éxito es el éxito. No había nada que examinar bajo la superficie, hasta que notó lo poco motivada y exhausta que estaba.

Estar demasiado descentrado, al grado de que ya no te cuidas, muchas veces significa que estás huyendo de algo. Cuando Marci se observó, descubrió que estaba escapando de la baja autoestima. ¿De dónde viene la baja autoestima? Un gran factor es el pensamiento "no merezco ser amado." Una creencia de corazón negativa es como un muro que no puedes escalar o derribar. Simplemente bloquea tu camino. Para una persona que piensa "soy desagradable", el obstáculo es trágico porque pasará meses y años persiguiendo comportamientos que la lleven a todos lados excepto al amor. He aquí una historia para ilustrar cómo funciona esto.

Lori jugaba el rol de ganadora aunque en lo más profundo de su ser estaba segura de que era una perdedora. Su creencia de corazón estaba muy arraigada desde la niñez.

"Crecí en una familia católica grande", dijo Lori. "Mi madre era la roca que nos mantenía unidos, tal como lo había hecho mi abuela. Mi padre era un maquinista, y tenía problemas con el temperamento y la bebida. Pero mi madre lo amaba muchísimo, al igual que a sus cuatro hijos."

"Al ser la hija más grande, mi rol era ser una especie de segunda madre. Cuando tenía ocho años, ya sabía cómo cambiarle el pañal a un bebé y poner una carga en la lavadora. Después de la escuela, cuando las otras niñas salían a jugar, yo corría a casa por si mi mamá me necesitaba. Ése fue mi papel; no sabía que había otro camino."

Lori vuelve al pasado y ve que creció demasiado rápido. Su madre confiaba en ella y le platicaba los problemas de alcohol de su esposo. No hizo ningún esfuerzo para separar los problemas de adultos. Además, Lori tenía un defecto congénito en la cadera que la hacía cojear un poquito.

"Veía en los ojos de mi madre lo mal que se sentía por mi caminar, como si ella lo hubiera causado por algo que hizo mientras estaba embarazada. Su doctor le dijo que no era su culpa, pero se volvió sobreprotectora conmigo. Me mantenía en casa porque no era como las demás niñas de la escuela."

Cualquiera puede simpatizar con la forma en que Lori creció; su madre hacía lo mejor que podía para mantener a la familia unida. Pero conforme pasó el tiempo, una creencia de corazón empezó a crecer dentro de Lori: *No soy bastante buena*. Al irse grabando en su interior, año tras año, esta creencia encontró muchas razones para justificarse. ¿Por qué no era lo bastante buena? No era bonita, como las niñas más lindas de la escuela. Su padre no ganaba mucho. Su temperamento y los problemas con la bebida a veces producían escenas vergonzosas en público. Su madre no era muy feliz, no importaba lo mucho que Lori tratara de ser la mejor ayudante en el mundo, nunca podría cambiar eso. La cojera sólo era uno de los ingredientes de un todo, que poco a poco fue más convincente.

Cuando tenía dieciocho dejó su casa para ir a la universidad del estado. En esos momentos Lori estaba un poco confundida. Minimizaba esto pensando que eran dudas de adolescente, pero era claro que no se trataba de eso.

"Entré a la escuela pensando que podría manejar todo gracias a que me sentía adulto desde los ocho años. Llamaba a casa todo el tiempo y le aseguraba a mi mamá que estaba bien. Pero en la realidad, el cambio fue muy difícil para mí. Estaba en una situación nueva donde el trabajo era mucho más difícil que en la preparatoria, las otras chicas tenían relaciones sexuales y nadie era mi amigo de verdad. Me volví más introvertida y mis calificaciones empezaron a bajar. Muy pronto me sentí miserable, sin nadie a quien recurrir."

Las llamadas telefónicas de Lori disminuían cada vez más. Empezó a guardarse todo para sí y a perder clases. En la espiral descendente iba en picada. Se negó a ir a casa en Navidad, lo que alarmó a sus padres.

"Estaba demasiado avergonzada. No quería que vieran el desastre que era. Mentí y dije que había conocido a una amiga que me invitó a su casa para Navidad y que su familia era muy rica. Pero en realidad la pasé todo el día encogida en mi escritorio con las cortinas cerradas."

Un supervisor del dormitorio encontró a Lori y reconoció que tenía muchos problemas. Notificaron a sus padres y se fue a casa con ellos, perdió ese semestre.

"Pero nunca regresé", dice. "Durante dos meses apenas salía de la cama. Mis padres estaban preocupados. No tenían idea de por qué me había derrumbado, ni yo tampoco."

Fue a una clínica que ofrecía sesiones gratis de terapia psicológica. Empezó a hablar y en un punto la terapeuta le dijo algo que le prendió el foco.

"Me preguntó si tenía novio. Contesté que no. Entonces me interrogó '¿Por qué?' La vi fijamente, no sabía qué decir. Las dos estuvimos en silencio por un par de minutos; entonces, con una voz muy suave, me dijo: '¿Crees que no mereces ser amada?' Lo único que pude hacer fue soltarme a llorar."

Lori tuvo el coraje y la honestidad para examinarse de verdad. "Veía mucha vergüenza. Todos estos años estuve tratando de ser la mejor chica del mundo, pero en el fondo de mi corazón había tatuado esta obsesión que arruinaba lo bueno."

Todavía no encontraba su "revelación", pero su objetivo era cambiar el "no soy bastante buena" por "en realidad, sí soy bastante buena." Promovió este cambio a través de rituales diarios con el intento consciente de sanarse a sí misma.

Primero, hizo un diario con todas las cosas positivas que le pasaban.

Segundo, enfrentó su aislamiento. Salió e hizo las cosas que en verdad amaba, una de ellas era cocinar. Consiguió un trabajo en un restaurante local como chef.

Tercero, se dio tiempo para cuidarse. Si tenía momentos en los que se sentía mal sobre sí misma, llamaba a una amiga que había conocido en terapia, alguien en quien de verdad confiaba.

Platicaban sobre cómo se sentía hasta que Lori era capaz de ahuyentar las nubes negras sobre ella.

Cuando estaba promoviendo estos cambios, encontró a una chef en un restaurante que personificaba la fuerza y la independencia, además de una verdadera autoestima. Le pidió a esta mujer que fuera su mentora y ella aceptó. Al sentirse más fuerte, empezó a salir para conocer chicos. Quería asegurarse de que sus encuentros no estuvieran llenos de insinuaciones sexuales, como en los bares, así que decidió unirse a un grupo de la iglesia en el que hacían trabajo voluntario.

Los rituales de sanación son parte de una rica tradición en cada cultura antigua. La pérdida de ellos en la modernidad es más que lamentable. Hemos extraviado una conexión poderosa entre la mente y el cuerpo. Lori tuvo que inventar sus propios rituales desde cero, y fue afortunada al crear unos buenos. Tuvo la conciencia suficiente sobre su situación para organizar su intención con propósito y disciplina. Dado el caos que llenaba su mente cuando se desmoronó en la escuela, el que sus instintos le sirvieran tan bien era una prueba de que su mente deseaba la paz.

Una constante en sus rituales era la decisión de perseguir lo que amaba. "La primera vez que me abrí a la terapeuta fue desastroso. Habría sido tan fácil ir a casa y decir: 'Ahora estoy loca. Tengo todos estos problemas. Tal vez no hay esperanza'." Pero eso sería una trampa. Lo bueno es que Lori se dio cuenta de forma perspicaz. "Podría ser un caso para siempre… Siempre trabajando en mis problemas." Pero en vez de eso, dio los pasos para afirmar quién era. Su decisión de hacer lo que en verdad amaba era una gran parte de su recuperación.

Lori no tuvo la suerte de una familia que le proveyera unos cimientos saludables como Marci. Estaba tan ocupada en crecer demasiado rápido que nunca experimentó los ritos de transición que ayudan a los niños a sentirse seguros. Tenía que colaborar en las tareas domésticas incluso cuando era su cumpleaños, y las fechas especiales siempre estaban teñidas con la posibilidad de que el comportamiento de su padre se saliera de control. Le arrancaron hasta esos rituales básicos que son parte de la vida de un niño.

Si nos alejamos y observamos las creencias negativas de Lori, lo que resalta es cómo una creencia de corazón triunfa sobre todo lo demás: *La vida es mala, simplemente es así.* Cuando le quitas la envoltura a las creencias de alguien, por lo general son sobre "la vida es mala" contra "la vida es buena." Estos enunciados absolutos pintan las cosas de blanco o negro. Como adultos racionales, todos hemos aprendido que las cosas son relativas, en escalas de grises. Pero las creencias de corazón residen en lo más profundo de la mente consciente. Reflejan la forma en que un niño mira el mundo, lo cual es mucho más parecido al blanco y negro. Por ejemplo, fíjate en un niño de dos años gritando "¡te odio!" a su mamá cuando hace un berrinche en el supermercado; o la devastadora soledad de perderte en una tienda cuando tienes tres o el terror del primer día de la primaria.

El niño interior se queda contigo, enterrado bajo las capas adultas, mirando el mundo desde el punto de vista de las dudas y los miedos.

¿Me siento seguro?

¿Tengo algún amigo?

¿Alguien me quiere?

¿Me abandonarán?

¿Soy bastante bueno?

Las crueles emociones que evocan estas preguntas reflejan las necesidades primarias. Si estos requerimientos fueron satisfechos en tu infancia, entonces es más probable que tengas la creencia de corazón "la vida es buena." Si no fue así, tal vez ajustes mejor con el lado opuesto, asociado a "la vida es mala." Es muy triste que las comodidades de la sociedad moderna estén ocultando una falta de plenitud generalizada. Es emotivo ver cómo la gente en el pasado vivía existencias dolorosas y primitivas (desde el punto de vista del *Ipad*, penicilina y viajes en avión) y sin embargo, eran capaces de adoptar creencias de corazón. Las expresaban a través de los rituales que recorrían sus existencias tan afirmantes de vida.

Ellos creían en muchas cosas: en un poder más alto que era la fuente del amor infinito; que se podía detener el sufrimiento; en la vida eterna. Viendo Jerusalén en los tiempos de Jesús o la India en la época de Buda, un escéptico podría decir: "No me asombra que se creyeran las promesas del cielo o de cuánto los amaba un dios. Cuando pasas tu vida escarbando en la mugre, el Nirvana suena bastante bien." Pero la verdad es que sin los rituales que refuerzan sus creencias, la inspiración de seguir creciendo y evolucionando habría muerto. Ninguno de nosotros estaría aquí sin la fe que sostuvo y ofreció esperanzas y promesas a nuestros antepasados.

Mencionamos que Lori todavía no encontraba su momento de "revelación". Pero llegó un día. Su grupo de la iglesia ayudaba a niños de prescolar en una parte fea de la ciudad donando ropa, libros y juguetes. Sucedió en un diciembre frío y húmedo, justo antes de Navidad.

"Los niños estaban sentados en una fila junto a sus papás, muchos parecían avergonzados de estar ahí. Los voluntarios actuaban tan animosos como se podía. Una niñita se me acercó y le di una muñeca. Estaba tan ansiosa por ella, supongo que pensaba que alguien se la iba a quitar, que me la arrebató. Empezó a correr, abrazando a la muñeca. De repente volteó y me vio. Sus ojos eran grandes y brillantes, y en ellos vi un amor absoluto." Fue un gran momento de "revelación".

Fue como si alguien estuviera diciendo: "Lori, ahora eres bastante buena." En ese destello descubrió una lección de vida. El amor está en todas partes, esperando a ser expresado. El aire es nuestra alma respirando. Después de ese momento ya no vio su niñez como un problema. Percibió las cosas con otra luz. Todo el mundo hace su mejor esfuerzo para amar a los demás. A pesar de sus fracasos y defectos, el amor ha estado brillando a través de todas las veces, que encuentra una salida usando a los frágiles seres humanos como vehículo.

Sin el ritual de la campaña de donación de la iglesia, tal vez Lori nunca habría tenido esa experiencia. Los rituales son las herramientas a través de las cuales el amor es capaz de fluir. Proveen una estructura para la conexión y permiten que descubramos quiénes somos.

Lori no vendió millones de libros; ese no era su camino. Aunque su descubrimiento fue tan valioso como el de Marci. Su diseño de vida se empezaba a aclarar, y el paso definitivo fue cuando Lori decidió hacer lo que amaba. Al mostrar amabilidad hacia sí misma y a los demás, fue testigo de que "la vida es buena" tiene más sentido que "la vida es mala." No importa si la gente se da cuenta o no, todos enfrentamos la misma opción al nivel de nuestras creencias de corazón.

Un momento de "revelación" puede aclarar muchas cosas. Conocemos a un hombre que estaba obsesionado con una mujer que no estaba enamorada de él. "Puedo amarte de otra manera", le dijo, "pero nunca seremos íntimos". Eran buenos amigos y ella fue sincera. Pero el hombre no pudo con eso. Sabía que nunca lograría querer a nadie más de la misma manera. Así que empezó una campaña para convencerla, dándole regalos, dejándole flores en su escritorio, enviándole correos que rayaban en lo sugestivo y prodigándole todas las atenciones que podía.

La mujer nunca se quejó. Permitió que este comportamiento siguiera durante meses. Entre más fallaba el cortejo más loco se volvía el tipo. Entonces, un día, un amigo inteligente le dijo: "Deberías dejar de molestarla. Parece como si la acosaras. Eso es abuso."

Impactado, fue corriendo a preguntarle "siempre eres muy amable conmigo pero, ¿sientes que te acoso?"

"Sí." Le contestó.

"¿Y por qué nunca me lo habías dicho? Sólo trataba de demostrarte cuánto te quiero."

"Lo sé." Le contestó con una sonrisa. "Tu raro comportamiento sólo es un aspecto. Te quiero de todos modos." En ese momento él se puso a llorar.

Si lo reflexionamos, para el hombre este momento fue su punto crucial. No sólo dejó de actuar de modo extraño, sino que vio que el amor significa mucho más de lo que hubiera imaginado. Significa autosacrificio y no anteponer tus deseos a los de los que te importan. Pero más importante que eso, se dio cuenta de la contradicción entre "te amo" y "tengo que obtener lo que quiero." Estaba intentando que dos opuestos encajaran, pero simplemente no se puede.

La vida de cada uno está bloqueada por contradicciones internas. Tal vez el amor es el que nos ofrece los ejemplos más evidentes. Decimos "te amo", y en verdad significa eso. Pero en otra parte de nosotros, nos sentimos libres para ser egoístas, para tirar nuestra basura en aquellos que amamos, para herir sus sentimientos, para menospreciarlos, actuar de forma dominante, y demás. Bueno, así es la vida, decimos. Nadie es perfecto. Pero el choque entre amor y ego representa una profunda contradicción, y hasta que se resuelva, no puede florecer el verdadero amor.

Obteniendo la "revelación"

¿De dónde saldrá tu descubrimiento? De algo que anhelas de manera profunda para lo cual tienes que topar con pared. Si deseas algo, no tolerarás que te pongan trabas en el camino. Es tu pasión y nada puede alejarte de ella. Tiene que haber una forma de sobreponerte a la pared, ya sea rodeándola o atravesándola. En este punto te guía tu diseño de vida, y fuerzas invisibles se hacen cargo. La mente inconsciente tiene su parte, buscando una respuesta incluso cuando no estés consciente de eso. Al mismo tiempo, los sucesos empiezan a ocurrir de maneras inesperadas.

Durante estos momentos de reto, existen las oportunidades más grandiosas para aclarar los bloqueos que te han impedido llegar al amor, poder y creatividad de tu núcleo espiritual. Los rituales crean un ancla en estos momentos de turbulencia. Al mismo tiempo liberan el estrés de estas transiciones. Después de soportar una crisis, mucha gente mira atrás y descubre que son más fuertes y menos miedosos.

Entre más pronto logres tu descubrimiento, más observarás lo siguiente:

La presión al cambio crece. Sientes esto como agitación, o lo que un sabio llamó "la llama del descontento".

Sientes una mezcla de deseo y nostalgia en tu insatisfacción. Debe haber algo más en la vida que esto.

Las antiguas formas de comportamiento empiezan a perder su atractivo. Tu vida en general se siente obsoleta, o tal vez te ves a ti mismo en un callejón sin salida.

Te preocupas de que nada cambiará, pero sigues intentando una transformación.

Podríamos llamar fermentación a este estado, cuando algo nuevo empieza a burbujear dentro, como el jugo de uva transformándose en los barriles para crear el vino. Además de los signos interiores del cambio interior, habrá externos. La gente cercana a ti nota que tienes algo diferente (a la mayoría no les gustará). Oportunidades inesperadas empezarán a aparecer, como si los sucesos respondieran a tus necesidades. No hay garantía de que lograrás el despegue; a veces se necesitan repetidos intentos antes de que tu confusión de repente se convierta en claridad. Por eso la repetición es una de las necesidades de los rituales efectivos. Pero hay algo sobre los momentos de "revelación" más inspiradores: parecen predestinados de alguna forma porque revelan verdades que son construidas en tu diseño de vida. Te elevas sobre tu yo cotidiano y con una ráfaga de alegría sabes lo que significa escuchar cantar a los ángeles.

La luz de la verdad

Las cosas que ves cuando emerge tu diseño de vida son:

La vida se llena de posibilidades infinitas.

Cada acción sirve a tu evolución.

Todo está conectado. Nada es por casualidad o está fuera de lugar.

Importas mucho y tienes una contribución única que hacer.

Todo lo que puedes ver y tocar es una máscara, y detrás de la máscara hay silencio puro, paz y creatividad. Este lugar es la casa de la realidad. Ahí vive la verdad.

Eres amor. Su caudal es infinito y permite cada aspecto de la existencia.

Eres el centro de la creación.

Éstas son verdades hermosas. Una razón para que un momento de "revelación" las descubra es que cada día es diferente. Cuando algo está mal no podemos fluir en el río del amor eterno porque hay otras prioridades.

Pero puedes formar tu vida cotidiana alineándote con estas verdades. Te darán más y más soporte conforme crezcas. Sentimos que nada vale más la pena y esperamos haberte convencido de sentir lo mismo.

Ahora que has ganado una vista espectacular del panorama, es momento de cumplir tus sueños y anhelos. El camino a la evolución nos mueve hacia adelante por el deseo. Así que, ¿cuál es tu deseo? ¿Cuál área de tu vida grita por un cambio, mejora y estímulo? Cualquiera que sea tu respuesta (puedes tener muchas) la siguiente parte de este libro te guiará a través de rituales precisos ajustados a las áreas más importantes de la vida, desde la familia y las relaciones, hasta la salud y la abundancia. ¡Tu riqueza oculta te espera!

SEGUNDA PARTE

Rituales para cumplir tus necesidades

Rituales para relaciones mágicas

El mejor tipo de amor es aquel que despierta el alma;
nos hace aspirar a más,
nos enciende el corazón
y nos trae paz a la mente.
Tomado de la película *Diario de una pasión*

"¡Ay, Dios! Tengo cuarenta y nueve años y sigo soltera. Esto no se ve bien. ¿Encontraré el amor alguna vez? Ni siquiera tengo novio. ¿Será que ya se me fue el tren?"

Emily estaba desanimada. Sentía como si nunca hubiera tenido una relación a largo plazo que funcionara, o como si se agotaran las posibilidades de tener la conexión permanente y comprometida de dos almas que añoraba tanto. No sabía explicar por qué. Era atractiva y a los hombres estadounidenses parecía encantarles su acento británico. "¿Cuál es el problema con esos chicos?", se preguntaba, ¡ni siquiera tenía un novio estable!

A Emily le gustaba trabajar en POEAC (Personas Optimistas en un Ambiente Cariñoso). Ese lugar había sido su salvación. Había encontrado por puro accidente un puesto de pasante en este paraíso para adultos mayores que sufrían demencia. Su pasantía se convirtió en un empleo de tiempo completo y apreciaba mucho al personal de POEAC. ¿Por qué su corazón, que podía quedar lleno de cariño por sus compañeros, no podía hacer lo mismo por un hombre?

Los chicos que encontraba resultaban ser unos cretinos o, de alguna manera, su propio miedo al compromiso se le desbordaba y entonces, el susodicho se desanimaba y la dejaba. Tal vez una maldición la perseguía.

Emily suspiró. Todo este asunto de las relaciones la estaba volviendo loca, mientras tanto, su corazón ansiaba una conexión íntima con un hombre que compartiera su vida.

"Debes llamar a la doctora Sylva", le dijo su amiga Denise un día. "Es buenísima y sé que podrá ayudarte a superar esto."

"¿Por qué no?" pensó Emily. Ninguna otra cosa estaba funcionando.

Cuando llamó a la doctora Sylva, su calidez y el tono alentador de su voz la tranquilizaron de inmediato. "Entiendo cómo te sientes", le dijo. "Es normal que te desanimes después de tantas decepciones. Pero hay algunas cosas sencillas y divertidas que puedes hacer para cambiar tu experiencia." Desde ese momento Emily se sintió mejor.

"La clave para modificar tu experiencia es hacer un poco de limpieza mental y emocional." Empezó a explicarle la utilidad y el propósito de los rituales. "Un ritual es una forma de limpiar los pasillos de tu mente y los corredores de tu corazón para que haya espacio y pueda entrar tu chico. El amor necesita un espacio abierto, y si tu mente y tu corazón están llenos de emociones y expectativas viejas. Necesitas despejar un poco."

Siguiendo el consejo de Sylva, Emily trabajó en sus tareas de limpieza. Primero, escribió todos los sentimientos que Mark no había correspondido. Fue el hombre con el que se había obsesionado pero que no estaba interesado en ella. Una vez que terminó, rompió el papel en pequeños pedazos y dejó que el viento se llevara todos esos viejos recuerdos. Sylva le explicó que este ritual era una manera simbólica de soltar el pasado y permitir que su cuerpo, mente y alma supieran que estaba lista para algo nuevo.

Luego, Emily fue a la playa con una amiga y le gritó a las olas todas las "porquerías" que estaba lista para soltar: su frustración, su resentimiento, su enojo y su tristeza. Cuando se sintió purificada por completo, se sentó con su amiga y le describió las intenciones que estaba comenzando a aceptar en su vida. Para asegurarse de que Mark no siguiera siendo su fantasía, Sylva le asignó a Emily la tarea de deshacerse de todo rastro de él. Esto significó eliminar su foto de *facebook*, dirección de correo, teléfono y todas las cosas que se lo recordaran.

"Estamos haciendo espacio en tu vida para el amante que todavía no se presenta", le dijo Sylva. Emily ya comenzaba a sentir que podría aparecer. Su departamento nunca había sufrido una limpieza así. Las cajas se llenaron de desechos que había acumulado durante años y fueron acarreados a la puerta en espera del camión de la basura. Sylva la animó a que, de manera literal, hiciera espacio para su nuevo hombre: dejar un cajón vacío para él, poner un lugar en la mesa para él y hacer espacio en el armario para sus cosas.

Emily también decidió consultar los antiguos rituales chinos de *feng shui* para hacer que su espacio la condujera a una nueva relación. Como su baño resultó ser el rincón de las relaciones, de acuerdo con el consultor, compró toallas rojas (que simbolizan el amor) y se aseguró de que en el baño hubiera dos de todo. La litografía de Matisse que tenía colgada en la pared fue sustituida por una foto de George Clooney sobre la que Emily había escrito: "¡Sola nunca más!"

Ahora que había escombrado el pasado de forma física, mental, emocional y espiritual, Emily pasó a la siguiente etapa de hacer su intención lo más definida posible. Sylva la guió a través del proceso de planeación de la atracción estratégica que enseñan Jan Stringer y Alan Hickman (www.thehiddenriches. com/attraction). El objetivo de este proceso de cuatro partes, era que Emily tuviera claras las cualidades y características del hombre con quien quería estar: ¿Cuáles serían sus motivaciones? ¿Qué esperaría él de ella como amante, amiga y pareja? Y ¿qué le atraería de ella?

Al principio, Emily se sentía renuente a escribir *todo* lo que quería de un hombre. Después de todo, la mayoría de estas cosas eran como la cereza del pastel. Pero resultó divertido. Al final se decidió a intentarlo y escribió todo lo que se le ocurrió. En todo caso, pensó que no le haría ningún daño. Después dijo que esa experiencia había sido increíble. ¡Qué revelación fue darse cuenta de que podía pedir lo que en verdad quería! Por supuesto, esto no significaba que no tuviera algunas dudas, pero en general era un gran paso para ella. Sus rituales se fueron enriqueciendo. Creó un *vision book* (libro con imágenes) en el que pegó fotos y creó descripciones que expresaban cómo sería su vida ideal con un hombre. Representó cómo sería su relación y cómo la haría sentir.

Sin embargo, no se trataba de pura visualización. Emily sabía por su plan de atracción estratégica que también quería atraer a su hombre de forma física. Para ayudar con eso, comenzó a tomar clases de pilates y una rutina de ejercicios regular. Sylva le dijo que si quería conocer a su hombre ideal, tendría que salir de su casa de forma periódica. Así que Emily empezó el ritual de "salir a dar la vuelta". Cada semana hacía algo fuera de casa que le pareciera divertido. Ya fuera tomarse un café con una amiga, salir a bailar o ir a alguna excursión. El propósito era estar con otras personas al menos una vez a la semana.

Si revisas el nuevo programa de Emily, te das cuenta de que es muy diferente a lo que acostumbran millones de mujeres solteras. Esa rutina consiste en largos ratos junto al teléfono esperando a que suene, salir sólo con sus amigas (y pasar casi todo el tiempo quejándose de los hombres y preguntándose por qué todos los buenos están casados, etcétera) y tener gatos. Nada de esto ayuda a activar el flujo de la energía de la vida. Emily se dio cuenta de que se volvía mucho más activa y optimista. Cada ritual nuevo la hacía sentir mejor consigo misma, con más control y más consciente de cuáles eran sus verdaderas intenciones.

Sylva le habló sobre el poder de la visualización. Le contó historias sobre medallistas olímpicos de gimnasia que se visualizaban ejecutando su rutina con la calificación perfecta de diez, y sobre prisioneros de guerra que se mantuvieron vivos visualizándose de regreso a casa y alegrando su corazón con esa imagen. Emily comenzó su propio ritual diario de visualización. Cada mañana se sentaba unos minutos escuchando sus canciones de amor favoritas e imaginando la vida con el hombre de sus sueños. Sylva la alentó a usar todos sus sentidos, escuchar, tocar y sentir a ese hombre en su vida. A Emily le gustaba esta rutina en especial. No sólo llenaba su corazón con amor y alegría, sino que además comenzaba a tener esperanzas de que su visión en verdad podía convertirse en realidad.

Pronto Emily empezó a conocer algunos candidatos que le parecían prometedores, pero luego de unas cuantas citas, cada uno fue tachado de la lista. Cuando comenzaba a desanimarse, Sylva le recordaba que estas experiencias eran señal de que se estaba acercando. Tener a alguien en su esquina, apoyándola a cada paso, mejoró mucho la confianza de Emily. La clave era mantener su atención en lo que quería, en lugar de concentrarse en lo que no quería.

Luego, un frío día de febrero, casi un año después de su primera sesión con Sylva, conoció a Larry. Como parte de sus excursiones semanales de "salir a dar la vuelta", se reunió con su amiga Mel en el *Golden Mean* café, en Los Ángeles. Un mes antes, esta amiga había conocido en un taller a un hombre que le había gustado mucho: Larry. Era un gran tipo, pero Mel se dio cuenta de que tenía el corazón roto y que había perdido las esperanzas de encontrar a una mujer con quien compartir su vida. Por alguna razón, él no era para ella, pero Mel le contó sobre sus maravillosas y hermosas amigas. Pensó que de seguro alguna sentiría una conexión de alma con Larry. ¿Te gustaría conocerlas? "¡Por supuesto!" respondió él con entusiasmo.

Al pararse en el estacionamiento del café donde Larry la estaría esperando, Emily vio a un tipo alto, como oso (del tipo que le parecía muy atractivo) que caminaba frente a su auto. "¡*Wow!* Espero que sea él", pensó. Al entrar, vio al mismo tipo dándole un abrazo a Mel. "¡Es él!" dijo al darse cuenta. Fuera o no por todos los rituales que Emily hizo, ese día ella fue la única de las amigas de Mel que llegó a la cita.

Sus primeras impresiones fueron perfectas. "Me sorprendió lo fácil que era estar y platicar con él. Tenía un gran corazón y su actitud era muy positiva, era como estar junto a un faro brillante."

La descripción que Larry hizo de Emily fue incluso más dramática: "Estaba hipnotizado por esta mujer. Conforme platicamos, era como si un arco de electricidad nos atravesara. No puedo describir la decepción que me llevé cuando resultó que ya tenía un compromiso para la noche del concierto al que la invité."

Pero Larry no iba a dejar que eso lo detuviera. Consiguió el teléfono de Emily y al día siguiente le llamó para invitarla a cenar la siguiente semana. Emily describe la velada: "Fue mágica. Había tenido tantas citas insípidas con hombres que conocí por Internet que ésta resultó un gran alivio. Como Mel conocía a Larry y le había caído bien, pude relajarme por completo y disfrutar de toda la atención que me prodigaba."

Larry le escribió a Sylva unos seis meses después de conocer a Emily. "Soy el hombre que se enamoró de Emily. ¡Quizá sea mejor decir que soy el hombre que apareció cuando tú y Emily hicieron el trabajo duro de limpiar, purgar e invocarme!" Seis meses después se fueron a vivir juntos.

Su amor ha seguido creciendo y ahora están comprometidos. Tienen altas y bajas como cualquier pareja, pero ambos conocen la importancia de escoger dónde ponen la atención para enfocarse en lo positivo en lugar de en lo negativo de su relación.

Ya sea que estés buscando a una persona especial con quién compartir tu vida, o que ya tengas una relación estable, los siguientes rituales te ayudarán a crear una relación enriquecedora, satisfactoria y que perdure, el tipo de relación que Emily y Larry comenzaron con tanto éxito.

PRÁCTICA RITUAL
Atraer a la pareja perfecta

Si todavía no tienes una relación especial en tu vida y la deseas de todo corazón, prueba los pasos que Sylva compartió con Emily y ve qué sucede. Abajo está un resumen. Estos rituales también funcionan si quieres mejorar la relación que ya tienes. En la lista de abajo, pusimos en *cursivas* nuestras sugerencias para adaptarlas a una relación que ya existe. Si no hay agregados en cursivas, usa cada punto como está.

La mayoría de la gente piensa que si son infelices en su matrimonio, su pareja es la que debe cambiar. La verdad es que cuando cambias tú, el mundo que te rodea cambia también. Así que si quieres mejorar tu matrimonio, comienza redefiniendo lo que significa una relación para ti. Recuerda que: "A lo que más atención le pones, crece y se vuelve más fuerte."

1. Escribe todos tus sentimientos negativos sobre relaciones pasadas, luego rompe el papel en pedazos pequeños y deja que el viento se lleve esos viejos recuerdos *(en el caso de una relación existente, escribe todos tus sentimientos negativos de esta relación hasta la fecha)*.
2. Busca una playa, una colina o algún lugar al aire libre y grita al viento todas las "porquerías" que estás liberando.
3. Reúnete con un amigo y descríbele los deseos e intenciones sentidas que ahora estás aceptando en tu vida. *(Éste es el momento para ser muy claro sobre cómo quieres que sea tu relación si ya tienes una)*.
4. Elimina de tu vida cualquier rastro de tus relaciones previas. *(Elimina cualquier cosa que te recuerde las asociaciones negativas en tu relación actual)*.

5. Comienza a hacer espacio en tu vida para el amante que no ha llegado, pero que estás empezando a sentir que podría aparecer pronto. (*En una relación existente, esto significa hacer espacio emocional. Comienza a prestar atención a todas las cosas buenas que hace tu pareja y reconócelo por eso. Si es difícil encontrar cosas buenas al principio, trata de encontrar al menos una cosa cada día*).

6. Recibe una consulta del antiguo ritual de *feng shui* para hacer que tu espacio conduzca a tu nueva relación.

7. Haz espacio para tu amante aún invisible, separando un área o un cajón para él/ella, poniendo un lugar en la mesa para él/ella, haciendo espacio en tu clóset para sus cosas. (*Como en el punto 5, concéntrate en hacer espacio en tu corazón para la pareja que elegiste tener, incluso si aún no estás convencido de tu elección. También haz un esfuerzo por dedicarle más tiempo a tu pareja*).

8. Repasa el proceso de planeación de atracción estratégica que enseñan Jan Stringer y Alan Hickman (www.thehiddenriches.com/attraction).

9. Escribe *todo* lo que quieres de tu hombre o mujer.

10. Crea un *vision book* para poner en imágenes las forma en que visualizas la vida con tu alma gemela, cómo quieres que sea tu relación y cómo te haría sentir.

11. Sal de casa. Cada semana haz algo que te divierta.

12. Encuentra un ejercicio que disfrutes mucho, ya sea pilates, bicicleta, correr, zumba o lo que sea. Comienza a ejercitarte de forma regular.

13. Comienza tu propio ritual diario de visualización. Cada día escucha tus canciones de amor favoritas, imaginando tu vida con el hombre o mujer de tus sueños. Utiliza todos tus

sentidos para verlo(a) y sentirlo(a) presente en tu vida. *(En el caso de una relación existente, reúne todas las fotos, objetos, regalos, etcétera, que te recuerden los buenos tiempos que han compartido. Crea un espacio donde esas cosas te rodeen y visualiza cómo quieres que sea tu relación. Usa tus sentidos y sentimientos para convertir a tu pareja en tu amante y alma gemela perfecta en tu mente).*

14. Deja de estar en espera. Comienza a hacer los viajes que has soñado hacer.

15. Ahora suelta todo. Ríndete. Y ve qué tiene el universo guardado para ti.

EL AMOR Y TU DISEÑO DE VIDA

El amor es el pegamento que adhiere las cosas diferentes, crea unidad a partir de la diversidad de la vida. Su poder permea todos los niveles de tu diseño de vida. Pero si está bloqueado, aunque sea de forma parcial, puede pasar inadvertido en tus experiencias interiores y exteriores.

Por eso es que el amor en las relaciones íntimas es tan importante. Con frecuencia dos personas que se enamoran, con el tiempo acaban en una relación conflictiva. Los problemas que surgen relacionados con el trabajo, el dinero o el sexo se vuelven muy difíciles de resolver. ¿Por qué el amor no es suficiente?

Porque la energía de la vida corre a través de cada aspecto de la existencia. Tu diseño de vida es un tapete complejo que refleja toda tu existencia y tus propósitos. En algunos habrá claridad porque la energía fluye de manera libre. En otros, la energía puede estar bloqueada, lo que genera un reflejo distorsionado. Que ambas partes en una relación se percaten de esto es muy valioso. Alinearte con tu diseño de vida te permite a ti y a tu pareja trabajar para alcanzar los mismos objetivos (no el de salirte con la tuya o ceder, sino la meta de suavizar el flujo de la vida para ambos). El poder de los rituales está en crear la alineación con tu diseño de vida de manera espontánea. No tienes que pensar demasiado sobre tu propósito y tu rol en la vida. Esto surge de forma natural cuando te conectas con tu centro trascendente en el núcleo espiritual de tu vida.

Conforme liberes los bloqueos que han evitado que experimentes esta conexión, notarás que la diferencia es inmediata y dramática. Usaremos a Emily y a las cinco áreas de la vida interior del diseño de vida como ejemplo.

Felicidad. Conforme Emily limpió los escombros de sus decepciones pasadas y los remplazó con lo que eligió crear, se volvió más dichosa. Se convirtió en un ser optimista; veía la posibilidad de tener lo que su corazón ansiaba. La felicidad en el centro de su diseño de vida comenzó a resplandecer y cubrió sus interacciones con otras personas. Ellas, a su vez, la encontraron más atractiva.

Perspicacia. Cuando Emily conoció a Larry, se sintió en paz de inmediato; se sintió atraída hacia él. Parte de ella "sabía" que algo bueno estaba pasando. Una semana después, cuando cenaron juntos, este conocimiento se convirtió en una sensación de paz y comodidad con ese hombre.

Mente. En el nivel mental, que incluye a las emociones, Emily había superado los obstáculos de los viejos recuerdos. También trabajó en sus antiguas creencias negativas. En términos emocionales, comenzó el camino de transformar su desánimo y su pesimismo en el tipo de sentimientos que quería que su alma gemela experimentara en ella. Los obstáculos mentales también tuvieron el efecto de negarle el acceso a la felicidad y perspicacia. Había estado en demasiadas primeras citas mal recomendadas porque estaba desconectada de sí misma, y sin hacer un trabajo consciente de antemano. Incluso, Larry podría haber sido alguien a quien ella ignorara o con quien no sintiera una conexión.

Energía. Los "asuntos" de Emily estaban evitando que su amor brillara en toda su plenitud. La primera vez que se reunieron, Sylva notó que Emily apenas escondía su infelicidad y cualquier pretendiente potencial de seguro también la sentiría. Al convertir su energía apática en vitalidad interna, Emily sintió que su cita con Larry fue eléctrica. Y fue tan tangible que lo recuerda hasta hoy.

Forma material. Aunque sucedía de manera invisible, Emily estaba cambiando la química de su cuerpo conforme cambiaba sus creencias, actitudes, pensamientos y sentimientos. Este punto merece que abundemos en él. De acuerdo con varias investigaciones, las emociones reprimidas se almacenan en nuestras células como "moléculas de emoción", frase acuñada por la doctora Candace Pert. Estos químicos alteran el flujo de la red de información. Los mensajes negativos perjudican al sistema inmune, alterando nuestro humor y consumiendo nuestra energía. Incluso la genética se altera.

La energía de la vida no quiere bloquearse. Es muy útil que la mente, el cuerpo, las emociones y el espíritu se conecten de manera íntima. Si cambias uno, afectas a todos los demás. Cuando Emily hizo el ejercicio mental de escribir los recuerdos dolorosos, miedos y creencias a los que se aferraba, y llevó a cabo el acto físico de romper el papel, generó un cambio en las áreas interconectadas.

Sólo comenzar a remover bloqueos similares en tu propia vida tendrá algún efecto. Pero una de las razones por las que la repetición es parte de una práctica ritual es que el refuerzo regular promueve que los cambios sean permanentes. El compromiso firme de Emily con su proceso, manteniéndose constante en sus rituales, con el tiempo rindió hermosos frutos.

Perdonar y liberar

A continuación, les contaremos la historia de una mujer que un día se despertó con una idea extraña. "Creo que se me olvidó casarme."

En ese momento, Arielle Ford tenía cuarenta y tres años y era muy exitosa como agente de relaciones públicas. Había ayudado a lanzar la carrera de Deepak Chopra, junto con Jack Canfield y Mark Victor Hansen, cocreadores de la serie *Caldo de pollo para el alma*, y Neale Donald Walsch, autor de *Conversaciones con Dios*. Su lista de clientes prominentes ahora se había extendido e incluía a Wayne Dyer, Marianne Williamson, Louise Hay y muchos otros. Tenía un gran estilo de vida a orillas del mar en el sur de California, y trabajaba con gente querida: Arielle era feliz. Pero se le había olvidado casarse.

Ahora se daba cuenta de que ese asunto era importante para ella. Pero, ¿por qué? Consideraba que ya había rebasado la edad para tener hijos, así que no era eso. Una parte de ella anhelaba la conexión, el amor y el afecto de una relación íntima en la que ambas personas están comprometidas por completo. A lo largo de su trabajo con luminarias espirituales, Arielle se había expuesto a diversas formas de manifestar sus deseos. Se había hecho muy buena usando herramientas de autoayuda.

Su situación resulta muy parecida a la de Emily, pero Arielle no era ninguna novata en los rituales y también tenía buenas bases de autoconocimiento. Miró en su interior y de inmediato notó que su obstáculo principal tenía que ver con aferrarse y con la falta de perdón. Esto sería su preocupación principal al inicio. (Al mismo tiempo, siguió rituales similares a los que describimos en la historia de Emily.) Arielle miró al pasado, a su larga cadena de relaciones tristes y vio muchas cosas que necesitaba perdonar, si es que encontraba la forma de hacerlo. Había resentimiento, dolor y en algunos casos amargura, ya fuera hacia ella misma o un amante del pasado. Así que se sentó y comenzó a hacer una lista. ¿A quiénes todavía les tenía rencor? ¿Eran mentirosos o repugnantes y había tardado en descubrirlo? ¿Resultaron ser egoístas o la habían traicionado? Sacó a la luz a los hombres del pasado y le escribió una carta a cada uno.

Cada carta era para ella misma, no para esos hombres. Eran cartas rituales, así que Arielle no necesitaba enviarlas. Su propósito era poner en papel todo lo que necesitaba perdonar y liberar de una vez por todas. Hizo un esfuerzo por describir en detalle su propia participación en el fin de la relación. Concluyó cada carta con las palabras que expresaban su intención consciente: "Te perdono, te quiero y ahora te libero."

En algunos casos, cuando escribió esas palabras, no se sentía lista para hacerlo. En esos casos, borró la frase y se dio más tiempo para considerar cómo esa persona la había enseñado alguna lección valiosa o le había ayudado de alguna otra forma. Cuando en verdad era capaz de perdonar y liberar, entonces y sólo entonces, ponía la frase final en las cartas.

Lo siguiente fue escribir otra carta de cada hombre, pero esta vez escrita por él para ella. Usando la imaginación se puso en su lugar y escribió cómo había sido la relación desde su perspectiva. ¿De qué forma ella los había herido o frustrado? ¿En qué momentos había sido demasiado controladora o había insistido de forma irracional en salirse con la suya? Terminó cada carta con las mismas palabras, excepto que esta vez él la perdonaba y liberaba.

Una vez que terminó, Arielle sintió que se quitaba un gran peso de encima. Ya no iba arrastrando todos esos viejos amantes y era momento de decidir con quién quería remplazarlos. Ya leíste sobre los rituales que hizo Emily para hacerle espacio a su amante ideal. Arielle le añadió algunas cosas. Las características que quería en su hombre perfecto, por ejemplo, incluían generosidad, no sólo con dinero sino con tiempo, afecto y energía. Él debe amar a las mujeres y disfrutar compartir su tiempo con una. (Resulta interesante que Arielle fue tan amable como para agregar que su hombre ideal debe amar a su madre, quien sería una gran suegra. No quería competir por su afecto con una rival. Su hombre perfecto tendría un gran corazón, así que había espacio suficiente para las dos.)

Como estaba muy consciente del poder del ritual, Arielle fue meticulosa y detallada al enlistar de forma precisa lo que quería (¡hasta "debe ser capaz de caminar por sí solo"!). Pero también había aprendido algo de su ritual de perdón y liberación. No podía aferrarse a esas cualidades ideales y ser demasiado apegada a ellas.

"Si me apegaba demasiado", dice Arielle, "las probabilidades de encontrar al hombre perfecto se reducirían en lugar de incrementarse."

Éste es un aspecto clave de los rituales: una vez que los realizas de forma correcta y completa, debes soltar tu intención. Esto permite que la vida desencadene la secuencia de sucesos inesperados que llevan a las personas a lo que más desean. El hombre perfecto no llega en el carril veintitrés a las 5:13 p.m., tiene que haber algo de espontaneidad. Hay que estar abiertos y alerta conforme tu intención va encontrando su camino hacia la realización. Los contratiempos pueden convertirse en posibilidades inesperadas (esto sucede a menudo) y las decepciones son síntomas de impaciencia.

Una vez hecha su lista, y habiéndola repasado muchas veces hasta que casi se la sabía de memoria, decidió que esta etapa requería su propio ritual de liberación. Arielle esperó a la siguiente luna nueva, porque sabía que en muchas culturas tradicionales se considera un buen momento para comenzar cosas nuevas. El día señalado, fue a la playa y se sentó con su lista. Cerró los ojos y dijo una profunda y sentida plegaria de gratitud por el hombre maravilloso que estaba atrayendo a su vida. Luego quemó la lista y dispersó las cenizas al viento.

Como el acto de liberar abre canales bloqueados y permite sentirse feliz, era preciso tener una celebración. Arielle fue a su restaurante favorito por una comida especial con una copa de champaña. Brindó por su hombre perfecto (en su mente, él estaba sentado al otro lado de la mesa): "Mi amor, estoy encantada de que estés en camino. El tapete de bienvenida cósmico te espera. Puedes llegar cuando quieras. Confío en que aparecerás en mi vida en el momento perfecto."

Es importante estar consciente de que el nivel de sentimientos más fino es esencial en los rituales para crear lo que deseas de manera más profunda. No significa que tengas emociones dramáticas con lágrimas, súplicas, esperas en vela y las altas y bajas teatrales. En el nivel más delicado estás más cerca del centro trascendente de tu diseño de vida. Aquí, los sentimientos son más tranquilos, seguros y armoniosos, como la dicha misma. En pocas palabras, tus sentimientos están bañados de una luz suave al borde de la invisibilidad.

Arielle cultivaba este nivel sutil de conciencia. Cada tarde se sentaba a interiorizar cómo sería tener una relación mágica. No esperaba a que un hombre le diera esos sentimientos. Él se fundiría en una experiencia que surge desde el interior de cada uno.

Un día le pidieron a Arielle que fuera a una reunión de negocios importante en el norte de California con uno de sus clientes. Llegó temprano. Mientras platicaba con su cliente, Brian entró en la habitación y su mundo se detuvo. Arielle lo describió así: "Yo lo sabía, Brian lo sabía y todos los presentes lo sabían también." (Brian reveló después que durante las tres semanas previas a ese día crucial, él había soñado que su alma gemela estaba en camino. La noche anterior a la reunión había visto su cara de forma nítida en un sueño. Así que cuando la miró, la reconoció de inmediato. Éste es un excelente ejemplo de lo que hablaremos después: el poder de las partes ocultas de la vida.) Tres semanas después, se comprometieron y se casaron un año más tarde. En 2013, festejaron su decimoquinto aniversario de bodas.

La pasta de dientes

Aunque Arielle y Brian se amaban muchísimo, había momentos en que su vida juntos no era el paraíso. Como lo ocurrido con la pasta de dientes. Ella siempre enrollaba el tubo desde el final conforme la iba usando. La pasta siempre estaba ahí en la tapa cuando se terminaba; era lógico.

Pero Brian era un espíritu libre y despreocupado. Él tomaba la pasta de dientes y la ponía en su cepillo sin preocuparse si le apretaba en medio o si al final se desperdiciaba un poco en el fondo del tubo. Cada vez que Arielle entraba al baño y veía la pasta de dientes toda arrugada, había un momento en que le salía humo de las orejas. "¿Por qué no puede hacerlo bien?" Era una petición tan razonable, pero no había suficientes halagos, explicaciones o recordatorios que parecieran hacer alguna diferencia. Brian sólo se encogía de hombros con alguna expresión graciosa en su cara y seguía con su vida.

La pasta de dientes hizo pensar a Arielle en el *wabi-sabi*, esa forma japonesa de ver la vida que encuentra lo perfecto en lo imperfecto. Por ejemplo, en un museo japonés se exhibía una vasija de porcelana antigua. La vasija tenía una larga grieta que la atravesaba, y le dirigieron una luz para resaltar la grieta que se había convertido en parte de su diseño y en parte de su belleza general (de la misma forma en que un lunar pequeño en la cara de una mujer hermosa puede caracterizarse como una marca de belleza). Del wabi-*sabi se* creó la ceremonia del té que tiene mil doscientos años de antigüedad.

Arielle había practicado el *wabi-sabi* en otros aspectos de su vida, pero después de varios tubos de pasta arrugados, se encontró a sí misma parada frente a Brian con una mano en la cintura y manoteando enojada con la otra. De pronto tuvo una revelación. Se dio cuenta de que estaba reproduciendo la misma conducta que le había visto a su madre durante su infancia. Compartió esta revelación con Brian y le pidió que le hiciera un favor. "Cuando comience a hacer esto, tú me vas a decir, ¿En qué momento llegó Sheila (la mamá de Arielle)?"

Este intercambio le ayudó a Brian a darse cuenta de que algunas veces él repetía la conducta que le copió a su padre, Wayne. Así que le pidió a Arielle que le dijera: "Ah, me acabo de dar cuenta de que Wayne se ha unido a la conversación."

Pero el asunto de la pasta de dientes seguía sin resolverse. Por mucho que lo intentaba, Arielle no podía ver la perfección en el hábito de Brian de apachurrarla en medio. Al final lo entendió. Estaba casada con un hombre que siempre se lava los dientes. ¡Qué regalo! Esto significaba que podía disfrutar besarlo; que tenía más probabilidades de conservar sus dientes; y que no tenía que lidiar con el mal aliento. El tubo apachurrado era un recordatorio de lo especial que era tener a Brian en su vida. Arielle resume su experiencia así: "La sociedad nos ha lavado el cerebro para que busquemos un estado idílico donde dos personas hermosas son felices todo el tiempo. Esto en realidad es pura ficción. Pero si puedes encontrar la perfección en la imperfección de tu pareja, tendrás las mejores oportunidades de tener una historia de amor larga, cariñosa y plena."

Hoy, Arielle ha compartido éstas y otras extraordinarias experiencias en sus libros *El secreto del alma gemela* y *Wabi-sabi*. Aquí está un ritual basado en sus enseñanzas, que puedes empezar a usar ahora mismo:

PRÁCTICA RITUAL
Wabi-sabi

Comienza a practicar el *wabi-sabi* en tu vida. Ver la perfección en la imperfección tarda un poco en marcarse en tus neuronas, pero esta práctica es muy valiosa si están comprometidos a vivir una vida feliz y dichosa. Tómate unos minutos cada día para reconsiderar una o dos cosas que te parecen irritantes, frustrantes o molestas en tu relación. ¿De qué forma podrías encontrar la perfección en ellas? El reto es cambiar tu perspectiva sin demandar un cambio en tu pareja.

En una hoja (o mejor, en un diario) traza una línea vertical a la mitad. Del lado izquierdo escribe aquello que te molesta.

Del lado derecho escribe el regalo que recibes de eso, resaltando la perfección. Una por una irás incluyendo todas las cosas de tu pareja que te fastidian.

Este ritual requiere imaginación y voluntad para liberar tus "problemas". Como en el caso de Arielle y la pasta de dientes, algunos conceptos que tienes sobre cómo debe ser el mundo harán que al principio te sea difícil ver el regalo. Sólo persevera. Si en verdad te atoras, puedes pedirle ayuda a tu pareja o a un amigo.

Para comenzar, aquí tienes algunos ejemplos. Los regalos que sugerimos son sólo posibilidades, no la forma en que debes pensar:

A. Él es desordenado y tú muy ordenada. Ver trastes sucios en la tarja y los calcetines en el piso insulta tu sentido del orden y la limpieza.

El regalo: Esos calcetines me recuerdan que tengo una gran necesidad de tener el control y cómo eso a veces no me ayuda. Esos trastes sucios me recuerdan que tenemos suficientes provisiones de comida y espacio en la cocina (para poner nuestros trastes sucios).

B. Él se queda pegado a los videojuegos y te ignora.

El regalo: Puedo jugar yo también. Seguiré comprando lencería y caminando por el cuarto hasta que el conjunto perfecto le haga imposible seguir en el *Nintendo*. Es un niño de corazón y eso es algo que me encanta de él. Saca mi lado divertido y despierta mis ganas de ser cariñosa.

C. Ella coquetea con otros hombres en las fiestas.

El regalo: Sonríe y piensa: "Amigo, yo soy el que se la lleva a casa." Considera lo afortunado que eres de tener a alguien tan atractivo por quien los demás no pueden evitar sentirse atraídos.

Mantén la disciplina de repetir este ritual al menos durante un mes y comenzarás a ver los indicios de perfección en cada situación, sin importar lo difícil que parezca al principio.

Sexualidad y relaciones

Sexo. Todos lo queremos. Todos lo buscamos. Sin embargo, el sexo es una fuente de confusión y preocupación para muchos. La intimidad física puede ser satisfactoria o frustrante para cualquiera. Leer miles de manuales sobre este tema no te ayudará si tu energía vital está bloqueada. El sexo convierte a la corriente de energía en una inundación (así debería sentirse) que apacigua la mente, se esparce de forma suave por el cuerpo y agita las emociones. Ya hablamos antes sobre la forma en que las confusiones internas en el diseño de vida pueden convertirse en comportamientos distorsionados en la vida externa. En ningún caso es más cierto que en la frustración sexual (o en casos extremos, en patologías de esta índole), que pueden llevar a personas balanceadas en el resto de sus vidas a comportamientos sexuales imprudentes. Desde el inicio de los tiempos, las culturas antiguas han desarrollado rituales que permiten que las personas controlen el volcán ardiente de la energía sexual y lo dirijan hacia experiencias de éxtasis.

Cuando Janet conoció a Marie y Nathan hace más de veinte años, le dijo a Marie, "Yo quiero una relación como la tuya con Nathan. Ustedes están compenetrados y son la pareja más feliz que he conocido."

Marie se empezó a reír y comentó: "De hecho, en términos de compatibilidad, tenemos diferencias increíbles; mucho más de las que imagino que tienen algunas parejas que no deberían estar juntas."

"¿Entonces qué los hace parecer tan conectados?", preguntó Janet. "¿Cuál es el secreto?"

Marie le contó a Janet de los tiempos más difíciles. Tuvo un matrimonio fallido y estuvo sola durante muchos años. Cayó en depresión y dudaba de su capacidad para tener una relación exitosa. A veces, Marie estaba demasiado ansiosa como para permitir que el tema de las relaciones siquiera rondara su cabeza. ¿Acaso no era cierto que todas las parejas que conocía estaban lidiando con algún tipo de decepción?

"Yo era una madre soltera con tres hijos y trabajaba en educación migrante. Pero el trabajo me ayudaba a lidiar con mis propios problemas. Comenzaba a expandir mis horizontes observando las necesidades de personas en los márgenes de la sociedad."

En este tiempo, Marie aprendió a meditar y, en lugar de ver su vida como un fracaso, comenzó a cambiar.

"Una parte de mi trabajo era ir a las casas que llamaríamos pocilgas por lo desgastadas y decrépitas. Ahí aprendí a considerar las dificultades que pasan los migrantes. En comparación, mis problemas se desvanecieron. Luego recordé un versículo del libro de *Joel* en el Antiguo Testamento: 'Yo os restituiré los años que se comió la oruga'. Comencé a sentirme más esperanzada de encontrar el amor y el apoyo en otra persona. Quizá podía restaurar esos años de decepción y angustia que 'las orugas' habían consumido. Justo en esa época conocí a Nathan."

En su primera cita, Nathan y Marie fueron a un restaurante y terminaron hablando por horas. Ella sintió que pasó una hora y en realidad fueron tres. "De repente entendí lo que dicen sobre el tiempo que se detiene", dice Marie, recordando con nostalgia los primeros días gloriosos.

La relación pasó con rapidez a la fase de intimidad física. Una amiga común les pasó información sobre el "sexo tántrico", como ella le llamaba. El tantra proviene de la tradición védica de la India. Lo que les dieron a Marie y Nathan en realidad resultaron ser notas sobre un curso con el doctor Stephen Chang, autor y creador de *The Tao of Sexology* (*El tao de la sexología*), basado en una antigua tradición china.

"En las noches Nathan y yo pasábamos quince minutos leyendo las notas y nos pareció que un mundo de posibilidades sexuales completamente nuevo se abría ante nosotros. Después de leer un pasaje, Nathan decía: 'Ahora llega la parte práctica del curso.' Seguir los consejos del doctor Chang sobre cómo hacer el amor era muy divertido, y los dos estábamos muy interesados. Descubrimos que un conjunto de rituales simples puede tener un efecto profundo en los sentimientos de intimidad que experimentamos al estar juntos."

A pesar de haber tenido relaciones previas, estaban aprendiendo por primera vez el significado real de la intimidad amorosa.

"Una noche le dije a Nathan: 'Casémonos de verdad.' En el curso del doctor Chang me había dado cuenta de lo que en realidad significaba el matrimonio en términos de unir energías. Era algo precioso, sagrado y poderoso. Yo quería eso." El balance del *yin* y el *yang* o, en este caso, de energía sexual masculina y femenina es algo central en la tradición china para alcanzar la plenitud. Los opuestos pueden parecer irreconciliables o incluso parecer que chocan el uno contra el otro. En realidad, son complementarios. El *yin yang* en una relación involucra muchos aspectos, como darse apoyo mutuo en términos emocionales, respetar las diferencias inherentes a lo masculino y femenino, y compartir de forma equitativa el acto de hacer el amor.

Los rituales para las relaciones sexuales pueden transformar una relación ordinaria en una extraordinaria. Requiere trabajo de ambas partes, como descubrieron Marie y Nathan.

"Cuando los dos amantes alcanzan el punto de equilibrio, entran en contacto con lo trascendente: la fuente de la existencia. Las prácticas sexuales que aprendimos tenían el propósito de crear una sensación de 'ir más allá', que es lo que significa 'trascender'. Es una sensación de unidad o identidad que no puede describirse en palabras. El doctor Chang enseña varios ejercicios para hombres y mujeres. Un par de ellos los llama el ejercicio del ciervo hembra y el del ciervo macho." [Nota: para obtener instrucciones sobre cómo hacer estos ejercicios particulares, ve a www.thehiddenriches.com/relationships].

"El ejercicio del ciervo hembra calma la energía de la mujer y el del ciervo macho balancea la energía del hombre y fortalece su próstata para que pueda tener relaciones sin eyacular. Con el control suficiente, un hombre puede tener relaciones íntimas durante un par de horas y luego eyacular": en la medicina china dicen que lo suave vence a lo duro. Muchas veces la energía sexual de la mujer es tan poderosa que arrastrará al hombre a la eyaculación. Entonces, él no tendrá otra opción más que descargarse, a menos, claro, que haya aprendido algo como el ejercicio del ciervo macho.

Los rituales sexuales están diseñados para crear intimidad. Cuando los tratas como algo especial, serán especiales. Hagan un comienzo formal para la sesión de intimidad prendiendo velas, poniendo música y tomándose algunos minutos para compartir, quizá, lo que aprecian uno del otro. Conforme veas lo bueno de tu pareja, y ella exprese las cosas buenas que ve en ti, ambos se sentirán atraídos el uno al otro. El resto se vuelve automático.

Marie continúa: "En la mañana Nathan y yo hacíamos nuestros ejercicios por separado, luego nos reuníamos, desnudos, piel a piel. El contacto no es sólo erótico. Dicen que cuando un bebé nace prematuro, tiene mejores probabilidades de vivir y desarrollarse si lo ponen directo sobre la piel de la madre. Se llama 'cuidado canguro'. Dos personas que están juntas desnudas experimentan la misma sensación enriquecedora de cercanía que es tan crucial para la supervivencia de un bebé recién nacido. Gracias a esta nueva forma de hacer el amor, Nathan y yo aprendimos a relajarnos dentro de la energía del otro. Cuando lo lográbamos, tenía una erección. Surgía sin mucha urgencia, actividad frenética o preocupación sobre si sucedería algo o no."

Para distinguir hacer el amor de todas las demás actividades de tu vida, no te levantes de inmediato para seguir con algo más cuando terminen. Concluye de manera formal este hermoso tiempo juntos. Después de abrazarse durante un rato, pueden crear un cierre formal apagando las velas mientras agradecen algunas cosas de su relación. Cuando contemplas algunos minutos al principio y al final del sexo, creas un "espacio sagrado" dentro del cual la intimidad se verá aumentada.

"También practicamos un ejercicio que el doctor Chang llama la oración de la mañana y de la noche. Es muy simple. La pareja se acuesta junta y desnuda en la mañana y/o en la noche. Usando un poco de estimulación o con lubricante, el hombre penetra a la mujer. Luego, con el movimiento mínimo, apenas suficiente para que el hombre mantenga la erección, la pareja une sus bocas y respiran del uno al otro. Podrías pensar, '¿Cómo obtienes suficiente oxígeno cuando respira en la boca de tu pareja?' Pero sí lo obtienes. Durante esta práctica no se busca alcanzar el orgasmo o involucrarse en hacer el amor por completo. Es sobre intimidad. Este ejercicio fue uno de los más poderosos que encontramos para crear una sensación profunda de conexión entre nosotros.

"Fue una unión sin mucho movimiento. Al principio había una penetración superficial, luego más profunda con sólo un poco de movimiento, suficiente para mantener la erección. Y como lo hacíamos a menudo, nuestra energía se volvió más armoniosa y balanceada, mientras que hacer el amor se convirtió en algo indescriptible. Este ejercicio nos enseñó cómo ser algo más que nuestra propia individualidad, concentrados sólo en el placer propio."

Marie concluyó, "Durante años, estas prácticas nos han unido de una forma más profunda de lo que yo habría podido esperar. Todavía seguimos los ejercicios de este libro. Lo recomiendo mucho para cualquier pareja que quiera abrir nuevos horizontes de intimidad."

La revolución sexual ha tenido muchas consecuencias, pero una de las más tristes podría ser la forma en que las parejas se divorcian porque sienten que se han distanciado. Ahora este tema se discute de manera más abierta y, sin embargo, no hay suficiente intimidad. Las culturas antiguas reconocieron el papel central que jugaban las relaciones sexuales en la creación de conexiones duraderas. Todo el ámbito de la energía sexual y la creación de unidad fueron explorados por completo desde ese entonces. Cualquiera que sea la tradición, el núcleo de esta sabiduría es la creación de equilibrio entre lo masculino y lo femenino para que la energía pueda ser dirigida hacia arriba a través del corazón y los centros espirituales del cuerpo. El valor de este conocimiento pone en ridículo a los manuales sexuales modernos. Nada remplaza la experiencia personal y el deseo de transformación que la intimidad sexual puede satisfacer en ambos miembros de la pareja, una vez que están dispuestos a abrirse a ella, como Marie y Nathan.

PRÁCTICA RITUAL
Para la intimidad

Recomendamos la práctica del ejercicio de la oración de la mañana y de la noche que Marie describió arriba. En cuanto a un ritual relacionado de forma directa con la energía sexual, prueba lo siguiente.

Siéntense juntos, desnudos, uno frente al otro. Pon tu mano derecha en el centro del corazón del otro, en el centro de su pecho, mientras tu pareja hace lo mismo contigo. Cada uno ponga su mano izquierda en su centro del abdomen, justo arriba del ombligo. Ahora tomen turnos para compartir algunas cosas que aprecien del otro y expliquen por qué lo hacen. Al decir las razones del aprecio a alguien, y si hablan desde un nivel de sentimiento real, todo será más profundo y significativo.

Continúen hasta que no puedan resistir tomar al otro en sus brazos y hacer el amor.

Como este libro está clasificado para adolescentes y adultos, no describiremos algunas de las prácticas sexuales que las parejas pueden realizar para crear intimidad y conexión. En su lugar, te recomendamos conseguir una copia del libro del doctor Chang *The Tao of Sexology*. Ahí encontrarás rituales muy prácticos, útiles y efectivos que tu pareja y tú pueden ensayar para transformar la manera en que experimentan el estar en una relación.

Las relaciones son para crecer de forma integral. Cuando las puertas de tu vida interior están abiertas, estás conectado de forma profunda con tu núcleo (a esto lo llamamos "centro trascendente"). Los regalos que emergen desde ese lugar, el centro de tu vida, son impresionantes. El más precioso de ellos es la forma en que el amor comienza a permear cada parte de tu existencia.

Rituales para la dieta, la salud y la belleza

Rick Warren es el fundador de la iglesia de Saddleback, en Lake Forest, California, una de las megaiglesias más grandes en Estados Unidos. En ella, el ritual de inmersión completa llamado bautismo, es una tradición. Un día, Rick Warren bautizó a 858 personas. Tardó cuatro horas y al terminar, le dijo a su congregación que en algún punto cerca de los quinientos bautizados, pensó: "Todos estamos gordos." De manera más personal pensó: "Estoy gordo. Soy un ejemplo terrible. No puedo esperar que nuestra gente se ponga en forma a menos que yo mismo lo haga." En ese momento tuvo una revelación y se dio cuenta de que su comunidad formaba parte de la alarmante epidemia de obesidad que crece en Estados Unidos.

Rick Warren es el autor de *Una vida con propósito*, libro que ha vendido más de treinta y cinco millones de ejemplares. La iglesia de Saddleback tiene unos treinta mil miembros y diez campus repartidos a lo largo del sur de California. El pastor Rick no se conforma con poco. Ésta vez no sería la excepción.

Más o menos en la misma época en que Rick descubría la obesidad de su comunidad, el doctor Daniel Amen despertaba una hermosa y soleada mañana de domingo. Él también es un autor reconocido, acababa de terminar su último libro y se sentía genial. Su nueva obra se llama *The Amen solution: The brain healthy way to get thinner, smarter, happier* (*La fórmula Amen:*

la forma saludable para el cerebro de volverse más delgado, más inteligente y más feliz). Ese domingo, Amen y su esposa, Tana, decidieron visitar una iglesia nueva cerca de su casa. El estacionamiento estaba lleno y Amen fue a apartar lugar mientras su mujer llevaba a su hija al baño. Al caminar hacia el santuario, pasó por unas mesas donde vendían donas y recolectaban dinero para obras de caridad. Como en su libro advertía sobre la forma en que la comida tóxica afecta de manera negativa al cerebro, ver montones de carbohidratos azucarados lo irritó bastante. Enseguida de las donas estaban las parrillas llenas de tocino y salchichas que se preparaban para los cientos de *hot dogs* que se venderían después del servicio religioso.

Amen se sentó en un banco de la iglesia y el ministro comenzó a elogiar a todos lo que habían ayudado en la organización de la fiesta de helados la noche anterior. El doctor, preocupado por la salud, se irritó aún más. Cuando llegó su esposa, estaba escribiendo muy molesto en su teléfono. Ella lo miró con reprobación, así que inclinó la pantalla para que ella pudiera leer lo que había escrito. Decía:

> Ve a la iglesia… compra donas… tocino… salchichas… *hot dogs*… helado. ¡No se dan cuenta de que los están enviando al cielo antes de tiempo!

Amen pasó el resto del servicio rezando para que Dios le revelara de alguna manera cómo transformar la misión de los lugares de culto, sin importar la religión, para que ayudaran a sus feligreses a convertirse en guardianes de sus cuerpos. Amen estudió psiquiatría, así que su especialidad era modificar conductas autodestructivas. De hecho, el *Washington Post* una vez lo llamó "el psiquiatra más popular de Estados Unidos". Desde el punto de vista médico, estaba muy consciente de que la comida como las donas, la carne grasosa y el pan blanco aumenta el riesgo de contraer enfermedades cardiacas, diabetes tipo II y otros padecimientos crónicos. Amen y el pastor Rick seguían caminos paralelos.

Dos semanas después, Amen recibió una llamada de Steve Komanapalli, el asistente de Rick Warren en la iglesia de Saddleback. Preguntó si Amen podría reunirse con el pastor Rick para discutir una nueva iniciativa en la iglesia denominada "década del destino". Después de su reflexión durante la ceremonia de bautismo, el personal de Warren estaba diseñando un programa de diez años para ayudar a su congregación a volverse más saludable en todos los aspectos de la vida, incluyendo la parte física. Estaba claro que alguien había escuchado la plegaria del doctor (esas partes "invisibles" de la vida estaban trabajando una vez más).

Cuando se reunieron, el pastor Warren (que en ese momento medía casi 1.90 y pesaba casi 137 kilos) le preguntó a Amen por su frase eslogan, "síndrome del dinosaurio: cuerpos grandes, cerebros pequeños, el camino a la extinción." Ésta era una frase que Amen acuñó después de leer sobre la investigación de otro médico, el doctor Cyrus Raji de la Universidad de Pittsburgh. Raji descubrió que conforme el peso aumenta, el tamaño físico del cerebro disminuye. Las personas obesas tienen ocho por ciento menos tejido cerebral y sus cerebros se ven dieciséis años más viejos que los cerebros de personas delgadas. Tener sobrepeso también duplica el riesgo de desarrollar Alzheimer.

Antes, la evidencia de que tener sobrepeso puede reducir la esperanza de vida nunca había impresionado al pastor Rick. Para empezar, era un hombre de Dios y no le temía a la muerte.

Cuando alguien lo molestaba diciendo que sería más sexy si fuera más delgado, sólo se reía y contestaba: "¡Ya soy bastante sexy!" Pero cuando escuchó que si no bajaba de peso se volvería más tonto, *eso* sí lo impresionó.

Amen y el pastor hablaron sobre la dieta de Rick. "No me da hambre antes de las dos de la tarde", le dijo. "Podría ayunar hasta el mediodía todos los días de la semana, pero luego aparece el hambre y como grandes cantidades de comida hasta entrada la noche."

"Tienes que cambiar tus patrones de alimentación", le advirtió Amen. "Un estudio tras otro muestran que las personas que desayunan tienen más probabilidades de bajar de peso y mantenerse así. Comiendo a intervalos regulares mantienes el azúcar en sangre en niveles más estables durante el día. Los niveles de azúcar estables evitan los antojos. No sólo ayudan a perder peso, también agudizan tu concentración, tu memoria y tus habilidades en la toma de decisiones."

En este punto de la historia, me gustaría subrayar que uno de los mayores beneficios de establecer rituales básicos en tu rutina diaria es mantenerte sano. Tu cuerpo *ama* la rutina. Entre más regular seas al acostarte y levantarte en la mañana, en ejercitarte, en las horas de comida, y en una meditación u oración dos veces al día, producirás efectos más saludables sobre tu cuerpo. Además, estos rituales diarios también aportan los beneficios de tiempo, energía y mente que mencionamos en el primer capítulo, "Una visión de la plenitud". Aquí está la clave: tu cuerpo no puede estar saludable sin considerar que toda tu vida esté igual.

No hay manera de evitar la conexión entre la mente y el cuerpo. La dimensión espiritual también es parte de esa conexión.

De eso se percató Rick Warren al reflexionar que su ministerio espiritual debería incluir la salud física. Todas las religiones consideran sagrado al cuerpo humano, lo suponen un templo que debe ser reverenciado y cuidado.

En su primera reunión, Amen le aconsejó al pastor Rick que para crear un cambio real en su congregación, él tendría que adoptar de forma personal y desde lo más profundo de su corazón la idea de que si comes en exceso no estás siendo un buen guardián de tu cuerpo. En resumen, las donas estaban prohibidas.

"¡Pero si construimos esta iglesia a base de donas!", se lamentó el pastor. Amen se dio cuenta de que el camino sería difícil.

Durante décadas, las iglesias han confiado en sus funciones sociales para acercar a la gente y mantenerla conectada a la institución misma. Los convivios, las fiestas de helado, de pizza, las parrilladas, los desayunos de *hot cakes*, las cenas de pasta y las donas se han convertido en parte integral de lo que significa "ir a la iglesia". A lo largo de los siguientes tres meses, Amen, el personal de Saddleback y los otros médicos que se involucraron, desarrollaron el "Plan Daniel". No se llamó así por Daniel Amen sino por un personaje bíblico del Antiguo Testamento que de joven estuvo preso en Babilonia. Se negó a comer la rica carne grasosa y los ríos de vino que le ofrecieron como prisionero distinguido de la corte de Nabucodonosor. En su lugar, sobrevivió a base de vegetales y agua. Para sorpresa de todos, después de diez días, Daniel se veía más saludable y mejor nutrido que cualquier otro de los esclavos.

Con las escrituras de su lado, el Plan Daniel fue lanzado en grande con un *rally* público en enero de 2011. Es un plan de cincuenta y dos semanas que se basa en los 5 000 círculos de estudio bíblico que ya existían en la congregación de Saddleback.

Amen dice que éste es el secreto que hace tan efectivo al programa. Todos necesitan un grupo de apoyo para hacer un cambio significativo. Esos pequeños grupos crearon un compromiso colectivo para ayudarse unos a otros a mejorar su salud.

El Plan Daniel tuvo éxito de inmediato. Había tantas personas que querían participar en el *rally* inaugural que miles tuvieron que ser rechazadas. El primer día se inscribieron nueve mil doscientas personas. Hoy, más de quince mil han completado el programa. En suma perdieron más de 122 470 kg de sobrepeso.

PRÁCTICA RITUAL
El Plan Daniel

Cuando el pastor Rick le contó a su congregación los secretos con los que perdió 27 kilos durante el primer año del Plan Daniel, le atribuyó su éxito a:

Significado. Un ritual es efectivo cuando se relaciona con algo que tenga un significado profundo para *ti*. El Plan Daniel ayudó a Warren a configurar sus planes de alimentación, de ejercicio y de salud como una disciplina espiritual, que es lo más importante en su vida.

Bitácora de alimentación. Como recomienda el Plan Daniel, mantuvo un diario de lo que comía, hasta el más mínimo bocado, como un dulcecito o la leche que le ponía a su café en la mañana. Este ritual le ayudó a cambiar sus hábitos de alimentación porque ahora era consciente de lo que comía. También le brindó reforzamiento positivo conforme empezó a cambiar sus hábitos de alimentación.

Agua. Tomó agua a lo largo del día. Esto no sólo mantuvo su cuerpo hidratado sino que también mantuvo su estómago lleno, haciendo más fácil evitar comer entre comidas.

Descanso. Antes del Plan Daniel, el pastor Rick pasaba una o dos noches a la semana en vela. Rompió ese hábito para tener suficiente descanso cada noche todos los días. Las investigaciones han mostrado que la falta de sueño genera un suministro general más bajo de sangre al cerebro, lo que provoca antojos y malas decisiones sobre la alimentación.

Comida de calidad. Eliminó la comida chatarra de su dieta y se enfocó en comer sólo alimentos nutritivos de alta calidad. El pastor Rick alentó a su congregación a que, igual que él, renunciaran a los tres polvos blancos: azúcar, sal y harina procesada. Dejó de comprar donas para llevar en la mañana y las sustituyó por un desayuno saludable y pequeñas colaciones a lo largo del día. Evitó las bebidas azucaradas (refrescos, jugos de fruta, etcétera). También eliminó el pan de su dieta, ya que se convierte en azúcar al llegar al torrente sanguíneo. Como resultado, dejó de tener los antojos que tenía antes. Y también empezó a comer más despacio; disfrutó más su comida, comenzó a notar cuándo se sentía lleno y dejó de comer de más.

Ejercicio. Con la inspiración que le aportaron el Plan Daniel y su comunidad, Warren fue capaz de empezar un entrenamiento de fuerza y ejercicio cardiovascular de forma regular.

Suplementos. Por recomendación de los médicos que desarrollaron el Plan Daniel, el pastor Rick agregó algunos suplementos nutricionales básicos: un multivitamínico para la salud en general, ácidos grasos omega 3 para el bienestar del corazón y del cerebro, y vitamina D para fortalecer los huesos. (No estamos recomendando estos suplementos para todas las personas. Debes seguir las recomendaciones de tu médico y conocer tus necesidades específicas.)

Grupo de apoyo semanal. Reflexionando sobre el hecho de que en el Antiguo Testamento Daniel tenía tres amigos, el pastor Rick afirma que el apoyo de los demás en el programa hizo una gran diferencia en su capacidad para mantenerse en buen camino para alcanzar sus propósitos.

———————

Te invitamos a que adoptes todo lo que puedas del Plan Daniel. No tiene que ser en el contexto de alguna creencia religiosa. El punto central aquí es la forma en que la mente y el cuerpo se complementan uno a otro. Lo que piensas afecta lo que sientes. La medicina moderna ha confirmado este hecho a lo largo de décadas de estudios sobre la relación entre la mente y el cuerpo. Ahora es momento de utilizar esa conexión para prevenir enfermedades en el plano mental que repercutirán en la forma en que fluye la energía a través de cada célula de tu cuerpo.

Los sistemas de salud antiguos están revitalizándose alrededor del mundo, y nos han ofrecido conocimientos que habían sido reprimidos o considerados no científicos. Su valor es la sabiduría, comenzando con la más simple: cada uno de nosotros tenemos una naturaleza única. Lo que para alguien puede ser el remedio perfecto, quizá no dé resultados en otra persona. A menos de que ya seas muy sensible, sólo notarás tus problemas de salud cuando se manifiesten en el plano de la forma material de tu diseño de vida. El nivel de la energía es más profundo y más sutil. Cuando trabajas en ese círculo es posible:

1. Identificar problemas de salud antes de que se conviertan en problemas físicos.
2. Ayudar a los mecanismos curativos naturales del cuerpo.
3. Atender problemas que tal vez no respondan a los tratamientos médicos modernos.

El siguiente ritual te pone en contacto con los desequilibrios sutiles que son la primera señal de fallas en la conexión entre mente y cuerpo. Con frecuencia, los pensamientos negativos indican que existen estos desequilibrios. Necesitas redirigirlos hacia algo más saludable, pues todos los pensamientos, positivos o negativos, envían mensajes al cuerpo.

PRÁCTICA RITUAL
Cómo corregir desequilibrios sutiles

Sabemos que la mente y el cuerpo están conectados e intercambian señales todo el tiempo. En el plano mental, esta sarta de mensajes toma la forma de pensamientos, sensaciones y sentimientos. Pero también se pueden leer como avisos de tu cuerpo. Estar consciente de estos mensajes es la primera defensa contra las enfermedades antes de que aparezcan los síntomas, es decir, cuando tu cuerpo te dice que está desequilibrado.

Muchas personas no están acostumbradas a enfrentar los asuntos de salud desde un plano más sutil que el cuerpo físico. Sin embargo, la medicina moderna reconoce que un alto porcentaje de las enfermedades son psicosomáticas (síntomas físicos causados por alteraciones mentales o emocionales). ¿No es lógico atender esos asuntos antes de que se conviertan en problemas físicos?

En este preciso momento, y a lo largo del día, estás involucrado en un diálogo interno que llega hasta tus células. Cuando de forma constante tienes pensamientos y sentimientos autodestructivos y autosaboteadores (provenientes de la mente y las emociones), pueden llegar a manifestarse en tu cuerpo en la forma de padecimientos. Puedes disolver los efectos negativos de esos patrones mentales o emocionales a través de la siguiente técnica recomendada por el maestro Stephen Co, líder en práctica y enseñanza de sanación pránica:

Cuando notes que surge de manera repetida un pensamiento o sentimiento que te causa ansiedad, concentra tu atención en el punto entre tus cejas. Luego, repite: "Este pensamiento (o emoción) queda borrado y desintegrado por completo." Después trae a tu mente un sentimiento positivo en lugar del que borraste. Esto se logra recordando un momento en el que sentiste una emoción muy fuerte. Repite esta secuencia varias veces y luego continúa con tu día.

Si el pensamiento o sentimiento nocivo regresa, repite la práctica. Hazlo cada vez que surja negatividad y descubrirás que cada vez surge con menos frecuencia, hasta desaparecer.

Haz la prueba la próxima semana, sólo escoge un pensamiento o emoción que te resulte inquietante y repite esta práctica cada vez que aparezca. Ve qué sucede.

Rituales de belleza: la historia de Dawn

A Dawn Gallagher le encantaba el verano en la provincia. Como tenía siete hermanos, nunca le faltó con qué entretenerse. El verano significaba salir de la ciudad y eso era un alivio. En Buffalo, la vida no era tan sencilla. Su familia vivía en una parte fea de la ciudad. Como era alta y flaca, los niños la molestaron toda la secundaria. Le decían que era fea y muchas veces salía corriendo a esconderse para llorar sin que nadie la viera.

Todos los años pasaba una parte del verano con su abuela. Era una italiana hermosa que la colmaba de abrazos y besos cuando iba con sus hermanos a visitarla. Le encantaba cuidar su belleza y los rituales para hacerlo. Creía que si algo venía de la tierra, debía usarse. Dawn aprendió a hacer mascarillas faciales de plátano, aguacate, yogur y miel. La abuela decía, "todo lo que la belleza necesita puede encontrarse en la tierra, en tu despensa o en tu refrigerador".

PRÁCTICA RITUAL
Mascarilla tahitiana

La mascarilla que recomendamos tiene ingredientes que puedes encontrar en tu despensa o refrigerador, tal como decía la abuela de Dawn. Las mujeres han usado estas mascarillas durante siglos para refrescar pieles apagadas y sin vida. Puedes pasar un rato agradable con este tratamiento poniendo música suave, prendiendo una vela y aromatizando la habitación con incienso. Establece el propósito de verte y sentirte hermosa. Luego sigue estas instrucciones:

Mascarilla tahitiana (para pieles normales y grasas)
La flor de cananga o ylang-ylang proviene del archipiélago de Tailandia. Dawn descubrió que las mujeres de Tahití mezclaban

el *ylang-ylang* con aceite de coco y lo usaban en el cabello y como bálsamo corporal.

Necesitas:

1 cucharadita de miel

1 cucharadita de avena molida

½ taza de yogur natural

1 cucharadita de cereal de trigo tostado y molido

1 gota de aceite de geranio

1 gota de aceite de *ylang-ylang*

Entibia la miel y agrega la avena, el yogur y el cereal. Agrega las gotas de aceites y haz una pasta densa. Aplica la mascarilla en tu cara, recuéstate y déjala actuar de 10 a 20 minutos.

(Receta adaptada con el permiso de Dawn Gallagher en www.dawngallagher.com)

Para cuando llegó a los diecisiete años, los días de burlas habían terminado para Dawn. Una vez, hubo un desfile en Buffalo, ella y sus hermanos iban caminando por la calle. De pronto, un hombre con una cámara al cuello se le acercó. Se presentó como Ron Keneske. "Trabajo con algunas de las mejores agencias de modelos de Nueva York", le dijo, "y creo que tienes mucho potencial para ser una modelo exitosa. ¿Te interesa?"

Su hermano Danny le contestó enojado: "No está interesada. Lárgate." Estaba claro que era un hombre extraño que quería coquetear con ella.

El hombre se encogió de hombros. "Por lo menos toma mi tarjeta. Si cambias de opinión, llámame."

Dawn guardó la tarjeta como recuerdo del día que un fotógrafo creyó que era tan bonita como para ser modelo. Algún tiempo después se encontró un artículo en el periódico sobre modelos que habían sido descubiertas en Buffalo. Se quedó boquiabierta cuando leyó que Ron Keneske había descubierto algunas de las modelos más reconocidas, como Beverly Johnson, Kim Alexis y Linda Evangelista. Pensó "¡Dios mío, ese hombre hablaba en serio!"

Como cualquier padre protector, su papá se mantuvo escéptico cuando le enseñó el artículo. Pero con ocho hijos, no tenía posibilidades de mandarlos a todos a la universidad. Accedió a llamar en nombre de Dawn y concertaron una cita para tomar algunas fotos y enviarlas a las agencias de modelaje en Nueva York.

Dawn no se imaginaba de qué forma el modelaje iba a alterar su vida. Por fortuna, Ron fue paciente y gentil en su primera sesión de fotos. Le enseñó cómo pararse, cómo poner la cabeza y otras cosas básicas. Dawn se sintió torpe y rara, pero hizo lo que él le pidió. Como era tímida, toda la atención que le prestaban era nueva y halagadora. Y al final la alentaron. "Hubo algunas fotos muy buenas. Las voy a enviar a Nueva York y veremos qué dicen."

Dawn se quedó pasmada cuando recibió una llamada de John Casablancas, jefe de *Elite Model Management*, una de las mejores firmas de moda en París y Nueva York, con sucursales en todo el mundo. Se escuchaba entusiasmado. "Vi tus fotos y creo que tienes potencial para destacar en el mundo del modelaje. Me gustaría conocerte."

En poco tiempo, Casablancas viajó a Buffalo para conocerla y presentarle un contrato. Sus padres se esforzaron para asegurar que su hija estuviera cuidada y protegida cuando se mudara a la gran ciudad a su corta edad. Cuando llegó el verano, dejó su casa y se adentró en un mundo muy diferente. La carrera de una nueva supermodelo había comenzado.

Hoy, Dawn ha aparecido en la portada de más de trescientas revistas, incluyendo a *Vogue*, *Cosmopolitan*, *Harper's Bazaar* y *Redbook*. Su misión se convirtió en retribuir a las millones de lectoras que se preocupan por la belleza y que miran a las modelos como íconos. Era importante que su conexión con la belleza fuera un estado alcanzable y no un ideal lejano. Para ofrecer orientación, Dawn escribió dos libros: *Naturally Beautiful (Bella al natural)* y *Nature's Beauty Secrets (Los secretos de belleza de la naturaleza)*. Aquí está uno de sus rituales que disfrutamos y recomendamos.

PRÁCTICA RITUAL
Ritual humectante de Dawn

Los rituales deben mejorar tu vida y ser divertidos. ¿Por qué no disfrutar de embellecerte haciendo del proceso un ritual?

En sus viajes para sesiones fotográficas alrededor del mundo, Dawn conoció un humectante que puede usarse luego de aplicar la mascarilla tahitiana.

Humectante de rosas para consentirse
Puedes encontrar increíbles alternativas de aceites esenciales para esta receta en el sitio de Dawn: www.dawngallagher.com

Necesitas:

2 cucharaditas de aceite de jojoba

3 cucharaditas de aceite de almendras dulces

3 gotas de aceite de esencia de rosa

1 a 2 gotas de aceite de esencia de jazmín o lavanda

Mezcla los aceites de jojoba y almendras dulces como base. Combina los aceites de esencias y luego añádelos a la base. Puedes experimentar con tus aceites de esencias favoritas, dependiendo de tu tipo de piel. Recuerda que basta con unas cuantas gotas. Reparte el aceite humectante en toda tu cara, cuello y hombros. (Asegúrate de tener las manos limpias.)

Las supermodelos (como se ha señalado con frecuencia) representan una imagen corporal que pocas mujeres pueden alcanzar de forma realista. Como resultado, las niñas que adoran a las supermodelos y envidian sus carreras están predisponiéndose para el fracaso o al menos, así se sienten. Pero cualquier mujer puede usar la belleza como un medio para, además de cuidar su cuerpo, incrementar su autoestima. Esto empieza por hacer que la hermosura sea parte de una perspectiva holística sobre la salud; verse más bonita puede ser un camino para estar más saludable.

Para los antiguos mesopotámicos, prestar atención al cuidado y la higiene personal era un ritual que tenía tintes religiosos. El baño ritual era casi universal en el mundo antiguo. Desde una perspectiva médica moderna, la piel es el órgano más grande del cuerpo; en décadas recientes se ha descubierto que este órgano secreta más hormonas que cualquier otro. Los enemigos de la salud también son enemigos de la piel. La contaminación del agua y del aire, la luz intensa, el estrés, fumar, las malas dietas y la falta de ejercicio dejan huella en tu tez. Su tono y color también son un barómetro de las emociones (como comprenderá cualquiera que se halla puesto rojo de la vergüenza o pálido de miedo). Cuando cuidas bien de ella, tienes un brillo particular, porque el nivel energético de tu diseño de vida sale a relucir a través de tu piel.

Los rituales de belleza tienen el propósito de nutrirte. Cuando te das tiempo y cuidado para los humectantes, mascarillas y cremas que nutren tu piel, refuerzas la creencia de que tú importas. En pocas palabras, los rituales de belleza son parte del cuidado personal que mencionamos antes, en el capítulo sobre rituales básicos.

PRÁCTICA RITUAL
Ver tu belleza

Puedes convertir la rutina de aplicar maquillaje y secarte el cabello en un ritual de cuidado personal si piensas en tu propósito al hacer esas cosas. Cuando tus rutinas de belleza se transforman, por ejemplo, en un acto consciente de devoción por alguien que amas, se vuelven un ritual que te hace sentir plena.

Puedes reforzar el propósito detrás de la belleza si tomas un momento para cerrar los ojos y recordarte la intención al ponerte linda. "Estoy aquí para celebrar lo femenino en todos sentidos. Quiero que mi belleza interior reluzca y deseo sentirla mientras me arreglo para ser hermosa por fuera."

Pero no se necesita tomarlo con seriedad, para muchas mujeres, la intención con la belleza es divertirse, y eso está perfecto. Así que, en momentos de felicidad y dicha, repite: "Estoy irradiando belleza. La transmito desde el interior de mi ser."

Estas afirmaciones conectan la belleza interior con la exterior de manera que aumenta tu autovaloración en todo lo que eres y haces.

La belleza es un tema dirigido a las mujeres, pero los hombres necesitan el mismo cuidado personal en lo que respecta a la piel. Los rituales de afeitado han formado parte de muchas culturas durante miles de años. Las ceremonias de entrada a la vida adulta están relacionadas con el momento en que los chicos adolescentes comienzan a rasurarse. Hoy en día, la mayoría de los hombres sólo pasan una rasuradora eléctrica o un rastrillo desechable sobre su barba de tres días lo más rápido que pueden. Ningún ritual podría estar más vacío que éste y millones de hombres consideran que rasurarse es un mal necesario. Pero mientras lo haces, tómate el tiempo de observar tu piel en términos de salud. La presencia física de un hombre puede que no se asocie tanto con una piel reluciente como la de una mujer, pero su bienestar de todos modos se refleja en una piel saludable. Afirma que estás orgulloso del hombre que eres y que quieres ser el mejor que puedas.

PRÁCTICA RITUAL
El ritual de afeitarse

Si te apetece, puedes convertir el rasurado en un ritual más elaborado, del tipo que los hombres practicaron durante siglos antes de que se inventaran los rastrillos eléctricos o desechables. Los hombres de generaciones previas disfrutaban de los cuidados relajantes de un barbero. No es probable que regresemos a los días en que la barbería era el centro de la actividad masculina cada mañana, un lugar para socializar y hacer acuerdos. Sin embargo, puedes recrear ese ritual en tu casa y obtener el mismo placer.

Comienza por conseguir los materiales apropiados. Necesitas un gel para antes de afeitar, aceite o crema, un jabón para afeitar y un buen cepillo de pelo de tejón (o para los que tienen conciencia ecológica, uno sintético como el premiado *Pure Performance Shave Brush* de Jack Black). Para remover el bigote, la tradición recomienda una navaja bien equilibrada de doble filo, como las que sujetan las cuchillas de afeitar. Para los que se sienten menos involucrados, basta con un rastrillo desechable de buena calidad con varias cuchillas como el *Gillette Fusion*. Por último, ten a la mano una loción para después del afeitado que no tenga base de alcohol. Calienta un paño húmedo para la cara durante un minuto en el microondas o mójalo en la llave de agua caliente durante unos segundos y ponlo en un recipiente cerrado para limpiar el jabón de afeitar de tu cara al final.

Ahora tienes todo lo necesario para hacer una experiencia especial de la rutina cotidiana de rasurarte. Moja tu cepillo en agua caliente en el lavabo mientras te bañas. El agua caliente abrirá tus poros y suavizará tu barba. Después de echarte agua tibia en la cara, aplica el gel para antes de afeitar para suavizar la barba. Luego, saca el cepillo del agua en que se estuvo remojando, sacude el exceso y llénalo de jabón para afeitar. Una pastilla de jabón de buena calidad durará mucho tiempo. Si prefieres usar crema, haz espuma en tu cara usando el cepillo.

Distribuye el jabón de manera uniforme con movimientos de arriba abajo hasta que obtengas una espuma opaca cubriendo tu barba. Manejar una navaja tradicional de doble filo requiere un poco de práctica. Lo más importante es hacerlo *con delicadeza*. Si pierdes la paciencia corres el riesgo de cortarte; persevera y tendrás la cara más suave que una mujer jamás haya besado.

Después de remover los últimos rastros de espuma con tu paño caliente, termina tu ritual con la loción para después de afeitar. Luego, busca a alguien que ames y roza su cara con la tuya. ¡Ve preparado para que se sorprenda!

Para ambos sexos, la belleza que perdura viene de adentro. Cómo te sientes contigo mismo es, en última instancia, lo más importante. En una mujer, un rostro bello no se crea, sólo se resalta con la aplicación de maquillaje. Cuando un hombre se consiente con un buen afeitado, se honra a sí mismo y a su hombría. El cuidado personal debe ser particular, psicológico e incluso espiritual. Una tez reluciente es reflejo de salud, vitalidad y felicidad relucientes más que cualquier otra cosa, pues la fuerza vital que irradia desde el centro trascendente de tu diseño de vida se expresa en el plano de tu forma material.

Hemos tratado de contestar la pregunta que a todos nos importa: ¿Qué significa estar saludable? Las personas promedio piensan que significa no tener síntomas de enfermedad. En los sistemas de sanación tradicionales, la definición es mucho más completa. En el Islam, el Corán describe la salud como:

(…) un estado de completo bienestar físico, mental, espiritual y social, que debe ser salvaguardado no sólo mediante el mantenimiento de un régimen que preserve la salud a nivel personal/

individual, sino a través del establecimiento de un sistema familiar y uno social que también protejan y promuevan la salud.

Estas palabras podrían haber salido del movimiento moderno de bienestar. Éste se vuelve más poderoso cuando descansa en los cimientos del conocimiento. El principio de prevención ha existido durante toda nuestra vida pero, sin sabiduría, las personas hacen caso omiso de los riesgos y no siguen los mejores consejos. El bienestar requiere que te valores lo suficiente como para actuar. Para nosotros, la mejor forma de promoverlo es a través de los rituales porque un ritual bien arraigado tiene la fuerza de la costumbre. Así, tu rutina contiene todas las pequeñas cosas que protegen a tu cuerpo sin tener que pensar en ellas todos los días. Si quieres ayuda en el diseño de hábitos saludables para tu vida, hemos reunido una colección de rituales de salud modernos y antiguos en www.thehiddenriches.com/health

Si quisieras tener un escudo protector contra el estrés y la enfermedad, ya posees uno: tu conciencia. Al tener una intención consciente puedes envolver tu cuerpo con hábitos para el cuidado personal, la vitalidad, la belleza y el peso perfecto. Con los rituales básicos, le das a tu organismo el equilibrio y la regularidad que ansía. Con los de relaciones, colocas a tu ser en una atmósfera de amor y apoyo. Con los espirituales, le otorgas a tu cuerpo el contexto de significado verdadero, algo por lo que vale la pena vivir (una visión de crecimiento personal infinito). Como todos estos planos están incluidos en tu diseño de vida, consideramos que éste es tu guía perfecta para la salud. Nada de lo que te hace único ha quedado fuera.

El arte de crear riqueza
a través del ritual

Imagina a cada persona que conozcas con un letrero
colgado del cuello que dice: "Hazme sentir importante."
No sólo tendrás éxito en tus ventas, tendrás éxito en la vida.
Mary Kay Ash

No existe un momento de la historia en que los humanos no dis-
fruten la prosperidad o hagan rituales para crearla. Hoy, cuando
el capitalismo moderno es tan exitoso generando riqueza a nivel
global, ¿hacer rituales aún desempeña un papel importante?
¿Podría ayudarte a generar más abundancia en tu vida? Sí, pues
no siempre usamos el término de "ritual" para los hábitos, las rutinas y las formas de pensar que caracterizan a aquellos que van
por un camino seguro hacia la riqueza y el éxito. Pero ellos están
en sincronía con su diseño de vida, al menos en lo que respecta
al dinero.

El doctor Stephen R. Covey hizo un gran *bestseller* con el
libro titulado *Los siete hábitos de la gente altamente efectiva*. Uno
de los hábitos centrales era el manejo eficiente de tiempo y energía, como se mencionó en el primer capítulo: "Una visión de la
plenitud". Pero en el libro hablan más de tener éxito que de hábitos y aplican los principios básicos de la mente. Nuestro método es deshacernos de las suposiciones para transformar los

hábitos y rutinas inconscientes en algo consiente y próspero. Identificar los elementos centrales de tu diseño de vida y relacionarlos con la riqueza. Crear rituales que incrementen el éxito en cada elemento de tu día a día. Pero, primero veamos el diseño de vida de alguien más.

Veintisiete años, tres hijos y sin esposo. "Me sentía una completa y total fracasada", recuerda Mary Kay.

Era 1945, llevaba once años casada y su esposo y padre de sus hijos al regresar de la guerra le pidió el divorcio. Necesitaba un trabajo que le diera la flexibilidad de estar con sus niños y los ingresos necesarios para mantenerlos sin el apoyo de un hombre en casa. Su mente recordó un incidente previo a la guerra. Una mujer joven que apareció en su puerta vendiendo enciclopedias. Tal vez, al ver la situación de Mary, esta mujer le dijo que podía tener un paquete gratis si vendía diez a otras personas. Sin saber que acomodar los diez paquetes de enciclopedias era una cuota que los vendedores de la compañía cubrían en tres meses, Mary lo hizo en día y medio.

En un tiempo en que muy pocas mujeres trabajaban fuera de casa, Mary escogió una forma de venta directa basada en demostrar los productos en "fiestas" que podían ser ofrecidas por cualquier ama de casa dentro de su hogar. Desde el principio prosperó. Le encantó la interacción social y el conocer gente nueva. Estaba en su elemento. Siete años después la atrajo un nuevo equipo, World Gift Company. Fue promovida a directora nacional de entrenamiento, incrementó el alcance de la compañía a cuarenta y tres estados, y la llamaron para ser parte de la junta de directores. El crecimiento de Mary fue impresionante.

Todas las piezas parecían acomodarse cuando conoció a George Hallenbeck y se casó con él en 1960. Pero para 1963, el trabajo se volvió una fuente constante de frustración. "Siempre me decían: 'Ay, Mary, piensas como mujer.' De forma inevitable, sin importar qué tan duro tratara, o qué tan bien hiciera mi trabajo, siempre que estaba frente a la puerta de oro la encontraba marcada: Sólo hombres."

Cuando regresó de un viaje de negocios, descubrió que uno de sus asistentes fue promovido para ser su jefe con el doble de salario. Fue la gota que derramó el vaso. Renunció al día siguiente. Sus hijos ya habían crecido y dirigían sus propias vidas. Los dos roles que la definieron durante casi veintisiete años se esfumaron. "Nunca tuve un momento tan miserable. Sentía que mi vida se había acabado. Mi casa estaba frente a la morgue y pensé en llamarles." Estaba en una encrucijada y no podía ver el enorme éxito que se paraba frente a ella. Estaba a punto de ser conocida como la fundadora de *Mary Kay Cosmetics*.

A nadie le agrada cuando la vida se pone difícil. La riqueza y el éxito, como todo lo demás, también enfrentan sus propias crisis. Lo que hace la diferencia es la capacidad de resistir. Navegar a través de las dificultades sin que éstas te derroten. Si hay una característica sobre la creación de riqueza, es tener una atención firme a lo que te apasiona, combinada con un compromiso constante de tomar acciones. Cuando algo derriba a las personas exitosas, encuentran la motivación para levantarse. Se concentran en lo que sí les funciona en la vida en lugar de pensar en lo que no. Puedes usar los rituales para superar las crisis apoyándote en ellos para regresar al centro de tu vida, desde ahí es más fácil controlar las olas.

Es común que el dinero se vuelva un punto de inconformidad porque nuestras mentes están programadas para creer que atrae la felicidad y que la falta de éste es un símbolo de fracaso y debilidad personal. Pero más dinero significa más responsabilidad, más requerimientos para manejarlo y más preocupaciones. De igual manera, tener mucho poder económico a menudo deja al descubierto los problemas psicológicos que una persona genera alrededor de éste. Puedes despertar en la madrugada con la ansiedad de perder tus últimos cien dólares o tu último millón. Estos problemas están dentro de ti, no dentro en tu cuenta bancaria. Para alguien que hizo las paces con poseer (o no) riqueza material, el dinero puede servir a un propósito más alto, teniendo como medida cuánto ayuda a los demás. Hay rituales para volverte el mejor en cualquier cosa, y el éxito financiero es una consecuencia.

Mary Kay Ash, como la conocemos ahora, tenía talento natural para las ventas. Pero, su pasión por ayudar a las mujeres a superar las mismas barreras que ella enfrentó… la hizo única. Creó una compañía basada en los valores que las mujeres pueden apreciar, e incluso algunos hombres. Aumentó su éxito enviando cientos de tarjetas de cumpleaños personalizadas a sus "consultoras" y llamando cuando se enteraba de alguna enfermedad en la familia. Para Mary Kay, su misión no fue hacer mucho dinero. "Nunca me interesé en los dólares y centavos del negocio. Mi intención fue ofrecer a las mujeres oportunidades que en ningún otro lugar había."

¿Entonces cómo llegar de A a B? ¿De tener un trabajo bueno, que ponga comida en la mesa y te dé un poco de seguridad, a tener un trabajo que te haga sentir en verdad satisfecho y muestre lo mejor de ti?

En el primer capítulo hablamos de la importancia de los rituales para manejar el tiempo y la energía. Dijimos que a últimas fechas, todos los rituales se relacionan con la forma de manejar tu mente para descubrir su potencial oculto. Profundicemos en esa área. Los deseos son el primer paso para descubrir tu diseño de vida, pero éste, una vez descubierto, hace mucho más que sólo expresar lo que te apasiona.

Te da la fuerza para superar los obstáculos.

Te genera un flujo constante de inspiración.

Te da sentido de frescura y renovación.

Te abre los ojos para ver por encima de las crisis.

Cuando te enfrentas a un nuevo reto en el viaje, te ofrece soluciones creativas.

Cuando una persona descubre su potencial, los enunciados anteriores no son casuales. Son esenciales. Nadie puede dar una receta donde sólo estudies los planes y los lleves a la práctica. Parte del misterio de la vida es que necesitas descubrir tu diseño de vida por ti mismo.

Éste es un patrón de tu vida ideal, pero está lleno de retos, cambios y oportunidades, lo que significa que necesitas mantenerte alerta, abierto y dispuesto a entrar a lo desconocido en cada paso del camino. Bajo la superficie caótica, donde los sucesos se ven sin rumbo y la buena suerte parece elegir sólo a unos cuantos, todos tenemos una vida ideal que nos espera.

Sin embargo, tu mente no sabe de manera automática que esto es cierto. La mayor parte del tiempo, tu cerebro trabaja en el modo de supervivencia. Está entrenado para entender la vida como una serie de altibajos sin ton ni son. Busca los nuevos peligros. Trata de distinguir el miedo y la debilidad de los otros. Trabaja horas extras para hacer el mañana tan predecible como el ayer. Tu diseño de vida tiene la llave para un acercamiento más satisfactorio. Entre más te alinees con él, como estás aprendiendo en este libro, tu cerebro empezará a buscar maneras de maximizar lo positivo en lugar de lo negativo. Y ahí es donde surge la verdadera trasformación.

La pasión verdadera te inspira y guía para tomar decisiones que trabajen con el fin de lograr tus intenciones. Por otra parte, los deseos pasajeros tienden a apagarse. Es común que las ideas brillantes no nos guíen a los pasos necesarios para volverlas realidad, porque necesitan compromisos muy profundos. Es ahí donde entra la pasión.

La historia de Mary Kay ilustra la diferencia que hace la verdadera pasión. En un intento de superar su depresión por renunciar a su trabajo, empezó a escribir las cosas que había hecho bien y los obstáculos que había superado. Mientras hacía su lista, se dio cuenta de lo mucho que había aprendido en veinticinco años de ventas. Tal vez podría sólo escribir un libro de entrenamiento que ayudara a otras mujeres, pero mientras empezaba a darle forma, pensó en las características que deberían definir a la "compañía ideal". Entre más lo pensaba, más se preguntaba por qué sólo describirla en un libro. ¿Por qué no crearla? De repente se sintió emocionada.

Sería una compañía de ventas, pues ésa era su habilidad y talento. Tendría que ser para mujeres, incluyendo a las amas de casa y madres de familia atadas al hogar. Las empleadas necesitarían ser capaces de trabajar en sus propios domicilios, ya fuera de tiempo completo o parcial. Mary Kay se dio cuenta de que la decisión crucial era cuál sería la línea de productos para ofrecer, algo en lo que sus consultoras, como ella las llamó, pudieran creer y recomendar sin reservas. Para asegurar la rentabilidad, los productos deberían ser algo que ellas mismas pudieran usar y que se necesitaran con regularidad.

Mientras ella y su esposo, George, platicaban sobre estos puntos, Mary Kay tuvo un momento de "revelación". Años atrás había ido a una demostración de ventas. Al finalizar, la anfitriona empezó a vender su propia marca de crema para la piel a las participantes. Se dio cuenta de que ella tenía una piel hermosa y le compró algunas. Después de usar el producto por más de una década, se enamoró y nunca dejó de pedirla. El camino a seguir no era muy claro. Ella y George juntaron setenta y cinco mil dólares y compraron la fórmula al autor. Acondicionaron una oficina en el centro de Dallas y contrataron a un fabricante local para hacer una línea de productos del cuidado de la piel basada en la crema que había usado todos esos años.

Mary Kay trabajó en reclutar a sus representantes de ventas mientras su esposo se concentraba en los aspectos legales y financieros del negocio. Nueve de sus amigas se apuntaron para vender sus productos, y en casi un mes estuvieron listos para abrir el negocio. Todo marchaba bien.

Y entonces George murió. Fue un gran golpe, pero como muchos otros emprendedores antes que ella, la pasión de Mary Kay no le permitió rendirse frente a la adversidad. Habló con su hijo menor, Richard Rogers, de veinte años.

"Yo admiraba su trayectoria", dice Richard, y cuando su madre le pidió ayuda y soporte, dejó su trabajo en ventas de seguros para ayudar a su mamá a crear la nueva compañía, Belleza por Mary Kay.

Ambos sabían que tendrían que enfrentar al gigante de ventas, Avon, una marca de setenta y siete años. Todas las mujeres de América conocían a la chica Avon que salía en los comerciales de televisión tocando el timbre. Pero Mary Kay tomó una estrategia diferente. En lugar de ir de puerta en puerta ofreciendo los productos, como era el sistema de Avon, convirtió el proceso de ventas en un ritual efectivo y divertido. Entrenó a sus consultoras para identificar anfitrionas que pudieran ofrecer una fiesta en su casa. Estas reuniones tenían un guion creado con mucho cuidado para que pudieran trabajar con el deseo natural de las mujeres a socializar y relacionarse. Se volvió un éxito enorme e instantáneo.

Mary Kay Cosmetics superó las expectativas. Al iniciar con buenos productos, una mercadotecnia llamativa, y un plan de negocios inteligente, la compañía creció muy rápido. Su atención en celebrar los triunfos de sus consultoras fue parte central de la estrategia. La empresa creó rituales que se volvieron parte de su autenticidad. Por ejemplo, entregar un abejorro con diamantes incrustados en cada reunión anual. Esta metáfora representa lo que hacen: "Según la aerodinámica el abejorro no debería ser capaz de volar, pero no lo sabe, así que vuela de todos modos." Este premio fue y sigue siendo muy acertado. Otro ritual anual que distinguió a *Mary Kay Cosmetics* e hizo sentir a las mujeres orgullosas y autosuficientes, fue regalar un Cadillac rosa a las mejores consultoras. Hoy, la empresa factura más de dos y medio billones de dólares al año y tiene más de un millón y medio de consultoras en todo el mundo.

Aunque sigas tus pasiones y hagas lo que te da alegría, siempre habrá momentos difíciles. Los rituales que usas para enfrentarlos pueden hacer la diferencia en tu camino al éxito. Puedes tomar como ejemplo los recursos personales que demostró Mary Kay. Tenía su propia combinación natural de talentos y retos, igual que tú. Creó rituales en su compañía que reflejaran sus propias pasiones, las mismas que se expresaron en su diseño de vida. Como a Mary Kay, los rituales pueden darte, y a aquellos que te rodean, las bases de fuerza, propósitos y motivación.

Cómo los rituales se adaptan al éxito

Hay un reconocimiento creciente en la literatura de administración sobre la importancia de los ritos y rituales para crear compañías exitosas:

"Sin sucesos expresivos, cualquier [empresa] cultura morirá. Sin ceremonias ni rituales, los valores importantes no tienen impacto."

Culturas corporativas: ritos y rituales de la vida organizacional por Terrence E. Deal y Allan A. Kennedy.

"Lo que distingue la cultura de las corporaciones 'excelentes' es su uso consciente de ritos y rituales para dar a sus empleados un sentido de pertenencia y hacer que su trabajo se vea más significativo."

The Chinese Transformation of Corporate Culture (La transformación China de las culturas corporativas) por Colin Hawes.

"Las personas exitosas en lo que hacen, ya sean atletas o pilotos de guerra, cirujanos o soldados de las Fuerzas Especiales, agentes del FBI o CEO… Todos dependen de los rituales positivos para manejar su energía y lograr sus metas."

El poder del compromiso total por Jim Loehr y Tony Schwartz.

De forma consciente o inconsciente las personas como Mary Kay desarrollan rituales que los ayudan, sin importar las circunstancias o situaciones externas. A continuación te presentamos algunos elementos constantes que ayudan a tener éxito en el área financiera. Éstos permiten que tu diseño de vida se despliegue de manera natural. Cada uno se relaciona con los círculos de tu vida interior que hemos discutido antes. Dentro del paréntesis anotamos cuál de los cinco niveles le corresponden a cada uno:

Pasión (nivel de felicidad)

Certeza de éxito (nivel de perspicacia)

Visión (nivel mental)

Aceptar los cambios (nivel de energía)

Medir los resultados (nivel de forma material)

Hablaremos un poco más acerca de estos elementos constantes y te daremos prácticas rituales para que los desarrolles.

Pasión: nivel de felicidad

Las personas exitosas por lo general dicen: "Sigue lo que te apasiona." ¿Por qué? Porque te proporciona alegría, tiene un significado especial para ti y también te da el sentimiento de tener un propósito, con el cual descubrirás tu diseño de vida a través de un camino de felicidad. Tal vez alguien más hizo su fortuna con bienes raíces, invirtiendo en acciones, o vendiendo por *eBay*, pero si estos estilos de vida no te hacen feliz, no te darán una economía autosuficiente o satisfactoria. La capacidad de Mary Kay de conectarse con las personas hizo que las ventas se le dieran de manera natural. En tu caso depende de lo que amas de verdad. Un deseo ardiente de hacer grandes cosas está ligado a tu destino. Y está forjando tu diseño de vida.

PRÁCTICA RITUAL
Descubre el secreto

El primer ritual que debes establecer en tu vida si quieres crear más riqueza es identificar de forma constante aquellas cosas que te importan más: tus pasiones. Éste no es un ejercicio de un día. Para nosotros, es un ritual que repetimos de forma regular cada cuatro o seis meses. Una vez que tengas claros tus deseos principales, apuesta por ellos de forma consciente y empezarás a vivir lo que dijo Steve Jobs en 2005, cuando hizo su discurso de graduación de Stanford:

Tu trabajo llenará gran parte de tu vida, y sólo estarás realmente satisfecho si haces una labor que consideres increíble. La única forma de sentir esto es haciendo lo que amas. Si aún no lo has hallado, sigue examinando. No te rindas. Como todo lo relacionado con el corazón, sabrás cuando lo encuentres. Y, como en cualquier relación maravillosa, se hace mejor con el paso de los años. Así que continúa buscando hasta que lo descubras. No te des por vencido.

Existe una razón por la cual el libro *Descubre el secreto* se ha convertido en la herramienta número uno utilizada por todo el mundo para descubrir sus pasiones y conectarse con su propósito de existir. Está basado en el principio de saber cuáles son las cinco cosas que te importan más en la vida, entonces empiezas a tomar decisiones conscientes que te ayudan a estar más conectado con ellas. No se puede evitar vivir una existencia que te apasiona.

El primer paso es descubrir dónde estás parado, es decir, qué tanto vives tus pasiones en este momento. Luego puedes adentrarte en el proceso *Descubre el secreto* para identificar lo que te mueve y crear una visión de vida. Para iniciar tu *Passion Profile Assessment* (asesoramiento de perfil de pasiones) de forma gratuita visita www.thepasiontest.com

Certeza de éxito: nivel de perspicacia

Las personas que ganaron sus propias fortunas tenían la habilidad de soñar en grande y de sentir con firmeza que podían lograr sus metas. Warren Buffet alguna vez dijo: "Siempre supe que sería rico. No lo dudé ni un minuto."

Si aún no tienes esta "certeza profunda", los rituales te pueden ayudar a desarrollarla. La sabiduría siempre está ahí, pero muchas veces la duda, la inseguridad y otras creencias saboteadoras nos distraen. Empieza imaginando cómo sería tu vida si fueras rico. ¿Crees que "el dinero es la causa de todos los males" o que "los ricos se hacen más ricos y los pobres más pobres"? Si es así, ¿entonces por qué escogerías ser rico? Te convertirías en una persona engreída, egoísta y mala. Hasta que no pienses en la riqueza como un regalo para ti mismo, para los que te rodean y para el mundo entero, será imposible que te permitas abrir por completo las puertas a la abundancia.

La buena noticia es que no tienes que tratar de cambiar esos modelos y creencias, sólo deja de alimentarlas. La manera de hacerlo es nutriendo nuevas formas de pensar que apoyen lo que escogiste crear en el mundo.

PRÁCTICA RITUAL
Transforma tus creencias acerca del dinero

Tener creencias positivas sobre la riqueza es una pieza clave si quieres tener dinero. Mucha gente lo relaciona con cosas negativas. De manera inconsciente las personas creen que no merecen ser ricos. Piensan que de alguna manera el dinero corrompe. Lo asocian con avaricia. Cualquiera de estas creencias negativas pueden frenar e incluso destruir la idea de tener verdadero éxito financiero.

Más adelante adaptamos los rituales que funcionan para conseguir una relación ideal con el dinero. Esto tendrá sentido cuando comprendas que el problema no es la falta de dinero, sino tu relación con él. Si quieres ser rico, es momento de invitarlo a tu vida, tal como invitarías a tu pareja perfecta.

1. Escribe tus sentimientos y creencias sobre el dinero, incluidos los estereotipos de avaros ambiciosos y despiadados millonarios. Hazlo personal, anota cómo te sientes al perder dinero, al no tener suficiente o la inseguridad que percibes en tus finanzas personales. Si vemos más allá, ¿te da miedo no tener suficiente dinero en el futuro? ¿Te asfixian los gastos y deudas presentes? Se muy específico. Una vez que tengas tu lista, rómpela en pedazos pequeños y deja que el viento se lleve todo, deshazte de esos viejos y obsoletos conceptos.

2. Encuentra una playa o cualquier otro sitio donde puedas estar solo. Grita y deja salir toda la "basura" relacionada con el dinero, ahora que estás listo elimínala. Para traer de vuelta esos sentimientos, recuerda situaciones pasadas donde te sentiste abandonado, apenado o con miedo acerca del dinero, esos momentos donde las preocupaciones te hicieron sentir atrapado.

3. Siéntate con un amigo y describe tus metas y deseos más profundos y las intenciones que tienes en la vida. Háblale de cómo usarías el poder adquisitivo que ahora estás dispuesto a aceptar. ¿En qué lo vas a emplear para mejorar tanto tu vida como la de los demás? Ten la firme intención de borrar cualquier rastro de las malas relaciones pasadas con el dinero. Tu nuevo camino debe incluir un plan para pagar cualquier deuda que hayas acumulado (el ritual de los frascos que describiremos en este capítulo será útil para eso).

4. Haz espacio en tu vida para el dinero que aún no llega, pero que sabes que pronto puede aparecer. Con ayuda de un libro de contabilidad o *software* financiero, crea cuentas separadas para cada una de las diferentes partes de tu vida: donaciones, adquisiciones a largo plazo (casa, coche, electrodomésticos, etcétera), educación, libertad financiera (inversiones), diversión y, obvio, la cuenta para tus necesidades.

5. Contrata a un consultor de *feng shui* (o incluso una tradición más antigua, para dejar que la energía positiva fluya en tu casa, como el *Sthapatya Veda* hindú, también conocido como *vastu shastra*). Arregla tu espació para que pueda apoyar la idea de atraer más dinero a tu vida. De ser posible, haz lo mismo en tu zona de trabajo.

6. No te quedes encerrado en casa. Reúnete con amigos que disfrutes y que sean buenos con el dinero. Sal con ellos, haz cosas por ellos, encuentra la manera de apoyarlos para que estén felices de tenerte cerca. Hay mucha verdad en el dicho: "El que con lobos anda a aullar aprende."

7. Al igual que el billonario británico Richard Branson, hazte el propósito de traer contigo un cuaderno de notas o un *Ipad*. Cada que tengas una idea brillante anótala de inmediato para

darle seguimiento después. Hacer una grabación también ayuda a imprimir tu idea y dejar clara tu intención antes de que se desvanezca.

8. Otro *tip* de Branson: Deja momentos específicos en tu semana para aprender sobre áreas que te gustan y apasionan. Márcalos en tu calendario y hazlos primordiales, incluso si se genera un conflicto con otro compromiso. Ésta es una manera de honrar el tiempo que dedicas a tu propia felicidad y desarrollo. Visualiza tu camino hacia el éxito.

Dan Jensen era el velocista favorito para ganar la medalla de oro en patinaje sobre hielo en los Juegos Olímpicos de Invierno de 1988 en Calagary. Su hermana murió de leucemia justo antes de la carrera final. Terminó resbalando y la fotografía de él sentado en el hielo con la cabeza entre las manos se volvió una imagen perdurable de tristeza y desesperación.

Cuando regresó a entrenar, un elemento clave fue darse tiempo para sentarse en una silla especial dentro del cuarto designado a sus medallas, trofeos y fotos que representaban todo lo que había alcanzado con tanto esfuerzo. También había imágenes y símbolos de lo que quería alcanzar en el futuro. Jansen pasó bastante tiempo en esa habitación visualizando sus futuras carreras, imaginando cualquier situación inesperada y practicando de forma mental cómo la manejaría.

En los Juegos de Invierno de 1994 en Lillehammer, Noruega, obtuvo la medalla de oro en los mil metros y rompió el récord. Es curioso, siempre fue el favorito para triunfar en la carrera de quinientos metros y nunca en la de mil. Pero a través de sus rituales perdió la aversión a las largas distancias. Al final, ganó esa carrera. Por eso en *Descubre el secreto* decimos que te mantengas abierto a lo que va surgiendo en la vida, porque es posible que aquello que te apasiona no aparezca en la forma que esperabas.

Visión: nivel mental

Una gran visión inspira a otras personas. Ofrece un mapa, te dice a cuál ruta ponerle atención y un "porqué" para todo el trabajo duro que haces. Friedrich Nietzsche dijo: "Quien tiene algo por qué vivir, es capaz de soportar cualquier cómo." Algo que te ayudará a seguir cuando las cosas se pongan difíciles es lo que Stephen Covey describe como iniciar con el final en la mente. Un buen ejemplo es la fundación de *FedEx*. La llave de su éxito fue la visión de que una compañía capaz de competir con la oficina postal de Estados Unidos en entrega de paquetería, debía tener una flota aérea conectada a nivel nacional, un procedimiento rápido para crear las rutas de entrega, un núcleo central, y un alcance a cualquier ciudad o pueblo de América. Si no hubieran tomado en cuenta este último punto, *FedEx* no existiría.

La motivación convoca dos cosas que no son fáciles de combinar: dónde estás parado el día de hoy y a dónde llegarás al final del proceso. Es por eso que recomendamos un ritual anual donde escribas o grabes tu "discurso de cumpleaños número cien."

PRÁCTICA RITUAL
Tu discurso de cumpleaños número cien

Visualiza que estás en la fiesta de tu centésimo cumpleaños, rodeado de las personas que amas. Alguien muy cercano a ti está dando un discurso donde remarca todas las cosas buenas que has hecho en tu larga existencia y el legado que has dejado. ¿Qué diría? Imagina el resumen ideal de tu vida y escríbelo.

Una vez que aclares cómo sería el resultado final, toma el proyecto que está frente a ti en este momento y haz un plan a cinco años tan detallado como te sea posible (es muy buena idea tener ayuda en esta fase, pues pocas personas pueden pensar en todas las cosas que tal vez surjan, incluidas aquellas que pueden salir mal). Cada año actualiza tu discurso de cumpleaños número cien y tu plan a cinco años (o con más frecuencia si los resultados son muy diferentes del plan). Si de manera constante haces que coincidan lo ideal y lo actual, estas poniendo en práctica tu visión.

Aquí hay unos principios que te ayudarán:

La realidad siempre tiene la razón, pero deja un espacio para que tú también puedas tenerla.

Las visiones deben cambiar de acuerdo con las circunstancias.

Los obstáculos son letreros que apuntan hacia las cosas que requieren más trabajo.

Siempre es mejor la inspiración que la motivación, porque la motivación tiene fecha de caducidad. Algunas veces muy corta.

Necesitas recompensar y celebrar el trabajo duro y la determinación. Si no lo haces éstos se secaran y se harán aburridos.

PRÁCTICA RITUAL
Recompensa tu visión

Una de las cosas más importantes que debes hacer en tu camino hacia la abundancia financiera es tener incentivos y recompensas bien definidos, tanto para ti como para tu equipo. Pon objetivos mensuales, trimestrales y anuales. Especifica diferentes categorías para tus ingresos totales, salario neto y ahorros.

Ahora establece recompensas para cada objetivo que alcances. Claro que los premios anuales deben ser los más grandes, pero los mensuales también deben valer la pena. Haz la recompensa más significativa para aquellos logros que fueron los más difíciles de alcanzar. Cuando premies a otros, la imaginación cuenta. Usando su propio amor por las competencias como emblema, Mary Kay creó recompensas especiales para sus mejores consultoras. El Cadillac pintado de rosa (para ir de acuerdo con la línea de cosméticos) y los abejorros (por su simbolismo) se volvieron estímulos innovadores que se incorporaron a los rituales corporativos. Además reforzaron la idea de que Mary Kay era una compañía creada para ser más una familia que una corporación.

Celebra un ritual al inicio de cada mes. Puede ser siempre el primer sábado. Revisa los objetivos del mes anterior, entonces haz premiaciones por el éxito obtenido. Consiéntete de manera especial, haz algo que por lo general no te permitirías, como un tratamiento de masaje o un boleto para un juego de futbol.

La mejor forma de beneficiarte del ritual de recompensas es encontrar un amigo, o mejor aún, un grupo de amigos que quieran unirse a ti. Ya sea que quieras compartir tus finanzas con cada uno de ellos o no, puedes tener la responsabilidad de revisar los libros de balance cada mes y regálense algo por cada objetivo cumplido. De esta manera tu visión se vuelve tangible paso a paso, con un orgullo y confianza crecientes.

Aceptar los cambios: nivel de energía

La única constante en la vida es el cambio. Los sucesos se presentan de manera diferente a lo que esperamos. Las personas que han acumulado y mantenido grandes fortunas fueron capaces de lidiar con lo impredecible. Su respuesta al cambio los llevó hacia delante, por el contrario, a mucha gente los sucesos inesperados pueden paralizarla. Descansa tranquilo, cada acercamiento al éxito encontrará conmociones y sorpresas en el camino. Incluso obstáculos devastadores de manera potencial pueden ser parte de él. Todo depende de si los ves como una debilidad o no. Richard Branson, Charles Schwab, Henry Ford, Tom Cruise y Whoopi Goldber tenían dislexia, pero esto no les impidió llegar a la cima.

Encontrarse con obstáculos es inevitable. No son señales de que no estás destinado a ser exitoso. No significan que vas a fracasar. Están ahí para ayudarte a determinar qué tan comprometido estás con tu visión. Cuando no pueden vencerte, entonces son parte de tu diseño de vida. La belleza de saber que tienes un diseño esperando a ser descubierto es que puedes ver los obstáculos como pistas en el juego de la búsqueda del tesoro. Los mejores juegos son complicados. Un poco de la diversión es encontrar la siguiente pista bajo una piedra llena de tierra o enterrada en el lodo. La tierra y el lodo no son atractivos por sí solos, pero si tienes certeza de que un premio aguarda al final del juego, se vuelve divertido. Parte del placer de alcanzar tu meta es voltear atrás y ver las pruebas que tuviste que superar para llegar ahí.

A través del camino, la clave es tu habilidad para descubrir de qué manera cada obstáculo y reto te servirán y harán tu visión más gratificante. Para ayudarte hemos creado el ritual "Descubre el regalo", éste lo puedes usar como una herramienta poderosa para cambiar la manera en que respondes a los cambios y los giros inesperados de la vida.

PRÁCTICA RITUAL
Descubre el regalo

Cada momento de tu vida está lleno de regalos. Aun así, cuando algo malo sucede, es difícil encontrar el regalo escondido en el aparente desastre. Para saber que, de hecho, tus mayores logros pueden venir en los zapatos de tus mayores catástrofes, empieza a practicar el ritual descubre el regalo antes de que llegue la crisis.

Inicia con gratitud. Tómate diez minutos al final de cada día para escribir cinco o diez cosas por las que te sientes agradecido y también escribe *por qué*. Al preguntarte esto pasarás a un nivel más profundo, y tu gratitud tendrá un contenido emocional más fuerte. Éste es el ingrediente que hace un ritual efectivo en lugar de uno vacío.

Una vez que estableces la gratitud como un ritual en tu vida estás listo para descubrir el regalo. Mientras anotas las cosas por las que estás agradecido, añade una o dos que fueron en realidad difíciles durante el día. Toma un momento para pensar sobre los beneficios que tuvo cada desafío. ¿Cómo te ayudó a ver las cosas desde diferente perspectiva, o a tener mayor claridad sobre lo que estabas haciendo? ¿Manejaste mejor a una persona o situación difícil? ¿Estuviste más controlado? ¿Encontraste una solución inesperada al problema?

Éstos son regalos que llegan envueltos con obstáculos y resistencias. Y no se dejan ver a menos que los busques y les pongas atención, de otra manera un mal día sigue siendo un mal día. Una vez que tengas la satisfacción de ver el lado positivo de las cosas, la nube gris se irá.

Al hacer tu lista de los regalos que vienen incluso con las partes más desafiantes de tu vida, notarás que cambia tu perspectiva. No habrá nada que temer cuando los obstáculos se atraviesen en tu camino, pues sabes que siempre habrá un regalo esperándote.

Medir los resultados: nivel de la forma material

Éste es el momento "de la verdad". Las personas ricas usan el dinero como medidor de su éxito, siempre y cuando tenga un valor más allá de lo material. Detrás de los puros números, ofrecer un beneficio extra en los negocios te permite hacer felices a los clientes, dar seguridad social a los trabajadores y nombramientos a los gerentes. En cualquier peldaño de tus ingresos, cada que recibes dinero, ya sea tu salario como empleado o las compras de tus clientes, es una indicación de que estás ofreciendo algo que los demás consideran valioso.

La riqueza autosuficiente ocurre cuando el valor que ofreces es mayor al que la gente paga. Ya sea una muestra de pasta de dientes, el cuidado extra para construir un automóvil totalmente confiable, hacer tu trabajo de forma extraordinaria, agregar valor es el secreto. Aquí es donde entra en juego la vieja frase "cuesta poco y vale mucho". Cuando lo que entregas es mejor que lo que ofreces, la gente regresará una y otra vez. Ya sea como clientes o colaboradores, te promoverán de boca en boca (una publicidad gratuita es mejor que cualquier campaña publicitaria) y tus ingresos seguirán creciendo.

Aquellos que han creado sus propias riquezas revisan sus resultados financieros muy de cerca, aun cuando son decepcionantes. Las mediciones objetivas te dirán:

1. Si ofreces algo que los demás consideran valioso.
2. Qué tan efectivo eres para satisfacer las necesidades de los demás.
3. Qué necesitas para ser aún más efectivo.

El propósito común que todos compartimos, la piedra clave en cualquier diseño de vida, es estar al servicio de las personas que nos rodean. Esto resuelve el dilema de cuánto dinero quedarte y cuándo donar, qué tanto es egoísmo y qué tanto altruismo. No son lo opuesto. Se encuentran en el nivel de valor. Cuando el valor real y el que percibes coinciden, satisfaces las necesidades de los demás. Al mismo tiempo, esta alineación es la clave para crear tu riqueza personal.

Tu propio valor está en tu interior. Esta pegado a tus pasiones (las cosas que más quieres y te importan), tus talentos (aquello que haces bien de manera natural) y tus habilidades (todo lo que has aprendido a ejecutar bien). Cuando combinas estos tres para complacer las necesidades de los demás, tienes las bases de una vida confortable y satisfactoria. Medir los resultados te permite ver qué tan bueno eres en conocer esas necesidades.

Pero si quieres cambiar tu situación financiera actual, evaluar no es suficiente. Necesitas tomar acciones basándote en los resultados. Adapta o cambia la estrategia si no tienes el efecto deseado. Es igual de importante que utilices el dinero que generas. Si deseas crear riqueza, tal vez debas cambiar algunas viejas ideas del pasado.

En este punto conectamos el flujo del dinero desde su origen casi imperceptible a su expresión material final. Tu diseño de vida se relaciona con los cinco niveles.

La historia de Michelle

Las historias de personas que se han vuelto millonarias son inspiradoras pero, ¿qué hace la diferencia entre alguien que aprovecha unos cuantos miles de dólares para hacer una fortuna y alguien que los despilfarra en un viaje a Las Vegas? Una de las maneras de iniciar es usar un ritual simple para incrementar tus finanzas actuales, como lo hizo Michelle, pagó rápido con grandes dividendos.

Michelle creció en una casa muy confortable dentro de una familia de clase media, pero no entendía a sus padres. Su mamá siempre recortaba cupones; su papá odiaba deshacerse de un centavo. ¿Por qué ellos siempre escatimaban? Eran ahorradores hasta el punto de ser ordinarios. No tenía sentido, y cuando Michelle creció, acertó en comprar las cosas que quería. Todas valían la pena. Lo malo fue que una y otra vez se encontraba casi sin dinero. Sobregiró sus tarjetas de crédito, entonces pidió a sus padres un préstamo para salir del apuro. Cuando sus tarjetas estaban al límite, la deuda con sus papás había crecido a más de cuatrocientos mil dólares y estaba balanceándose en los límites de la bancarrota. Michelle decidió ir a uno de los seminarios financieros de T. Harv Eker, pues sabía que necesitaba ayuda.

Eker la introdujo al ritual de los frascos. Esta simple práctica divide tus ingresos en seis categorías o frascos:

1. Necesidades: dinero para renta, coche, seguro, comida, y otros gastos básicos. Eker sugiere que tengas como meta limitar estas necesidades al cincuenta por ciento de tus ingresos totales.
2. Donaciones: dinero para apoyar obras de caridad.
3. Adquisiciones a largo plazo: dinero para comprar un coche, una casa, una lavaplatos, una computadora u otro gasto pesado, así no tendrás que pedir prestado.
4. Educación: dinero para incrementar tu habilidad de ser efectivo y exitoso.
5. Cuenta de libertad financiera: dinero para inversiones o para incrementar tu riqueza.
6. Diversión: dinero para hacer que el resto valga la pena.

Pero Michelle tenía un problema, no tenía dinero extra. ¿Cómo iba a dividir el dinero entre todos esos frascos? Se dio cuenta de que el propósito de hacer el ritual es ser consciente de la manera en que gastas tu dinero, así que inició con diez dólares. Puso un dólar en cada frasco y cinco en el de necesidades. Hizo esto cada mes, apartó diez dólares para dividirlos. Después de un tiempo se dio cuenta de que no iba a lograr mucho con esta cantidad, así que decidió aumentar al doble. El siguiente mes puso veinte dólares, un incremento mínimo, pero que significaba un progreso.

Y así se fue, de veinte dólares a cuarenta, luego a ochenta. El ritual la enganchó, y de repente ya estaba dividiendo treinta mil dólares; en este punto Michelle tuvo que abrir seis cuentas bancarias que remplazaron los frascos en su cocina, pero siguió con el mismo propósito de dividir su dinero cada mes. Dice que este ritual no sólo le ayudó a separar el dinero para las cosas que necesitaba y deseaba, también la obligó a volverse más creativa y a concentrarse en cómo aumentar sus ganancias, que ya eran bastantes. Vivir dentro de los límites era imposible cuando su ideal era gastar todo lo que quisiera. Gracias al ritual, esto se volvió una fuente de inventiva y orgullo. Estaba muy feliz de pagar sus deudas con los fondos de su cuenta de libertad financiera.

Éste es un ejemplo de como un simple ritual sacó a alguien de los límites de la bancarrota. En menos de dos años Michelle pagó todas sus deudas, incluidos los cuatrocientos mil que pidió prestados a sus "avaros" padres. Ninguna libertad fue tan dulce como la financiera, una vez que la alcanzó, todo gracias a sus esfuerzos. Además de escapar de las deudas, siguió ahorrando dinero suficiente en ese frasco para dar su primer paso y comprar un inmueble. De una propiedad, compró otra, y de repente ya tenía casi una docena de propiedades rentables. La antigua Michelle hubiera corrido salvaje al tener tanto dinero, pero la nueva Michelle se mantuvo en el ritual de los frascos, dividiendo de manera rigurosa el dinero en los seis compartimentos.

Hoy Michelle tiene libertad financiera. Viaja por el mundo, hace lo que quiere, y sigue sus pasión: ayudar a personas con problemas financieros que se encuentran en la misma posición donde ella inició.

PRÁCTICA RITUAL
El ritual de los frascos

Recapitulemos esta poderosa y efectiva manera de cambiar la relación con tus ingresos y gastos. La mente no puede trabajar bien con situaciones no concluidas, prefiere saber por adelantado cómo tomar una decisión. Tal vez parezca que arrojar el dinero por ahí es liberador; pero la mayoría del tiempo, en realidad, es caótico. El dinero está asociado con las tres cosas que necesitas tener bien organizadas en tu vida: tiempo, energía y mente. También está asociado con los obstáculos que existen en estas tres áreas: perder el tiempo, gastar tu energía, y caer preso de pensamientos compulsivos. (Alguien adicto a las compras actúa pensando de forma compulsiva, mientras que, en el otro extremo, acaparadores y tacaños son compulsivos sobre gastar lo menos posible.)

Consigue seis grandes frascos y etiquétalos tal como Michelle lo hizo.

1. Necesidades
2. Adquisiciones a largo plazo
3. Donaciones
4. Educación
5. Libertad financiara
6. Diversión

Cada vez que te paguen determina cuánto quieres usar para el ritual. Divide esa cantidad entre seis. Pon el cincuenta por ciento en el frasco de necesidades y divide el resto en las otras cinco. Cuando las cuentas sean tan grandes que se vuelva difícil almacenarlas en frascos, abre seis cuentas bancarias. Pero mantén los frascos y pon dentro de cada uno de ellos los estados de cuenta mensuales junto con los comprobantes de depósitos.

El diezmo. Parte del ritual de los frascos es separar fondos para donaciones. Es uno de los rituales más viejos de la tierra, dar una parte de lo que recibes para apoyar algo más grande que tú. Nuestro amigo Robert Allen, escribió dos libros que estuvieron en primer lugar en la lista de *bestsellers* del *New York Times: Creating wealth (Crear riqueza)* y *Múltiples fuentes de ingreso*. Cuando habló acerca de los billonarios de la Época de Oro como John D. Rockefeller Jr, escribió: "Muchos… veían su dinero como una especie de mayordomía espiritual. La mayoría de ellos creía que Dios se los había dado. Como cada dólar recibido era un regalo de Dios, estaban contentos de regresar el diez por ciento. Si te doy un dólar ¿Me regresarías diez centavos?"

Si no te sientes bien de donar diez por ciento de tus ingresos inicia con el uno por ciento y poco a poco incrementa esa cuenta. De esa manera, al final de tu vida, tal vez seas como Warren Buffet ¡capaz de donar el noventa y nueve por ciento!

Por cierto, Chris enseño a Sophie, su hija de seis años, a usar el ritual de los frascos, y tal vez quieras intentarlo con tus propios hijos. Él hizo un simple contrato escrito con Sophie donde remarca las tareas que acordaron que la niña puede hacer para ayudar a la familia y las compensaciones que recibirá por hacer cada una de esas tareas. Entonces, cada semana se sientan juntos, ella pone el cincuenta por ciento de su dinero en el frasco de necesidades y divide el resto entre los otros cinco. Cada uno tiene su hoja de cuentas con la fecha, de quién vino el dinero, el monto depositado o retirado del frasco y el balance. Sophie está aprendiendo no sólo a manejar su dinero, también a escribir números, letras, sumar y restar, todo a través del simple ritual de los frascos.

Tal vez iniciaste leyendo este capítulo preguntándote cuánto dinero podría ser influido y alentado por los rituales. Ahora esperamos que veas lo valioso que es ligar ambos. Pero hay mucho más que explorar en esta área. Existen muchos conocimientos sobre los rituales para crear prosperidad en las culturas antiguas alrededor del mundo. Hemos reunido los más interesantes y divertidos en www.thehiddenriches.com/wealth.

Los rituales ceremoniales y las estaciones de la vida

Cada cosa hermosa, una flor,
la canción de un pájaro, despierta en nuestra
alma la memoria de nuestro origen.
Aprender a escuchar la voz de las cosas hermosas,
nos hará entender la voz de nuestra alma.
Los Derviches Mevleví

Es momento de expandir nuestro concepto de los rituales de una manera dramática en cuanto a alcance y escala. Hay un vasto territorio por explorar. En el pasado, sociedades y culturas enteras determinaban su destino a través de ceremonias religiosas y míticas. Se acogía a la naturaleza por completo y se empleaban las fuerzas primordiales de la mente. Todas las culturas ancestrales llevaban a cabo ciertos rituales, pero en la sociedad moderna se han perdido en gran medida. Ahora es momento de aprender cómo recuperar los sentimientos de conexión, paz e integridad que se perdieron en el camino

Para ayudarnos a comprender el poder real de los rituales, podemos separarlos en dos categorías: los sencillos rituales de la vida diaria (de los que hemos hablado hasta ahora) y los rituales ceremoniales más elaborados. Los cotidianos se mezclan con tus rutinas y hábitos actuales. Las ceremonias son más formales y por lo general, la gente moderna los asocia con sucesos especiales como bodas, bautizos o graduaciones.

Los rituales ceremoniales permean todas las religiones actuales. Antes de ellas había otras incluso más antiguas que pretendían alterar las fuerzas de la naturaleza, como los rituales de la fertilidad para la primavera, que se hacían para tranquilizar a los dioses y persuadirlos de traer lluvia y abundancia en las cosechas. Hoy en día, la mayoría de la gente considera estos actos como supersticiones. En todo caso, siendo muy generosos, los consideraríamos como artefactos culturales o parte de la ingenuidad de la religión. Nosotros creemos que algo mucho más profundo estaba en juego.

Los rituales ceremoniales despiertan lo sagrado; crean espacios mágicos. Marcan los momentos especiales del año y reconocen el ritmo orgánico de la naturaleza. La vida moderna no depende de la salida y la puesta del sol, pero estos ritmos naturales de la vida nos afectan de todas formas.

Aunque las culturas cambian a lo largo del tiempo, los ritmos de la naturaleza no. Los rituales permiten crear una cadencia en tu propia vida que refleje la naturaleza, que esté en armonía con ella y se beneficie de sus ciclos.

También crean un sentido de lo sagrado en tu existencia. ¿Cómo sería tu vida si te asumieras a ti mismo como algo sagrado? En resumen, es la conclusión de tu diseño de vida. En su centro trascendente, el modelo oculto va más allá del mundo material. Los rituales ceremoniales, cuando son en verdad poderosos, abren las cuatro puertas del diseño de vida. Por eso hay que tener el pensamiento preparado y expandido, incluso en esta etapa, donde las ceremonias casi no desempeñan un papel en tu vida. ¿Qué tipo de experiencias te gustaría obtener de un ritual ceremonial? Aquí tenemos un sencillo inventario que mide el crecimiento que te espera.

Las recompensas de los rituales ceremoniales

Reserva un momento para marcar sí o no junto a cada afirmación según se aplique a tu vida. Cuando hayas terminado, te diremos qué hacer.

Sí	No	
Sí	No	Siento amor por mí mismo.
Sí	No	He sentido una presencia espiritual que no puedo explicar en realidad, sólo sé que estaba ahí.
Sí	No	He vivido coincidencias o sincronías sorprendentes.
Sí	No	Siento que alguien me está cuidando y protegiendo.
Sí	No	He sentido un poder superior de guía en mi vida.
Sí	No	Me han sucedido cosas malas, que al final resultaron ser bendiciones.
Sí	No	He tenido una racha mística.
Sí	No	Creo que los milagros son reales.
Sí	No	Creo en los ángeles.
Sí	No	Creo que las habilidades paranormales pueden ser más comunes de lo que pensamos.
Sí	No	Creo en Dios o en un poder superior.
Sí	No	Creo que hay santos entre nosotros, a pesar de que pasen inadvertidos y sin ser reconocidos.

Cada afirmación es un resultado de que los rituales ceremoniales están hechos para crear, como lo han hecho por siglos. Te invitamos a usar tus respuestas como una guía para el tipo de ritual en el que quieres participar. Las respuestas que diste también son útiles para mantenerte honesto y realista. Si llevas a cabo un ritual ceremonial y no hay resultados, o al menos no los que deseabas, sigue adelante hasta encontrar el correcto. Una novia no se sentirá amada de manera automática sólo porque tuvo una ceremonia de bodas muy elaborada y costosa. Nadie puede estar seguro de que Dios está presente en cada misa en la iglesia. Busca, va más allá de eso. Sentirse amado y sentir la presencia de Dios son experiencias reales; puedes tenerlas si tu intención es constante y confías en el proceso de descubrir tu diseño de vida.

La historia de Leymah

No hay lugar en la tierra más caótico que Liberia, una nación al oeste de África. En su origen, fue fundada por antiguos esclavos norteamericanos que buscaban una nueva patria para tener libertad. Los enfrentamientos empezaron en 1989 entre el régimen represor y los rebeldes enfurecidos que llevaron la violencia y brutalidad a niveles extremos. La guerra civil sembró el caos, mató a doscientos cincuenta mil personas y dejó sin hogar a un tercio de la población. Mientras tanto, el setenta y cinco por ciento de la infraestructura del país, incluyendo carreteras y hospitales, estaba destruida. Sería justo decir que la culpa fue de ambos lados al permitir que se derramara tanta sangre. El mundo en general se alejó del problema, mientras las peleas seguían demoliendo a la gente de Liberia.

A veces, las crisis que sacan lo peor de la naturaleza humana, al final pueden desencadenar lo mejor. Eso pasó con una chica de diecisiete años, Leymah Gbowee. Estaba rodeada de una catástrofe de dimensiones desgarradoras, y aun así, paso a paso, provocó que toda una nación se encaminara hacia la paz. Todo empezó con la violencia física y psicológica por parte del padre de sus dos hijos. Leymah pudo haber soportado la peor parte del abuso en silencio, pero en vez de eso, recurrió a un programa de UNICEF para minimizar los efectos del trauma. Esto la llevó a confrontar sus propias heridas. Desde ese momento, Leymah se dedicó a ayudar a otras mujeres que habían sido victimizadas.

La trasladaron a la capital, Monrovia, en donde los programas de la iglesia eran la fuerza más importante para promover la paz en el país. Surgió un movimiento constituido por mujeres y se reconoció a Leymah como una líder activista.

Conforme crecía el movimiento, las mujeres se juntaron a rezar, y en cierto momento se pusieron a cantar por la paz en un mercado local de pescado. Para alguien de fuera, esto parecería como una acción inútil, pero a las mujeres les proporcionaba una conexión directa con la gente.

Leymah sabía que se necesitaba más atención pública. Así que encabezó una protesta que consistía en sentar a cientos de mujeres vestidas de blanco en un estadio de futbol para manifestar su deseo de paz. Se anunció una "huelga de sexo" que duró por varios meses y obtuvo amplia atención de los medios. Las mujeres repartían panfletos que decían "¡Estamos cansadas! ¡Estamos cansadas de que maten a nuestros hijos! ¡Estamos cansadas de que nos violen! Mujeres, ¡despierten, tienen voz en el proceso por la paz!" El mensaje se distribuyó tanto en iglesias cristianas como en mezquitas musulmanas. Charles Taylor, el presidente de Liberia, pasaba en su auto por el estadio de futbol todos los días y en poco tiempo se sintió forzado a dar una respuesta.

Para responder a la presión de las mujeres, se organizó una conferencia de paz en Ghana entre el gobierno y los rebeldes en el verano de 2003, después de catorce años de guerra.

Leymah y docenas de seguidores también asistieron. Cuando terminaron las conferencias, marcharon al hotel donde se llevaban a cabo las negociaciones, y se sentaron frente a la puerta de vidrio que llevaba al cuarto de juntas donde estaban las partes en disputa. Entrelazaron sus brazos para impedir que los hombres de la sala pudieran salir hasta que se llegara a un acuerdo de paz y sostuvieron letreros que decían, "Carniceros y asesinos del pueblo de Liberia: ¡Deténganse!"

Cuando al fin se llegó a un acuerdo de paz, Leymah Gbowee fue recibida en casa como una heroína nacional, y en 2005 el movimiento de mujeres ayudó a guiar a Liberia hacia las elecciones democráticas, en las que ganó otra líder del movimiento de paz de mujeres, Ellen Johnson Sirleaf. En 2011, Leymah, Sirleaf y otra mujer más, Tawakkol Karman, recibieron el Premio Nobel de la Paz por sus increíbles logros. Como podemos ver, los rituales desempeñaron un papel importante en ponerle fin a la guerra en Liberia, a través de oraciones, cantos en grupo, protestas pacíficas y otras acciones que se unen por la misma esencia del ritual: la intención consciente. El propósito de terminar las matanzas conllevó a toda una organización de posibles actividades. En especial, hay un ritual muy conmovedor. Un día Gbowee contempló el paisaje devastado a lo largo de su país y se dio cuenta del enorme costo de la violencia esparcida. Escribió:

Una generación completa de hombres no tenían idea de quiénes eran si no tenían una pistola en las manos. Varias generaciones de mujeres habían quedado viudas, habían sido violadas, habían visto a sus hijas y madres ser violadas, y a sus hijos matar y morir. Los vecinos se ponían en contra de sus vecinos; los jóvenes perdían la esperanza, y los viejos perdían todo lo que

habían ganado con tanto esfuerzo y dolor. Para cualquier persona, estábamos traumados.

Leymha sabía que la paz nunca duraría hasta que no fuera posible reconciliar a las víctimas con los infractores. Así que recurrió al poder del ritual. Después de los acuerdos de paz, grupos
de mujeres fueron a los pueblos y ciudades alrededor del país.
Explicaron el programa de desarme que estaban haciendo y reunieron a los hombres (niños, jóvenes y adultos) con sus pistolas
para llevarlos a las estaciones en donde se entregaban las armas.
Esperaron por horas en las filas con los ex combatientes, y cuando entregaron las armas, las mujeres empezaron un ritual que
se hacía para los antiguos soldados, sus comandantes y señores
de guerra que habían encabezado las luchas. Bañaron de manera simbólica a estos asesinos, violadores y saqueadores para
limpiarlos de sus acciones pasadas.

Lo más importante fue que los perdonaron. Estas mujeres,
que habían soportado atrocidad tras atrocidad, abrieron sus
corazones y les dieron la bienvenida a los hombres de vuelta a
la sociedad de Liberia. El ritual fue inspirado por la noción de
"justicia restauradora", la cual genera orden a partir del caos
por medio de actos de reconciliación mutua. Leymah y las
otras mujeres activistas reconocieron que su país no podría
volver a estar completo hasta que sus hijos estuvieran enteros
de nuevo.

Aunque no utiliza el vocabulario del diseño de vida, a
Leymah la guiaba un nivel más profundo de su conciencia para
encontrar su misión de vida. Su propio vocabulario era religioso. En 1997 tuvo un sueño en el que Dios le decía que juntara
a las mujeres de Liberia y comenzaran a orar. Eso resultó ser un

momento detonante, y durante los siguientes años, su visión estaba siempre enfocada en Dios como una fuente y guía trascendental.

Podría haber sido Jesús, Alá o Buda, pero no hay forma de efectuar un cambio en las vidas de la gente si no hay alguien con quien contar como el "interventor divino", o "el divino", al que puedas recurrir todos los días.

Es fácil buscar el castigo divino. Es fácil seguir la venganza. Lo difícil es poner a un lado el daño que te han hecho y escoger el perdón. Las mujeres de Liberia funcionan como un modelo a seguir para cada uno de nosotros. ¿Qué podemos crear cuando entramos a un nivel más alto de vida, como hicieron ellas, y demostramos el poder del amor, el perdón y la compasión?

Cómo funcionan los rituales ceremoniales

Los rituales, cuando traen sanación, logran lo mismo que la terapia, pero existen diferencias importantes. La primera es que los rituales ceremoniales se llevan a cabo con la intención de unir con las fuerzas que no puedes ver. Conectan a mujeres y hombres ordinarios con figuras arquetípicas, ya sea una guía chamánica en forma de animal o la diosa de la luna. En todas sus formas, estos rituales son acciones que permiten que una persona vaya más allá de la individualidad diaria. Una mujer puede percibirse a sí misma como una diosa sin ser una estrella de cine. En cambio, se está dirigiendo hacia los niveles más profundos de su diseño de vida, en donde la energía vital que sostiene la existencia de todo, tiene una fuente universal. Un hombre puede ser el héroe de una misión, aunque sólo parezca un pasajero común que lee la sección de deportes en el metro. Alinearse con el diseño de vida de cada quién es la base de todos los retos de la historia.

Los héroes míticos, hombres o mujeres, son símbolos de la aventura de encontrar quién eres en realidad.

Existen siete elementos comunes a todos los rituales ceremoniales que crean este efecto. Los mencionaremos de forma breve antes de hablar sobre cómo pueden integrarse en las ceremonias que creas para ti mismo.

Intención. Nos hemos reunido para participar en un rito especial cuyo propósito nos une a todos, así como la misa mayor crea el cuerpo simbólico de Cristo o el Bar Mitzvah da la bienvenida al niño de trece años dentro de la comunidad de judíos adultos. La intención la pueden mantener los integrantes o puede crearse a través del sacerdote, la persona mayor o el erudito que realice la ceremonia.

Este elemento ayuda a proporcionar el sentido de un propósito en común.

Preparación y purificación. Para tener una experiencia profunda en un momento sagrado, el cuerpo debe estar limpio y puro. El baño ritual se hace con frecuencia, pero también existen ritos de purificación mental, como cuando un sacerdote católico se pone sus vestimentas y bendice los implementos de la Sagrada Comunión.

Este elemento quita los obstáculos que de otra manera podrían impedir la conexión con el centro trascendente de tu diseño de vida.

Simbolismo. Muchos rituales buscan más allá del mundo material y se adentran al hogar invisible de los difuntos ancestros o a Dios. Para darles una forma visible, se usan símbolos como la cruz o la estrella de David. Pero muchos tipos de remembranzas, desde un vestido blanco de novia a la reliquia de un santo, cumplen con el mismo propósito: recordar a los participantes el significado profundo que yace detrás de los objetos de la ceremonia.

Este elemento abre una puerta a la dimensión sutil de la ceremonia, la parte que se refiere a las cosas que no se ven.

Activar los sentidos. Las ceremonias crean sus propias visiones, sonidos, olores, como notaría cualquier persona que haya participado en procesiones religiosas que están repletas de incienso, música y vestimentas brillantes. Los cinco sentidos están inmersos por completo y la atmósfera es muy lejana a la de la vida diaria. (En la India y en México, por ejemplo, hay pueblos que parecen apagados e inhóspitos, pero en días de fiesta los habitantes desenvuelven sus sedas más finas, plumas, lentejuelas y muchos acompañamientos deslumbrantes.)

Este elemento compromete a los sentidos para que puedan aumentar la experiencia de una inmersión completa.

Prescripciones. Cada ritual está conformado por reglas formales sobre el momento en que se debe realizar una acción, hacia qué dirección voltear, cómo vestir, durante qué estación, etcétera. El orden preciso de cada paso es crucial si se busca que el ritual produzca un cierto efecto en particular. Nada es casual, y por lo general, la razón subyacente para cada paso se remonta a una conexión profunda con la naturaleza, los dioses o Dios. El ritual también está delimitando unas fronteras sagradas que no deben cruzarse.

Este elemento permite que la realización del ritual se vuelva automática, para que la mente pueda trascender el proceso de pensamiento.

Repetición. Hacer el mismo gesto y las mismas palabras una y otra vez crea un efecto tranquilizador y permite que la mente rebase la experiencia sensorial. A veces el líder, o todo el grupo, entran en un estado de trance en el cual van más allá de la percepción habitual de los sentidos. Pero además, la repetición permite que la mente profundice más. Es como estar inmerso en una alberca de agua fresca. Al salir, te sientes más ligero, más feliz y más en paz.

Este elemento permite que la gente se eleve sobre su ser cotidiano.

Invocación de fuerzas invisibles. Todas las ceremonias transforman un valor abstracto en algo físico. "La fertilidad" es un concepto abstracto, hasta que se utilizan semillas, tierra, agua y (a veces) sangre para representarlos de manera ritual. "La pureza" es abstracta hasta que se simboliza con el color blanco, así como la muerte con el negro. El ritual ceremonial proviene del hecho de reconocer que hay estratos de la realidad que van más allá de la experiencia sensorial. Tales rituales crean un vínculo entre lo conocido y lo desconocido. Al convocar un poder superior, recibes apoyo de la creatividad infinita y de la inteligencia que crea y mantiene la vida.

Este elemento sirve para abrirte a lo que no conoces y estar dispuesto a recibir ayuda de donde quiera que provenga.

Este séptimo elemento es el que genera más fascinación y mayor escepticismo entre la gente moderna. Por ejemplo, cuando alguien se encuentra en el camino espiritual y habla sobre "el pensamiento mágico", el término es positivo. Se refiere a una amplia variedad de fenómenos mentales especiales. Es maravilloso pensar que puedes alterar la realidad para producir resultados inesperados, comunicarte con alguien sin palabras o tener un deseo que se vuelva realidad.

PRÁCTICA RITUAL
Lugares de ceremonia

No es difícil encontrar un lugar para llevar a cabo los rituales ceremoniales. Aun cuando muchos de nosotros tenemos fuertes ataduras a una sociedad tradicional, todas las áreas del país tienen acceso a los rituales de esta índole.

Claramente, las iglesias son lugares de ritual, y puedes considerar participar en los servicios o grupos de oración. Aquí hay algunas otras sugerencias que son muy valiosas una vez que hayas decidido que el ritual ceremonial tiene algo que ofrecerte:

La recuperación y los grupos de apoyo: Empezando con Alcohólicos Anónimos, han surgido grupos de apoyo que se encargan del abuso de sustancias, la sobrealimentación, el trauma, el abuso doméstico y muchas otras áreas de aflicción. El modelo de AA está lleno de rituales, desde pararse y decir "Me llamo Joe, y soy un alcohólico", hasta la secuencia de los doce pasos para la recuperación. Considera si te beneficiaría el apoyo organizado de un grupo así, tomando en cuenta que están abiertos a la familia y a otras personas afectadas, además de la persona principal que busca la ayuda. No hay ningún estigma adherido al hecho de asistir a las reuniones de estos grupos, muchos de los cuales conservan el anonimato de cualquiera que pase por la puerta.

Grupos de hombres y mujeres: Contactar con tu identidad de género no era un tema de las generaciones pasadas, pero ahora sí. Debido a los altos índices de divorcio y a las familias en las que ambos padres trabajan, los hijos crecen con el sentimiento de que no aprendieron de sus padres a ser hombres, ni las niñas de sus madres a ser mujeres. Para reconectar con tu masculinidad o feminidad, encuentra un grupo local organizado que se centre en este tema. Muchos usan rituales que provienen de mitos o de tradiciones chamánicas de los indígenas. Mucha gente atestigua qué tan poderosa puede ser la unión en estos grupos, no sólo con los del mismo género, sino con tus raíces familiares, ancestros antiguos y con la tierra misma.

Grupos de meditación: Casi en todos lados hay un centro con tintes *zen*, budismo tibetano, yoga, *tai chi*, *qigong* u otras tradiciones de oriente que enseñan meditación y mantienen sesiones grupales. Para un grupo no sectario, recomendamos la técnica de meditación trascendental, cuyos múltiples centros abren sus puertas en la mañana y en la tarde. Te impresionará ver cómo funcionan, son como un oasis de calma y paz. Algunos de ellos, llamados "palacios de la paz", se han construido usando los rituales y tradiciones de la ciencia de construcción ancestral junto con la ley natural llamada *sthapatya veda*. Meditar en un grupo fortalece el efecto de lo que puedes lograr en casa. Ya hemos sugerido que esto se vuelva parte de tus rituales básicos de cada día. Si tienes suficiente tiempo, ser parte del grupo trae incluso mayores beneficios.

Retiros espirituales: Ya leíste sobre Marci, la mujer que hizo un descubrimiento que le cambió la vida cuando tuvo el valor de ir a un retiro de meditación que requería silencio por una semana (ver la página 85). Cada fe tiene su propio estilo de retiro, algunos se enfocan en la oración, otros en vincularse como una comunidad sagrada. También encontrarás que los monasterios locales, con frecuencia, tienen un compromiso con la comunidad que permite a la gente del mundo exterior entrar a experimentar lo que siente una orden religiosa comprometida. Los retiros budistas se conocen bien hoy en día, y entre las varias disciplinas de oriente también puedes escoger centros nacionales, como la Universidad de Naropa en Boulder, Colorado, o el Centro Kripalu de Yoga y Salud en Stockbridge, Massachusetts. La meditación trascendental (TM) ofrece cursos de meditación a nivel nacional y local que están abiertos a cualquiera que haya aprendido la técnica; es una invitación de por vida. Los retiros, como su nombre lo dice, te alejan de las distracciones de la vida diaria para que puedas sumergirte de forma más profunda en tu silencio interior, y al mismo tiempo, tener un acceso más claro a tu diseño de vida.

Cómo acercarse a los rituales ceremoniales

Los rituales ceremoniales están hechos para ponerte en un lugar donde lo magnífico se vuelve real. Ésta es un área en la que la experiencia personal es más importante que ninguna otra cosa. Es realista aferrarte a tu escepticismo porque vivimos en una época escéptica. Tanto el creer, como el no creer deben ponerse a prueba. Para evaluar el valor del ritual ceremonial en tu vida, considera unas sencillas pautas:

- La tradición importa. Aquellos rituales que han sobrevivido por siglos son los que tienen mayores posibilidades de contener verdad y poder.
- Términos como "místico" y "sobrenatural" están muy desgastados, así que trata de evitarlos. Un avión que se levanta del piso habría sido algo sobrenatural en la Edad Media. Mantente abierto a la noción de que lo natural se puede expandir más allá de lo que conocemos hoy.

- Cuando te encuentres con un maestro o grupo cuyos rituales te atraen, no te dejes impresionar por la superficie. Mira al grupo y pregúntate si estas personas han crecido en realidad y han aprendido de sus actividades. ¿En verdad demuestran las cualidades que prometen, tales como paz, una conexión con Dios, una naturaleza amorosa o dan señas de una conciencia más desarrollada?
- No aceptes el pensamiento en grupo. Los rituales ceremoniales se llevan a cabo por personas con un propósito en común, y esto se mezcla fácilmente con compartir creencias. Resiste esa presión. Juzga al grupo por cómo te beneficiaría. Deja que eso sea tu guía principal.

No te estamos motivando a que dudes de todo o, en el otro extremo, a que des crédito a todo lo que escuchas. De forma realista, todos tenemos una mezcla de fe y duda, esperanza y decepción, confianza y desconfianza dentro de nosotros. Conforme descubres tu diseño de vida, esa mezcla tenderá más hacia la fe y la confianza, puede empoderarte e inspirarte, habrá menos necesidad de duda, y con el tiempo, ninguna. Este cambio sucede de manera natural a través de tu propia experiencia personal.

La primera experiencia de Janet cuando aprendió a meditar reúne muchos de estos temas. A la edad de dieciocho años, en 1969, decidió aprender meditación trascendental, la técnica que introdujo la palabra "mantra" al idioma inglés. A cada persona le dieron un mantra personal de un maestro calificado. Janet asumió, como la mayoría de los occidentales, que recibir un mantra era una transacción sencilla que podía manejarse de forma tan rápida como obtener el número secreto para usar el cajero automático. Pero resultó que involucraba un ritual ceremonial.

Para preparase, su maestro le indicó que trajera unas flores, algo de fruta y un pañuelo blanco.

"No tuve ningún problema con llevar lo que Bob me solicitó", recuerda Janet. "Mi hermano había aprendido TM, así que sabía un poco sobre lo que iba a suceder. Se llamaba ceremonia de iniciación." Cuando llegó el día, Janet le entregó a Bob, su iniciador, las cosas que le había pedido.

"La palabra 'iniciación' sonaba tan exótica. Estaba tan emocionada como asustada. Asustada de que no funcionara, y emocionada de que sí."

Se dio cuenta de que Bob, a quién veía como un joven amigable que le había dado la plática introductoria sobre TM, estaba muy callado y reflexivo mientras empezaba la ceremonia de iniciación, al principio le pidió que sólo se sentara en silencio y observara.

"Observé cómo Bob cortaba los tallos de las flores y los acomodaba de manera cuidadosa, junto con mis manzanas y naranjas y un pañuelo blanco nuevo, en una bandeja dorada. Me dio la bandeja y juntos nos dirigimos al cuarto de instrucción. Ahí Bob organizó unas pequeñas tazas doradas con mucho cuidado en una mesa cubierta con un mantel blanco. Luego llenó las tacitas con agua, arroz y alcanfor. Después puso incienso y una vela en la mesa, junto con una foto de Guru Dev y me explicó que era el maestro hindú que había transmitido la técnica de la meditación trascendental."

El ritual ceremonial que procedió le rendía tributo al maestro. Presentaban arroz, agua, alcanfor y las cosas de Janet (la fruta, las flores y el pañuelo) como ofrendas de agradecimiento y respeto. Janet miraba fascinada.

"Era todo muy sencillo y muy dulce. Años después, yo misma me convertí en una maestra de TM y fui a la India, me di cuenta de que estas ceremonias eran una parte esencial de la vida diaria llamadas *puja*. En la manera en que me crié, la religión era para los domingos y el único lugar de devoción era nuestra iglesia. Pero la India ha sido un lugar espiritual por miles de años y todo el paisaje se considera sagrado. Hay rituales para las estaciones, las transiciones en la vida de una persona, y para todos los sucesos significativos. Las *pujas* se hacen en casa, en los templos, en el lugar de trabajo o de negocios, integran el ritual en todos los sucesos que quieras honrar y dedicar a lo divino."

Ella sabía un poco de esto porque lo aprendió el primer día de su TM. Recibió su mantra después de que Bob había terminado con la *puja*. "Me senté con los ojos cerrados, y seguí las instrucciones que se me daban sobre cómo meditar. Hice esto por un minuto o dos, así que me sentí muy sorprendida cuando Bob me dijo que en realidad llevaba meditando más de veinte minutos."

"Estás bromando", tartamudeé. "Nunca he podido cerrar los ojos por tanto tiempo y mucho menos disfrutarlo."

No necesitamos agregar que se convirtió en una meditadora de por vida. Su existencia cambió de manera profunda y permanente. Pero, ¿qué papel desempeñó la ceremonia en todo esto? ¿Por qué no entregar un mantra como un número secreto? La respuesta yace en diferentes niveles. A nivel mental, a veces ser parte de un ritual establece la seriedad para tu intención. Sientes que estás haciendo algo significativo. De manera emocional, como experimentó Janet, el lugar que se aparta para la ceremonia se siente como un lugar especial: es un oasis de paz y calma alejado de los apuros cotidianos. A nivel espiritual, un ritual ceremonial conecta a los participantes con el centro trascendente que yace en el corazón de su diseño de vida. Preferimos esta terminología a las frases religiosas como "conectarse con Dios" o "tocar el alma", pero para cualquiera que desee tener tales experiencias, éstas suceden en el centro trascendente.

Janet se percató de que estaba siguiendo los principios que señalamos para juzgar el valor de una ceremonia. Estaba abierta y tenía la suficiente confianza para dejarse experimentar lo que estaba a punto de suceder. Vio en Bob a una persona que exhibía las cualidades que quería obtener de la meditación, tales como un sentido de calma y un decidido autocontrol. Su propia experiencia fue inmediata y profunda. Se le permitió evaluar todo por sí misma, sin ninguna presión grupal. Después de un comienzo tan maravilloso, siguió sola por muy buen camino.

Podemos decir con certeza que la vida de Janet no es la tuya, así que vayamos más allá de su experiencia. El común denominador de todos los rituales ceremoniales es la reconexión. Partes de ti que se sienten desconectadas encuentran un centro. El aislamiento personal se sana al unirse a una acción comunal que es significativa para ti. La siguiente práctica ritual describe en detalle cómo lograr la reconexión. Te motiva a empezar en un ambiente seguro y cómodo entre amigos y familiares.

PRÁCTICA RITUAL
Reconexión

Antes de llegar al ritual ceremonial, la gente de las sociedades tradicionales ya estaba unida de manera muy cercana. La familia y la tribu proporcionaban el centro de su identidad. El papel de un anciano estaba definido de forma clara. En la vida moderna, estas conexiones cercanas no se pueden dar por hecho.

(Para muchos, las grandes reuniones familiares del Día de acción de gracias y Navidad son motivo de tensión y de manifestar resentimientos ocultos.) El trabajo de reconectar tiene que realizarse como una intención consciente, no se debe minimizar.

Puedes organizar un acontecimiento especial dedicado por completo a reconectar o usar una ocasión que ya exista. A continuación damos un ejemplo de cada uno.

Fiesta de cumpleaños: Todos tienen un cumpleaños cada año. Puedes hacer algo para que el siguiente sea un momento de reconexión. Antes del suceso, siéntate con unas tarjetas de felicitación en blanco y escribe lo que amas y respetas de cada invitado. Sé breve y sincero. Es una oportunidad para hablar desde el corazón, pero no tienes que echar rollo. Ajusta tu expresión para cada persona a la que te dirijas. Unas pocas palabras de respeto serían apropiadas para un jefe o un colega de trabajo que no conoces muy bien, mientras que a un hermano se le puede escribir con más emoción. Sella estas "tarjetas de cumpleaños invertidas" y ponlas en una mesa cerca de la puerta. Pide a cada invitado que tome el sobre con su nombre conforme se retiran, de esta forma nadie se sentirá cohibido.

Si quieres ir un paso más allá en cuanto a formalidad, puedes regalarle a cada invitado una flor en un pequeño florero o incluso un regalito envuelto. (Y no hay necesidad de limitarse a los cumpleaños. En otras ocasiones especiales, como aniversarios de bodas y fiestas de jubilación, en donde seas el centro de atención, también funciona.) Es tú día, y puedes escoger qué tanto quieres reconectar. La mayoría de las fiestas de cumpleaños son por completo informales, sin embargo, al agregar este detalle pequeño pero significativo, estás expresando tu intención de unirte con otra persona. Nunca sabes qué respuesta obtendrás, pero creemos que será algo sorprendente y positivo. Estás dándoles a tus invitados cierta apertura para reconectar de una manera respetuosa y discreta.

Retiro junto al fuego: Ir de viaje a acampar puede ser mucho más cuando lo usas para reconectar. En la cultura empresarial, las convenciones anuales tienen el propósito de juntar a todos para generar inspiración y motivación. Algunas compañías han descubierto que tiene más valor hacer algo más íntimo. Puede ser que un equipo de ventas se tome un fin de semana para ir a navegar en los rápidos de un río y consolidar su identidad como grupo. Puedes tomar estas actividades para darte una idea de cómo adentrarte en la naturaleza y crear una ocasión para la vinculación afectiva.

El acto puede ser tan casual como tú quieras, pero debe ser más que una fiesta o un asado cualquiera. Aparta por lo menos dos días y una noche. Avísale a todo el grupo con anterioridad que habrá una ceremonia durante la noche en la que participarán, según sus propios niveles de comodidad. Estás recreando el tipo de reunión junto al fuego que existe en todas las sociedades tradicionales, e incluso ahora notarás que el poder de estar sentado alrededor de una fogata en la oscuridad es considerable. Si esto es nuevo por completo para ti, junta un grupo pequeño, sólo con las personas en las que confías y con las que te sientes más cercano.

Aquí tenemos algunas sugerencias sobre qué hacer alrededor del fuego una vez que llega el momento:

- Asigna con anterioridad una pregunta sobre la que todos tienen que pensar antes de llegar. Puede ser "¿Cuál es tu visión de la vida?" o "¿Por qué estamos en la Tierra?" Evita los temas sensibles, en caso de que haya diferencias religiosas en el grupo, pero diseña las preguntas de tal manera que atraigan los pensamientos más profundos de todos. Ve alrededor del grupo y haz que cada persona de una respuesta breve, luego abre el tema para que se preste a discusión. Para mantener más orden en el procedimiento, escoge a alguien que funcione de moderador para que vaya nombrando a cada orador y mantenga un ritmo fluido, sin que una sola persona domine la conversación.

• Encuentra una piedra grande y pulida que funcione como la piedra de confianza del grupo. Mientras están sentados alrededor del fuego, pasen la piedra de uno en uno, con la idea de que cuando sostienen la piedra deben hablar de su verdad. Es un acto de forma libre. No hay nada prescrito ni esperado. Cada persona tiene una oportunidad de expresar algo que de otra forma sería difícil decir. La piedra de la verdad es un objeto ritual para revelar lo que en realidad está en tu mente. Sin embargo, es importante dejar claro que éste no es un momento para ventilar o criticar a alguien más.

• Invita a alguien a jugar el papel del sabio o sabia del grupo. Con cada turno, los participantes van haciendo preguntas al sabio que en verdad consideren desconcertantes o importantes, algo que requiera de conocimiento. Puedes pedirle a un invitado especial, a un mentor, a un antiguo ejecutivo o a un profesor quizá, que sea el sabio. También pueden tomar turnos entre los miembros del grupo para actuar este papel. Si de veras lo hacen con el espíritu correcto de querer contactar con la sabiduría interior, el ritual puede llevarlos a respuestas sorprendentes que vienen de una fuente inspirada que nunca te imaginaste, ya sea dentro de ti o de alguien más.

La belleza del mandala

¿Cómo sería estar reconectado por completo? La vida interior y exterior se integrarían. En las culturas antiguas de todo el mundo, existen símbolos que se conocen por describir el patrón holístico de la vida. De forma tradicional, se les ha llamado mandalas, primero en la India y luego en casi toda Asia. Los budistas tibetanos llevan a cabo un ritual ceremonial muy elaborado para crear mandalas hermosos hechos con arena de colores y luego los destruyen. Esto simboliza la naturaleza transitoria de la vida contra la realidad eterna. Puedes ver hermosos videos secuenciales de este ritual en www.thehiddenriches.com/sand-mandala

Los mandalas tienen su contraparte cristiana en la forma del intrincado patrón de la cruz céltica, en el famoso laberinto de la Catedral de Chartres en Francia y en innumerables vitrales que adornan varias catedrales medievales. Hildegard von Bingen fue una famosa abadesa benedictina del siglo XII que era prolífica en la música y las artes. Creó hermosos diseños de mandalas para describir sus visiones espirituales de la energía divina que cruzaba por la creación. Por esta razón se encuentra "geometría espiritual" y dibujos en forma de mandalas en todas las culturas. Ya sea que estemos hablando de los aborígenes de Australia que planean el "tiempo de sueño" o los intrincados modelos abstractos que se tejen en las alfombra persas, la mano del hombre intentaba dibujar el diseño de una presencia divina que inunda la vida diaria.

Así como los monjes tibetanos crean de manera muy minuciosa un mandala de arena fina por varios días, tú tienes la oportunidad de crear una obra de arte incluso más sagrada en el transcurso de tu vida, puesto que tu diseño de vida es algo viviente. Todo comienza con una sencilla estructura en el nacimiento, antes de llenarse con todas las experiencias que estarán por venir, como se representa en el diagrama a continuación.

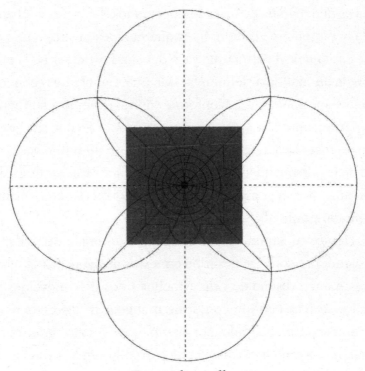

Diseño de semilla

Como puedes ver, la estructura está compuesta de un centro y cuatro partes que se entrelazan. El centro es tu conexión con la parte universal y absoluta de ti mismo, la cual es un derecho natural de todos. Es tu centro espiritual (sí, todos tenemos uno).

De aquí salen los diferentes aspectos que llamas "yo," hacia el exterior, como los rayos de luz de una estrella. En términos personales, tu luz es la esencia de la vida que emerge desde tu centro.

Los cuatro círculos son lo físico, mental, emocional y espiritual: las mismas "cuatro puertas" que están incorporadas en tu diseño de vida. Nota cómo se entretejen como una telaraña, con complejidad y orden. El tejido se vuelve más y más complejo conforme crece con los años. Llega en un punto en el que tu vida es una maraña de hilos desconectados. La belleza del mandala, y también su sabiduría, es que nada es aleatorio una vez que entiendes el patrón que yace debajo. Participar en la creación de un mandala siempre ha sido una manera de reconectar con este patrón oculto. Conforme van regresando a su fuente, los participantes encuentran el punto exacto en donde Dios, el alma y el ser se funden en un sólo punto. Este punto yace más allá de la personalidad cotidiana de la gente. Es el ser que experimentas, por lo general en breves vistazos, cuando te sientes inspirado y animado.

Hemos incorporado los niveles que emergen de tu centro trascendente como se describe en textos antiguos para crear el diagrama del diseño de vida. Muchos tipos de conexiones naturales se han perdido conforme menguaban las ceremonias comunales. En el pasado, por ejemplo, cuando la agricultura y la ganadería eran la ocupación de casi todos en la sociedad, las estaciones del año eran críticas. Los equinoccios y solsticios, que marcan las nuevas estaciones, eran momentos de celebraciones y de comunidad. Cada celebración conectaba a la estación con el trabajo que todos hacían: arar y plantar en la primavera, depurar las hojas y alejar las plagas en el verano, cosechar y limpiar los campos en el otoño, y descansar y arreglar las herramientas en el invierno. Las culturas tradicionales no sólo celebran las estaciones del año, sino también las estaciones de la vida, desde la cuna hasta la tumba. Aquí tenemos una lista de los momentos tradicionales para realizar rituales.

¿Cuáles de ellos todavía observas en tu vida?
Nacimiento.
Cumpleaños.
Ritos de paso: transiciones de la niñez a la juventud, de la juventud a la adultez joven, de la adultez joven a la adultez madura, de la adultez madura a la vejez.
Bodas.
Aniversarios.
Construir una casa: desde colocar la piedra angular, poner el techo, completarla.
Mudarse.
Jubilación.
Instalarse como un miembro del consejo de ancianos.
Muerte.

Sin duda, todavía celebras varias de estas transiciones en tu propia vida, pero si eres como la mayoría de la gente, las ceremonias son escuetas y apresuradas.

Paulo Coelho, el reconocido autor de *El alquimista*, lo puso todo en contexto:

Nuestro tiempo en esta Tierra es sagrado, y debemos celebrar cada momento. La importancia de esto se ha olvidado por completo: incluso los festejos religiosos se han transformado en oportunidades para ir a la playa, al parque o a esquiar. Ya no son rituales.

Al lamentar su ausencia, Coelho observa de manera profunda lo que alguna vez brindaron los rituales a la humanidad.

Las acciones ordinarias ya no pueden transformarse en manifestaciones de lo sagrado. Cocinamos y nos quejamos de que es una pérdida de tiempo, cuando deberíamos estar derrochando nuestro amor en esa comida. Trabajamos y creemos que es una maldición divina, cuando deberíamos usar nuestras habilidades para brindar beneficios y esparcir la energía de nuestra Madre.

Nos unimos en este llamado de celebración y renovación. La vida moderna no está hecha para regresar a los orígenes tribales. Lo que necesitamos no son tradiciones antiguas, sino su esencia, que es lo que guardan los rituales. Algunas necesidades no cambian con el tiempo.

Todos necesitamos pertenecer.
Todos necesitamos ser valorados.
Todos necesitamos dignidad y respeto.
Todos necesitamos formar parte de un propósito más grande.

En la medida en que puedas proporcionar estas cosas con tu participación en rituales ceremoniales, estarás revelando una visión universal de lo que significa ser un ser humano. De igual forma, si le restas valor al logro de las personas en estas áreas, las estarás despojando, a ellas y a ti, de los regalos más valiosos. Estamos seguros de qué lado recae tu intención. Ahora sólo necesitas llevarla a la acción.

Rituales para un círculo familiar más cercano

La familia en Estados Unidos y en muchas partes del mundo, cambia muy rápido. Tal vez ahora mismo tú estás en medio de un cambio. La imagen tradicional de estabilidad y amor, con un papá y una mamá casados, felices y criando dos o tres hijos, necesita actualizarse, pero de una manera en que la estabilidad y el amor aún estén presentes. Es el reto. Gracias a Internet los niños crecen más rápido que nunca. Cada vez más familias están desorganizadas pues cada miembro tiene intereses diferentes. Muchos adultos, que crecieron en medio de un divorcio, no están seguros de cómo debería ser una vida familiar. Seamos realistas y entendamos que las familias, incluso las más amorosas, son fuente de estrés y conflictos así como de alegría y satisfacción. (Ahora que crecimos, entendemos el chiste de que el cabello canoso es hereditario, lo sacas de tus hijos.) Es tiempo de regresar a lo básico. ¿Cómo quieres que se vea tu familia, empezando por hoy?

La vida familiar expresa un modelo escondido. Cuando todos están alineados con el diseño de vida de los demás, tienes una familia ideal. Cuando están desalineados, hay bloqueos de energía que dirigen desórdenes de comportamiento. Pongamos estos términos de manera práctica.

Comportamiento alineado:

Cada miembro de la familia se siente valorado.

El amor se expresa con libertad.

Los niños y adultos respetan los límites mutuos.

La vida diaria es tranquila.

Los sentimientos negativos no se guardan ni suprimen.

Cada persona es libre de expresar sus sentimientos.

Se fomenta que cada quien diga lo que piensa.

Todos son tratados con dignidad.

Aun así padres e hijos terminan cansados y enfadados de vez en cuando. Siguen los problemas normales de las familias: los hijos quieren hacer las cosas a su manera, surgen rivalidades entre hermanos, hay que cuidar a los niños pequeños para evitar que se lastimen, etcétera. Pero cuando domina el amor existe un flujo en la vida familiar que hace a estos retos más interesantes. Se vuelven oportunidades para expresar el cariño en maneras muy variadas.

La situación es muy diferente, y mucho menos armoniosa, cuando la vida familiar y el diseño de vida de cada miembro están desalineados.

Comportamiento desalineado:

Algunos miembros de la familia reciben más amor y atención que otros. Algunos son catalogados como "malos" o inferiores.

El amor casi no se expresa. "Sabes que te quiero" es una manera de alejar a alguien con una mínima muestra de emociones amorosas.

Niños y adultos no respetan los límites. Los niños son arrastrados con argumentos paternales y tensión. Los padres son muy intrusivos en la vida de sus hijos.

La vida diaria es inestable, llena de dramas y desacuerdos. Cuando los hijos crecen, se transportan a un espacio privado y los resentimientos se vuelven parte de la familia.

Los sentimientos negativos son suprimidos y generan molestia. El resultado es un resentimiento y frustración apenas contenibles.

Expresarte es mal visto. Un niño "bueno" es educado y obediente. De alguna u otra forma los padres son controladores.

Decir la verdad te mete en problemas. La verdad es unilateral, se impone con disciplina y la autoridad de los padres.

Existe una mínima consideración hacia la dignidad personal. Los miembros de la familia hablan mal a sus espaldas, hacen chismes, dicen mentiras y se acusan unos a otros. Es casi imposible ganar espacio personal.

El contraste es muy marcado. No queremos vivir en un comportamiento desalineado. Tratar de resolver cada desorden casi siempre es inútil. Se vuelve fastidioso. Los padres hacen ruegos y regaños que no los llevan a ningún resultado. La buena noticia es que una vez que estés alineado con tu diseño de vida, y alientes a cada miembro de la familia a hacer lo mismo, los problemas se empiezan a resolver porque quieren complacerse de manera positiva. Un niño que no se siente querido necesita que el amor fluya hacia él, no un examen exhaustivo sobre por qué no se siente amado. De la misma manera, lo mejor para cualquier herida es curarla. Cuando los padres se alinean con su diseño de vida, la familia empieza a ser una unidad de curación para todos los demás. La energía fluye más libre, se remueven los bloqueos, y la vida familiar se vuelve una fuente de alegría en lugar de frustración.

Como padre, eres el modelo que se refleja en el comportamiento de tus hijos, así que alinearte con tu diseño de vida es primordial. Cuando tus propias energías fluyen, cuando las cuatro puertas están desbloqueadas, hay satisfacción en cada área de tu vida: física, mental, emocional y espiritual. Cada día trae un balance entre el orden y la espontaneidad. En medio de todo está la felicidad que llega directamente desde tu centro trascendente. Estos efectos hacen que toda la familia también logre su alineación. En realidad la única diferencia tiene que ver con la edad.

Aquí dejamos un encantador ritual, que nos enseñó nuestra amiga Beth, para hacer la hora de dormir más fácil para los pequeñitos, y además tuvo un inesperado beneficio para ella.

PRÁCTICA RITUAL
Ritual de Beth para la hora de dormir

Hacer que un niño pequeño se vaya a la cama puede ser una lata o una oportunidad. Puedes transformarlo en lo segundo a través de este simple ritual. Beth nos contó, en sus propias palabras, cómo lo logró.

La hora de dormir era algo muy difícil, así que iniciamos con esto: cada noche llevaría a mi hijo de cinco años Antoine a la cama y haríamos un ritual. Este consistiría en tres preguntas.

¿Qué fue lo mejor que te pasó el día de hoy?

¿Qué fue lo peor que te pasó el día de hoy?

¿Qué fue lo más absurdo que te pasó el día de hoy?

Él se ponía más calmado, en un estado más reflexivo mientras platicábamos en voz baja. De manera instantánea se iba el sentimiento de que estaba obedeciendo una orden. En lugar de eso ahora buscaba la hora de dormir para que pudiéramos platicar.

Descubrí muchas ideas especiales a través de los ojos de un niño de cinco años. Estaba orgulloso de las cosas buenas que le pasaban, y yo podía consolarlo si lloraba por las malas. Al minuto siguiente estaría riéndose de las cosas más absurdas. Tenía la oportunidad de guiarlo mientras me compartía lo que consideraba mejor, peor o absurdo. Fue una manera maravillosa de cerrar la noche, y de mejorar mi comunicación con él. Éste se convirtió en mi momento favorito del día.

Una noche, después de dos semanas de hacer nuestro ritual, Antoine puso su mano en mi mejilla y preguntó: 'Mami, ¿Qué fue lo mejor, peor y más absurdo de tu día?'

La pregunta me tomó por sorpresa. Incluso me tardé en contestar. Fue fácil recordar lo mejor y lo peor, pero no pude pensar en nada absurdo o chistoso. En ese momento me di cuenta de que no hice suficientes cosas divertidas en mi día. Y desde entonces puse especial atención en buscar esos momentos brillantes, para poder compartirlos en la noche con mi precioso Antoine. Su ritual de ir a dormir también cambió mi vida de forma inesperada.

¿Qué les debes enseñar?

Los niños no están listos para planear sus propias vidas. El tiempo se les va en juegos, educación y el desarrollo de sus tempranas habilidades sociales. Aun así, en nuestra experiencia, los niños mayores de siete años pueden hacer el *test* de *Descubre el secreto* y empezar a forjar una idea de las cosas que en realidad les importan. Es el primer paso en el camino hacia su diseño de vida. Una vez, una familia vino a vernos a Miami, los padres y sus tres hijos, de cinco, siete y nueve años. Hicieron el *test* juntos, y cada miembro trajo un dibujo, hecho por ellos mismos, que ilustraba su pasión. Los papás dijeron que fue una fabulosa experiencia de vinculación afectiva para todos ellos. Cuando su hijo de siete años dibujó un buzo, pescados y escenas del mar, descubrió por primera vez que quería ser oceanógrafo.

En la adolescencia el diseño de vida de una persona empieza a emerger, al principio es como un boceto vago, pero la llena de entusiasmo por las cosas nuevas que pueden volverse una tendencia de por vida. Los patrones escondidos empiezan a tener influencia. Es una etapa de exploración. Cuando los padres ayudan a sus hijos adolescentes a tener claridad sobre lo que más les importa, estos jóvenes adultos tienen las bases para tomar buenas decisiones. Y es increíble qué tan responsables pueden llegar a ser.

Los adultos, los padres en este caso, tienen la oportunidad de ser el ejemplo a seguir de lo que significa estar alineado con el propio diseño de vida. Están seguros de ellos mismos, y conocen bastante bien el camino de la madurez, tanto así que pueden guiar a sus hijos a través de él. Sólo hay que recordar y ser consciente de la edad de cada niño y del camino más adecuado para su manera de ser y temperamento.

Nada es esquemático en el diseño de vida de una persona; hay espacio suficiente para que cada miembro de la familia sea único a su manera. Al alinearte con las riquezas escondidas incrustadas en tu diseño de vida, estás haciendo por tu familia lo más importante que te podrías imaginar. Ese paso trae integridad, amor y apoyo a tu vida diaria, ¿Qué papá podría pedir más? Pero también nos damos cuenta de que el comportamiento tiene muchos cambios y vueltas. Estudios sociológicos demostraron que los niños mejor portados dentro de casa pueden ser un completo desastre cuando sus padres no están cerca. En un estudio, una cámara escondida grabó como se comportaban los bebés de uno a dos años cuando los dejaban en la guardería. Un niñito que se veía tímido y angelical, que hacía todo lo que su mamá decía, se volvió un acosador en el momento que ella salió del cuarto, arrancaba los juguetes de los otros niños y no mostraba ninguna reacción cuando ellos lloraban.

¿Qué nos dice esto de los niños? Para algunos, deja a los padres libres de acusaciones cuando los niños crecen y se vuelven criminales o inadaptados, pues los padres pueden argumentar que nunca vieron signos de ese comportamiento en casa. Para otros, ayuda a explicar por qué dos niños tratados con el mismo amor y atención se vuelven personas completamente diferentes (por ejemplo cuando un hermano tiene problemas de depresión crónica y el otro no). Y por último, lo que reflejan estos estudios es la idea de que dentro de la casa se ejerce una poderosa influencia, pero hay límites. Una vez que un niño desarrolla su personalidad social ocurren muchos cambios. Lo que es bueno, también, porque cuando vuelan del nido, cada persona puede equilibrar su identidad individual y de grupo. "No debo decir mentiras" es una buena enseñanza en la niñez, pero es igual de bueno que los pequeños se desarrollen sin imitar el lado malo de sus educadores, desde alcoholismo hasta abuso emocional.

Entonces, ¿dónde encajan los rituales? Son una influencia importante que tú como padre puedes controlar. Los niños tienen cerebros sin forma esperando a ser moldeados. Si puedes hacerlo de forma correcta, dejarás muy poco a la probabilidad. Considera algo pequeño, como caerse en el patio y rasparse la rodilla. Para un niño que le enseñaron que es frágil y débil, este incidente se transforma en la prueba de que no puede superar los accidentes de la vida diaria. Se refuerza la idea de que es una víctima. Pero para otro al que le enseñaron que es fuerte y resistente, el incidente no tiene mayor importancia.

Puedes usar los rituales familiares para reforzar creencias en tus hijos que les servirán toda la vida (y a ti también), como:

"Yo pertenezco"
"Me aman y se preocupan por mí"
"Es bueno compartir y dar"
"Puedo levantarme y ser fuerte"
"Ser sincero es lo mejor"
"Yo importo"

Estas creencias son tan básicas que deberían llamarse creencias esenciales, le dicen a un niño cómo adaptarse al mundo. Hemos notado que los papás de hoy no están seguros de cuanta disciplina imponer, cómo reforzar las reglas y si deberían dar algún castigo. Es probable que el debate sobre estos temas nunca termine. Así que dejemos eso a un lado por el momento y tratemos de ver la pintura completa. ¿Cuál es la cosa más sencilla e importante que tu hijo puede aprender de ti? Durante siglos la respuesta fue simple: obedecer a Dios. Seguir la religión. Ganarte un lugar en el cielo. Ahora que vivimos en una era secular, pocas personas creen en el modelo religioso, pero aunque no vayan a la iglesia con regularidad, se sienten culpables de que sus hijos no aprendan el mismo catecismo que ellos aprendieron.

Ofreceremos una respuesta un poquito diferente: la cosa más sencilla e importante que tu hijo puede aprender de ti es cómo encontrar su propia felicidad. Esto, sentimos, es el equivalente a obedecer a Dios y llevar una vida religiosa. Te dejamos la experiencia de Chris para ilustrar lo que un padre puede hacer por el futuro espiritual de su hijo.

Tengo dos niñas pequeñas, Sophie y Tianna, en este momento tienen cinco y dos años. Las mañanas en las vidas de mis hijas se caracterizan por sus rituales diarios y conscientes. Sophie se siente muy orgullosa de recoger su propia ropa antes de ir al jardín de niños. Su mamá y yo le damos un abrazo, y su hermana menor corre directo a ella con los brazos bien abiertos. "¡Abrazo!" Gritan juntas.

Es un ritual que se repite cada día de la semana. Claro, a veces alguna de las niñas está enferma, o de mal humor, o no durmió bien. Es el momento en que el ritual matutino es más importante, porque todos sabemos qué esperar. Sophie sabe que papi le ayudará a vestirse mientras que mami hace el desayuno. Sabe que pondré un poco de burbujeante vitamina C en un vaso con agua para ella, y que cuando sea momento de salir de casa, la cargaré en mis hombros al atravesar la puerta.

En la puerta de entrada nos detendremos. Pondré el cronómetro en mi celular y esperaré. "Cuando estés lista", digo.

"¡Ahora!" dice Sophie. Inicio el temporizador, y empezamos nuestra caminata de diez minutos hacia el jardín de niños. Durante los primeros cinco Sophie repetirá su "palabra de sabiduría" en silencio. Ésta es una versión introductoria de meditación que sirve para niños.

Sophie aprendió su palabra de sabiduría cuando cumplió cuatro años. Traía puesta su mejor ropa y estaba emocionada. Yo hice una *puja*, o ritual de ofrecimiento, al linaje de los maestros, de la misma manera que acompaña la instrucción adulta. Pero hice la explicación de lo que estaba pasando de una forma más sencilla para que ella lo pudiera entender. Ésta sería una palabra secreta, sólo para Sophie, que le ayudaría a volverse más sabia, feliz y saludable. ¿Podría mantener su palabra especial en secreto y no decirle a nadie, ni siquiera a mamá o a sus mejores amigas? Dijo que sí.

Este año Sophie sigue bien y feliz con la práctica, lo hace todas las mañanas y tardes. Después de cinco minutos suena la alarma. Dice: "¡Listo!", y se baja de mis hombros para ir a pie el resto del camino. También tenemos un ritual para este momento de ir a la escuela. "Papi, ¿de qué estás agradecido?", me pregunta.

Tal vez conteste: "Estoy agradecido de tener una familia tan hermosa y maravillosa, pues hacen mi vida mucho más divertida." De una manera simple, para que una niña de cinco años lo pueda entender, le enseño que la familia tiene un gran significado y es irremplazable.

Ahora es su turno. Le pregunto de qué esta agradecida y es posible que conteste: "Estoy agradecida de tener una casa para vivir, porque así no nos mojamos cuando llueve ni tenemos frío." Y así seguimos todo el camino hasta el jardín de niños, diciendo por turnos de qué estamos agradecidos y por qué.

Mientras nuestras niñas crecen, los rituales cambian de alguna manera, manteniéndolas interesadas y divertidas. Por ejemplo, cuando Sophie no va a la escuela, de todos modos salimos a caminar y repite su "palabra de sabiduría". Después hacemos unas carreritas al final de la barda del vecindario, donde se siente orgullosa de poder caminar con equilibrio sobre el muro de piedra. El juego de gratitud se volvió el juego de "Dios, gracias" y le encanta ganar al ser la que tiene más cosas que agradecerle a Dios.

Enseñar rituales como éstos pueden cambiar la vida de los adultos, y para aquellos con una familia, son el cimiento sobre el cual se construirá el futuro de sus hijos. Cuando le das a tus niños estabilidad, confianza, organización y unidad, se sienten seguros. Al tener en el día momentos constantes en que toda la familia hace lo mismo al mismo tiempo, estas creando un sentido de pertenencia y resolución que se quedarán con ellos el resto de su vida. La meta de Chris es iniciar a Sophie en el camino espiritual a la plenitud, con el conocimiento de que algún día su diseño de vida le traerá esa satisfacción.

¿Los rituales familiares tienen un impacto en tus hijos? Sí. Las doctoras Mary Spagnola y Bárbara Fiese reportaron que: "En un estudio con niños de cuatro años, las familias estables, comprometidas con sus rituales por un periodo de más de cinco años, mostraron que sus niños tuvieron mejores puntajes en pruebas estandarizadas de logros académicos que los hijos de familias con un bajo nivel de rutina o cierto rechazo hacia ésta."

En unos estudios sobre si comer juntos en familia hace alguna diferencia, los resultados demostraron que esto tiene efectos positivos de comunicación. Otro hallazgo es que mejora los hábitos alimenticios así como el desempeño escolar. Seguir el simple ritual de estar juntos a la hora de la comida también sirve para disminuir o evitar adicciones en la adolescencia y problemas de salud mental.

PRÁCTICA RITUAL
Comida familiar

Como familias, unos de los rituales más importantes que puedes estructurar son los que giran alrededor de la comida. Te dejamos unas guías generales que pueden ayudarte a hacer la hora de la comida un momento deseado para ti y tus hijos.

Hazla divertida: Como puedes ver en la historia de la familia de Chris, lo que en realidad mantiene la atención de un niño es transformar el ritual en un juego. Conocemos a una pareja que tiene una niña de tres años llamada Sara que se volvió melindrosa. No le hacía caso a la comida que le servían y entre más trataran sus papás de convencerla o la regañaran, más se acentuaba su comportamiento. Encontraron consejo con un psicólogo infantil.

En la siguiente comida, el padre se acercó con un cuchillo de mesa y dividió la comida de Sara en dos. Señaló una mitad y dijo: "Esa es mía, ¿de acuerdo? No la puedes tocar. Lo prometes, ¿cierto?" Dijo esto con una seriedad exagerada. "Muy bien, me daré la vuelta y no me daré cuenta si la tocas." Cuando volteó de nuevo se dio cuenta de que Sara devoró con gusto la mitad del plato (la mitad de su papá, claro). Volvieron esto un juego que le encantó. El papá se aseguró de que Sara entendiera que era un juego. Cada vez que se comía la mitad del plato, él volvía a dividir la porción que quedaba en dos y la desafiaba a comerlo, la niña siempre lo hizo.

A cualquier edad tus hijos van a apreciar la diversión a la hora de la comida. Ésta pone al cuerpo humano en el estado de ánimo correcto para metabolizar los nutrientes, y le da a toda la familia un momento que anhelar, incluso si el ritual es tan simple como que todos lleven "el chiste del día" a la mesa.

Bendícela: En la familia de Chris, cantar una alabanza es el momento más importante antes de iniciar la comida, pero puedes sustituirla con cualquier expresión de gratitud. Éste no debe ser un ritual vacío, donde digas las palabras de forma automática. Hazlo personal, puedes iniciar la bendición con "Hoy estamos agradecidos por…" y menciona las cosas particulares que sucedieron en el día. Chris te dirá que hay días que alguno de los integrantes está malhumorado o triste. Pero tan pronto como todos se sienten y empiecen a cantar, la atmósfera cambia y de pronto todos están riendo de nuevo. Comer en familia se volvió un momento de curación que tranquiliza a sus hijas y les hace saber que su tristeza es temporal y manejable.

Una oración o expresión de gratitud es un buen inicio. Pon la regla de que durante la comida la atención se centrará en las cosas buenas, divertidas e interesantes, esto permite que todos se sientan más conectados.

Muchas tradiciones ancestrales, como el judaísmo, tiene rituales para antes y después de comer, volviendo este momento algo especial separado del resto de las actividades diarias. Tal vez consideres terminar la comida con un toque formal, como dar gracias a la cocina y decir unas cuantas palabras de aprecio mientras se toman de las manos. Si cada uno espera este ritual contrarrestas la tendencia de los miembros de la familia a salir volando para hacer sus propias cosas antes de que los demás terminen de comer.

Cuando generas rituales para tu familia, ¿cómo puedes infundirles significado, el ingrediente especial que los vuelve efectivos?

"La ceremonia de instrucción que tuvo Sophie cuando aprendió su 'palabra de sabiduría' la ayudó a desarrollar un sentido de que estaba aprendiendo algo muy especial. Esto la hizo sentir importante; lo que acababa de aprender debía tratarse con mucho cuidado. Uno de los valores de adherirse a las tradiciones antiguas para hacer ceremonias como ésta es tener una experiencia distinta a las actividades de la vida diaria."

Por desgracia, hoy muchos rituales tradicionales se realizan "porque así se ha hecho siempre". Esto hace que el significado, el simbolismo y el poder del ritual disminuyan o se pierdan. Por eso es muy importante que tú y tu familia designen los rituales en los que participarán de manera consciente y que reflexionen con cuidado sobre el significado que cada elemento tiene para la familia, tanto individual como en grupo.

Ciencia y ceremonia

Los rituales ceremoniales son más efectivos cuando te acercan a tu centro trascendente, el núcleo espiritual de tu vida. Los rituales introspectivos de meditación son una manera poderosa y efectiva de lograrlo. Las tradiciones antiguas incluyen muchos rituales ceremoniales hermosos que también pueden permitirle a la mente trascender los pensamientos conscientes, pero de una forma por completo distinta.

Uno de los indicadores que nos dicen si un ritual ceremonial funciona es el "efecto derrame" descrito por los investigadores cerebrales Eugene d'Aquili y Andrew Newberg. Descubrieron que varios rituales ceremoniales, que activaban un lado del cerebro, tenían el efecto de desparramarse y activar el otro. Así los dos aspectos del sistema nervioso autónomo, uno responsable de la agitación y el otro de calma, son capaces de influir y equilibrarse mutuamente.

Como resultado, alguien involucrado en un ritual activo o rítmico, como danzas y cantos energéticos, puede experimentar felicidad, tranquilidad y sentido de identidad.

También hay un derrame para la meditación, que trabaja en el otro hemisferio del cerebro. Así que ambos tipos de ritual tienen un efecto holístico. La parte de tu cerebro responsable de entender las cosas separándolas se balancea con la parte que conecta, integra y aprecia la unidad completa. Una persona experimenta esto como un sentido de trascendencia y paz durante la danza tribal, o una descarga de energía durante rituales introspectivos.

Los rituales hechos en grupo fortalecen el afecto y la conexión entre los miembros. En muchas familias hay ciertas cosas que no se dicen. Cuando eso pasa los vínculos se desgastan. Se hacen juicios basados sólo en expectativas y creencias silenciosas. Los efectos dañinos de esto se demostraron de manera muy clara con niños pequeños en la escuela.

En un estudio de Robert Rosenthl y Leonore Jacobson en 1968, se descubrió que las expectativas y creencias de los maestros tenían una fuerte influencia sobre sus alumnos. En este estudio, los resultados de los *test* de inteligencia fueron asignados al azar a cada niño y reportados a sus maestros como un buen indicador del potencial de cada alumno. Al finalizar el año escolar los alumnos mostraron tener el nivel que el maestro esperaba en lugar de su verdadero IQ, medido por los resultados reales. La silenciosa expectativa fue en verdad poderosa. Al saber esto, ahora tienes un fuerte incentivo para estar al pendiente de tus hijos: habla con ellos. Si te mantienes en contacto con quien es tu hijo en realidad, no le proyectarás tus expectativas.

Además, las intenciones de toda la familia tendrán una influencia más fuerte. Cuando existe un vínculo entre personas que sostienen un propósito común, el efecto es mucho mayor que el de un sólo individuo.

"Cada día después del almuerzo nos sentamos juntos por quince minutos", dice Chris: "Y decimos el alfabeto. Sophie se sienta en mi regazo y Tianna en el de su mamá. Iniciamos cantando las antiguas palabras del *Sarvasar Upanishad* de la tradición védica.

> *Saha nav avatu,Saha nau bhunaktu, Saha viryam karavavahai.*
> *Tejasvi nav adhitam astu. Ma vidvishavahai.*
> *Aum, shanti, shanti, shantihi.*

Después decimos las palabras en español:

> ¡Que AUM, lo Supremo, nos guarde a ambos, maestro y discípulo!
> *¡Que nos nutra a ambos! ¡Esforcémonos juntos, dejemos que nuestro aprendizaje refulja y no odiemos a nadie!* AUM paz, paz, paz.

El valor de escoger una invocación eterna es que las palabras nunca se agotarán. Puede ser que dos niñas pequeñas sólo entiendan un poquito de lo que están diciendo, pero el significado se intensificará conforme van creciendo, volviéndose una fuente de sabiduría personal.

Los rituales se pueden usar para hacer tu vida familiar más interesante y cautivadora. Hacen que el círculo familiar se vuelva más cercano. Además de la hora de la comida existen otros rituales que pueden incluir a amigos también. Si expandes el círculo familiar, estarás formando el inicio de una verdadera comunidad, conectada de manera emocional y espiritual. En ausencia de vínculos sociales y tradicionales, si queremos estar más conectados, este esfuerzo es en realidad valioso. El siguiente ritual es un buen ejemplo.

PRÁCTICA RITUAL
Apreciación grupal

Los rituales familiares son comunes, incluso en nuestra cultura moderna. Si quieres enriquecer el tiempo juntos y crear recuerdos para toda la vida intenta usar este ritual, que también puede incluir a los amigos más cercanos.

Cuando tu familia y amigos se reúnan en vacaciones o cualquier ocasión especial, reparte a cada persona un turno para ser apreciado y busca que todos, también por turnos, digan lo que aprecian de esa persona. La única cosa que el apreciado puede decir es "Gracias." Hazlo aún más especial grabando los comentarios y presentando después el video a la persona. En nuestra experiencia, al receptor le encantará.

Al principio a algunas personas les da pena ser apreciadas. Muchos de nosotros estamos muy ocupados buscando nuestras fallas personales, lo que nos dificulta escuchar las cosas buenas, "bueno, pero no me conocen bien." Así que, cuando el ritual sea nuevo, permite que aquellos que son penosos puedan apreciar primero en lugar de ser receptores. Por lo general a los niños les gusta más tener atención, esto los convierte en una buena oportunidad para comenzar.

Alienta a todos a ser receptores, pero si alguien no quiere hacerlo déjalo que pase, mientras esté dispuesto a compartir lo que él o ella aprecia de los demás (que casi siempre es mucho más fácil). Si continúas con esta tradición por un tiempo, creemos que a todos les agradara. Y en algún momento, incluso aquellos que pasaron al inicio, también aceptarán ser apreciados.

Una vez que te sientas cómodo con el ritual puedes incrementar su poder pidiendo a todos los participantes que junten sus sillas en círculo. Haz que el receptor se siente en medio. Él o ella deben mirar a los ojos a la persona que esté hablando y sólo decir: "Gracias." Al principio ser el centro de atención es como tener una docena de rayos láser apuntándote, pero en un nivel más profundo esta atención nos nutre y fortifica. Conocimos a algunas personas que en su turno de estar al centro se movían mucho, como si quisieran zafarse, pero al final siempre expresaron su profunda gratitud, y por lo general con exclamaciones como: "Nunca me había sentido así, fue maravilloso escuchar las cosas tan bonitas que las personas sienten sobre mí. ¡Es increíble!"

Existe una evidencia creciente de que la atención colectiva de un grupo crea un efecto medible en la conexión entre el corazón y el cerebro, haciéndola más coherente. En otras palabras, ser el centro de apreciación induce a sentimientos intensos y positivos. Y cuando repites este proceso en tu vida, mejorarás tu sentido de tranquilidad y discernimiento, tu habilidad para tomar decisiones y tu estado de alerta.

La sociedad podría transformarse si las personas sintieran que viven en sincronía con sus sentimientos, esto tendría una influencia positiva en todas las personas que conocen. Sabemos que esa transformación es posible, porque vemos que a nivel familiar ya está sucediendo. Los rituales enriquecen a la unidad básica de la sociedad creando un espacio para el corazón, donde todos nos valoramos, apreciamos y entendemos. Ésa es la manera natural de ser de una familia.

Explora la posibilidad por ti mismo. Una familia que pone barreras, donde la comunicación es parcial y sólo se da cuando alguien baja la guardia, es trágica. Y no tienes que dejar ese legado. Regálales una nueva tradición, todo lo que necesitas es que la energía vital fluya libremente, y ahora ya sabes cómo hacerlo.

TERCERA PARTE

Tus mayores riquezas

Cómo hacer realidad los sueños

Déjate atraer en silencio
por la poderosa fuerza de lo que más amas.
Rumi

¿Por qué algunos sueños se hacen realidad y otros no? En una sociedad que le encanta escuchar sobre ganadores, millones de personas se vuelven espectadores de los triunfos en el Súper Tazón, en las olimpiadas o en la lotería pero, ¿y su propia victoria? Hemos establecido el trabajo base para lograr que tus sueños se vuelvan realidad usando los rituales como un enfoque para las intenciones conscientes. El poder de la intención consciente en realidad no está disponible para la mayoría de la gente. Como resultado, se genera una desconexión entre lo que desean y lo que obtienen. Así que exploremos el asunto con más profundidad.

Los rituales reconectan el deseo con su resultado en más de un nivel. Son repetitivos con el propósito de alterar las sendas del cerebro, entre otras razones. Por consiguiente, hacen que el enfoque de tus intenciones sea más intenso. Pero muy en el fondo del ritual, debe haber una conexión emocional con lo que es más significativo para ti.

Ser consciente quiere decir que organizas el ritual en tu vida de manera reflexiva con el propósito de crear una vida más significativa. La intención te coloca en esa dirección. La emoción te mantiene en el camino del logro. Cuando una intención surge de tu centro trascendente, sientes una profunda pasión por ella. En *Descubre el secreto* dijimos "Lo que amas y lo que Dios tiene destinado para ti son una sola cosa, la misma cosa." Esta conexión con tu centro es lo que te mantiene enfocado y encaminado. No puedes evitarlo. Tu intención/deseo está enraizado en ti a tal profundidad que sigue estando al frente dentro de tu conciencia. Esta intención tiene una profunda conexión emocional.

Entonces, como podemos ver hay una gran diferencia entre "es lo que mi corazón desea" y "mi corazón no está realmente en eso." El compromiso emocional lleva a las personas a ir más allá de los límites normales. Cuando ves a los atletas de las olimpiadas, lo primero que notas es la entrega total: el atletismo es su pasión, su amor, su deseo más grande. Pero el poder real del corazón yace más profundo. Hay una voz dentro que dice lo siguiente:

Lo que quiero es lo correcto para mí.

Éste es mi llamado.

Siento cómo me voy acercando a la meta.

Mi deseo me está haciendo crecer.

Estoy realizando mi destino.

Estos sentimientos son más sutiles y más poderosos que el deseo crudo, incluso que la pasión. Provienen de un lugar cercano al centro trascendente de tu diseño de vida. Este nivel es todo excepto silencioso; su voz va más allá del nivel de las palabras, opera a través de la certidumbre interna. Es la voz inconfundible de tu diseño de vida. Cuando tienes esta profunda conexión no te diriges por una ruta fija como un tren sobre las vías. Más bien, te guías para tomar las decisiones correctas para ti como persona, así como para que tu intención se vuelva realidad. El camino es abierto, flexible e impredecible, y al mismo tiempo se siente tan correcto... porque está alineado con tu diseño de vida.

Este capítulo va detrás de cámaras y revela por qué los rituales, aunque desempeñen una pequeña parte en tu vida actual, pueden ayudarte a contactar con tu profundo centro emocional, el secreto para volver tus sueños realidad.

El nivel de poder más refinado

La vida está llena de elecciones y decisiones, grandes y pequeñas. En cada una hay una intención. Si compartes el vehículo para ir al trabajo en vez de manejar solo, tu intención es ahorrar gasolina, reducir el tránsito y ayudar al medio ambiente. Cada aspecto tiene un lado positivo que lo acompaña. Compartir vehículo no es tu pasión pero sientes que es lo correcto. Si escatimas y ahorras para mandar a tus hijos a una buena universidad, tu intención es darles un buen comienzo hacia el éxito. En este caso, tu sentimiento es más profundo que al compartir un vehículo, sin embargo es la misma rectitud la que te mantiene motivado de manera consistente. Has combinado de manera emocional tus sentimientos con lo que quieres que suceda. Es el poder del corazón trabajando para ti.

Pero hay otros aspectos de la intención que no son tan claros. Pensemos de nuevo en los atletas olímpicos. Cuando un atleta gana la carrera de los cien metros, no podemos asumir que todos los que llegaron después de él carecían de intención, todos querían ganar. Puede ser que tengan la misma disciplina, fuerza y pasión por correr. La carrera de los cien metros toma menos de diez segundos, aun así la persona está involucrada por completo, incluso va más allá de los años que ha pasado entrenando para desarrollar una habilidad altamente especializada. Así que lo que se ve en esos diez segundos representa mucho más de lo que puede percibirse a simple vista.

En una competencia olímpica, en donde la diferencia entre el primer y el segundo lugar se mide en centésimas o milésimas de segundo, sería bastante atropellado decir que la diferencia es un resultado del entrenamiento o de la intención. Si asumimos que vivimos en un universo caritativo, entonces a este nivel, el resultado es una función del diseño de vida único del atleta. Es decir, surge de acuerdo con lo que le servirá más para alcanzar su máximo potencial como ser humano. Algunas veces llegar en segundo lugar enseña las lecciones más valiosas de la vida.

Esto es verdad para todas las metas más importantes de la vida. Son retos que al final se resumen en tu diseño de vida y en la conciencia. Ya sea que quieras ganar una medalla de oro por correr, tener un doctorado o ser un éxito en Wall Street, las cuatro puertas por las que pasa tu energía vital son cruciales. Cuando las cuatro puertas están abiertas, tu vida interior y exterior son compatibles. El camino para realizar tus sueños se ha abierto.

Veamos algunos puntos más específicos que se necesitan en el nivel de conciencia más refinado. Existe una regla sobre el poder de la intención. Se incrementa conforme te acercas a tu centro trascendente. Sólo ahí puedes encontrar ese sutil sentimiento de rectitud, esa sensación de que estás cumpliendo con tu destino. En este nivel de corazón y mente se juntan tres elementos:

Conocimiento sobre cómo la conciencia lleva a cabo sus intenciones.

Pasión para dirigir tu conciencia y mantenerte motivado.

Experiencia para hacer que las intenciones se vuelvan realidad una y otra vez.

A través de la aplicación de estos tres elementos, y de mantener una alineación entre las intenciones y los resultados, es posible tener lo que llamamos "riqueza iluminada" en el inicio del libro. Ésta es una vida en la que todas sus partes son ricas y plenas.

Pero no todas las intenciones se crean igual. Algunas son deficientes en alguno de estos tres elementos. Se puede carecer tanto de conocimiento, como de pasión y experiencia. Cuando se le pregunta a un niño pequeño qué quiere ser cuando crezca, sonreímos ante las típicas respuestas: quiero ser bombero, policía, enfermera, la primera mujer presidente de los Estados Unidos. Con el tiempo, los sueños de la niñez cambian. Pero algunos niños saben con exactitud desde muy temprana edad qué quieren ser, y unos años más tarde, ya de adultos, confirman que su intención se volvió realidad. El secreto no es ninguna magia, pero es un secreto. La sociedad no nos ha enseñado mucho sobre las intenciones conscientes, más que a través de frases como: "Nunca renuncies a tus sueños" y "El éxito es diez por ciento de inspiración y noventa por ciento de transpiración."

Hay una mejor manera. Si separamos por partes la pregunta con la que empezamos: ¿Cómo hacer realidad los sueños? Podemos responder de manera realista y convincente. Hagamos una síntesis de los puntos principales para cada área.

Conocimiento: las intenciones se vuelven más poderosas cuando surgen en un nivel profundo de la mente. Las más fuertes nacen muy cerca del centro trascendente de tu diseño de vida. Ésta es el área de la intuición y la percepción que, con frecuencia, son más poderosas que la razón. Hay momentos en la vida que dejas de considerar las ventajas y desventajas; sólo sabes que "Esto es lo adecuado para mí." Cualquier intención que viene de un nivel tan profundo tiene mayores posibilidades de tener éxito que una intención más incierta. Una vez que descubres un camino claro hacia las partes más profundas de tu mente, te alineas con un conocimiento que es más poderoso que los argumentos lógicos a favor y en contra de las elecciones que tomas.

Pasión: cuando nace una intención, se requiere de pasión para mantenerla como un deseo constante y claro. Una intención que se desvanece con el viento es sólo un pensamiento más. Pero cuando hay amor, inspiración y un sentido de destino, (todos los ingredientes vivos de la pasión) tu conciencia se sintoniza para atrapar todas las señales de éxito potencial que lleguen cada día. Entonces tus sueños se volverán realidad con más frecuencia que los de alguien que carece de esta sintonía.

Experiencia: tu mente funciona a través de entradas y salidas, en una trayectoria circular. Si la alimentas con un poco de éxito todos los días, tendrá esas experiencias de base para construir. Sin la repetición de acciones, te vuelves como un aficionado de basquetbol que se mete a la cancha durante el medio tiempo para hacer una canasta. Puede ser que atines y metas la pelota en el aro, pero un jugador profesional de la NBA que ha pasado por esa experiencia miles de millones de veces tiene mucho más probabilidades de tener éxito. En el caso de las intenciones, la experiencia principal viene de conectar un suceso interno ("quiero que esto se vuelva realidad") con un resultado externo ("se hizo realidad"). Una vez que se ha hecho esta conexión, la experiencia fortalece tu creencia de que puedes generar los mismos resultados de nuevo en el futuro. Con cada éxito nuevo, tu creencia se vuelve más fuerte. Cuando es bastante enérgica, entonces hasta los sueños más grandes se vuelven realidad.

En la tradición espiritual de la India, la triada del conocimiento, la pasión y la experiencia se manifiesta de diferente manera. Se dice que un deseo o intención se vuelve realidad cuando se cumplen tres condiciones: primero, que la mente vaya a la profundidad suficiente para estar cerca de su fuente. Segundo, que la intención se exprese con absoluta claridad y precisión. Tercero, que la atención de la persona sea bastante constante para mantener la intención. Esta prescripción proviene de los maestros ancestrales de yoga y meditación profunda. En la vida diaria actual se requiere de una infraestructura mental especial para hacer que los sueños se vuelvan realidad de manera más eficiente Puedes usar la lucha, la persistencia y la disciplina para obtener lo que quieres. Una manera más eficiente y placentera es usar el poder que existe dentro de la intención a un nivel profundo de la mente. ¿Cómo saber que has conectado con este poder? Aparecerán algunas o todas las señales siguientes:

Te apasiona tu meta y quieres lograrla.

No encuentras resistencias u obstáculos externos. Si algunos aparecen, se disolverán con rapidez, sin conflictos y luchas innecesarias, o la pasión interior es tan fuerte que no te permite rendirte hasta que las trabas han sido superadas. Por consiguiente, cuando fluyes con la vida, las intenciones y los resultados se conectan. Aun cuando puede tardar el desarrollo de un resultado, en el fondo está garantizado.

No eres obsesivo. Una vez que expresas tu intención, haces todo lo posible por llevarla a cabo, pero luego la liberas, en espera de la respuesta del universo. (En *Descubre el secreto* hablamos de tres pasos: intención, atención y no tensión. Para lograr la no tensión, tienes que dejar ir y confiar en que las fuerzas ocultas te ayuden. Sin ellas, las más grandes metas, para las cuales estás destinado, no pueden volverse realidad.)

Te sientes con la seguridad de que un camino aparecerá para guiarte hacia tu meta, no importa si hay pasos impredecibles o incluso tropiezos sobre la marcha.

Ves el propósito de cada acción que realizas, aunque la situación inmediata pueda parecer un contratiempo. Aprendes de todo, incluyendo los errores y fracasos temporales.

Eres capaz de desprenderte lo suficiente para tener una amplia visión de tu progreso, y medirlo en años si es necesario en vez de días o semanas.

Esto es lo que significa fluir con la vida. La mayoría de nosotros hemos tenido la experiencia de "estar en éxtasis". Se han escrito libros sobre las extraordinarias, casi "extrasensoriales" experiencias que han tenido muchos atletas cuando llegan a ese estado. Lo que en otras circunstancias parecería difícil se vuelve un baile elegante y en apariencia espontáneo. Los jugadores de futbol americano dicen que son capaces de "sentir" a los oponentes acercarse desde atrás, su cuerpo se mueve de manera espontánea para evitar a los tacleadores. Están inmersos en el ritmo del momento.

En este estado, surge una "perspicacia" que guía tu actividad. Mientras los reportes modernos son, más que nada, breves vistazos sobre este estado, algunos textos antiguos sugieren que no sólo es posible vivir así todo el tiempo, sino que, de hecho, es el estado natural de la vida.

Sigamos a alguien cuya existencia dio un giro completo cuando comenzó a permitirse fluir con la vida.

La historia de María

María nació en la ciudad de Nueva York en una numerosa familia italiana con todas sus características: una abuela que cocinaba para un ejército, misa todos los domingos y muchos primos. El primer trabajo de su abuelo en Estados Unidos era empujar un carrito de fruta y verdura por las calles. El carrito se convirtió más tarde en un puesto, una tienda *gourmet* y luego una oficina de bienes y raíces. Pero, sin importar lo próspera que era la familia, el padre de María bebía demasiado. En unos ambientes tan anticuados las mujeres se sentían con frecuencia desamparadas y se volteaban de espaldas.

Si los rituales están hechos para resolver las dificultades de la vida, los rituales insignificantes de los que María formaba parte, tuvieron un resultado muy diferente para ella. La existencia diaria tenía un horario de rutina. Los miércoles era la clase de catecismo, los sábados eran para confesarse y los domingos para la misa en la parroquia. Después de la misa seguía una abarrotada cena familiar con los padres de su mamá y una docena de primos, tíos y tías. Mientras crecía, nunca se preguntó demasiado por qué hacía todas estas cosas.

Para cuando tenía siete años, se empezaron a mudar bandas de puertorriqueños al viejo barrio. Ya no era seguro, sus padres se inquietaron, así que decidieron mudarse a Long Island. De repente, todo se sentía nuevo y extraño. María se asomaba por la ventana del segundo piso y veía a la gente pasar para ir al trabajo. Las conexiones comenzaron a aclararse. Tenían que manejar por una hora para visitar a sus abuelos, y en las cenas de los domingos sólo eran María, su hermano, su hermana y sus padres. Las grandes celebraciones familiares ya no eran una cosa común.

Los siguientes años fueron duros. Parecía como si su padre se la pasara bebiendo, enojado y discutiendo con su madre. Cuando era adolescente, María se escapaba de la casa para irse al lugar de reunión en el parque con sus amigas. A ella le gustaba Louis, un chico guapo de ojos verdes y cabello negro azabache. Tenía una manera de mirarla que la hacía sentir que podía ver a través de su alma. A veces alguno de los chicos traía marihuana. Al principio se negaba, pero luego sus amigas le dijeron: "No quieres que piensen que no estás en onda, ¿o sí?"

Eran los años sesenta, y no mucho tiempo después empezó a experimentar con drogas más fuertes: primero LSD, luego cocaína y al final heroína. María y Louis empezaron a estar juntos. A los diecisiete descubrió que estaba embarazada y era una adicta; tuvieron una boda apresurada. Antes de la ceremonia, ella y Louis se drogaron para mantener una apariencia normal. Eso fue en octubre de 1967, el bebé nació en enero del año siguiente, fue una niña y la llamaron Laura. En abril, atraparon a Louis robando, trataba de conseguir dinero para mantener su vicio y a su nueva familia.

Después de que Louis fue a la cárcel, María no tenía a dónde ir, por lo que se regresó a casa de su madre y su padre alcohólico. Se sentía perdida y sola. Su madre la consolaba un poco, pero de ninguna manera le podía decir que era una adicta. Al mismo tiempo, tenía que conseguir dinero para mantener su vicio, así que robaba. No mucho tiempo después arrestaron a María, pero el juez la dejó bajo libertad provisional por ser la primera vez que infringía la ley.

El indulto duró muy poco. Incapaz de cubrir sus gastos y mantener su vicio, María comenzó a robar de nuevo y cuando la volvieron a agarrar le dieron una sentencia de cuatro meses en la cárcel. Sus padres la abandonaron al grado de decirle que ya no tenían hija. Su hermana la visitó una vez y fue el único contacto de María con el mundo exterior. Había tocado fondo. De ahí en adelante, María empezó su camino hacia arriba, donde el ritual se volvió algo significativo y la apoyó de maneras inesperadas.

Una vez en libertad, pasó un año en rehabilitación, salió desintoxicada y esperaba tener una nueva oportunidad en la vida. Por primera vez desde el arresto de Louis, tuvo su propia casa y era capaz de pasar tiempo con su hija Laura. Una noche tocaron la puerta muy fuerte; sonaba como si la fueran a romper. María abrió la puerta y vio a su hermano con una cara muy pálida:

"Es papá. Está muerto."

Su padre se suicidó para terminar con su miseria. María tenía que afrontar el dolor de su madre y sentía que podía recaer, así que cuando una amiga la invitó a una plática sobre meditación en el centro de rehabilitación, aceptó ir. El hecho de que se tratara de meditación trascendental (TM) era muy significativo.

Cuando la gente piensa en meditación, con frecuencia tienen esta idea: es para estar más calmado y menos estresado. Pero no siempre es así. La TM pretende de manera específica mejorar la conexión de la persona con su centro trascendente, en el que las intenciones se vuelven realidad.

Esta conexión afecta todas las áreas de tu existencia. Por eso se espera que la técnica que te conecta con tu centro trascendental tenga resultados medibles en muchas partes diferentes de la vida. Esto es exactamente lo que se ha descubierto en las investigaciones científicas sobre la técnica TM.

Aquí el conocimiento se trata de autoconocimiento, de descubrir que tu mente tiene profundidades desconocidas desde donde cualquier deseo toma poder real. María aprendió que era posible, y muy aconsejable, ir más allá del nivel de la mente que se deja llevar por las preocupaciones, hábitos, pensamientos dañinos e impulsos casuales.

La mente, como todos la conocemos, es activa y a veces turbulenta. Cuando se le permite tranquilizarse, experimenta paz y calma. Al principio, hay una reacción condicionante. La mente sale de nuevo a la superficie, atraída por un pensamiento perdido o un impulso. Sin embargo, no hay necesidad de luchar contra esta reacción. Un secreto de siglos de meditación es que a la mente le gusta la sensación de paz, quietud, silencio y felicidad. Si continúas exponiéndote a estas cualidades, tu mente dirá: "Ah, aquí es donde quiero estar. Aquí es donde pertenezco."

María estaba sorprendida de que, a pesar de los años de caos y abuso de sustancias, su mente pudo experimentar la sensación de la que hemos hablado. La meditación abrió un mundo nuevo para ella. Le ayudó a relajarse y a sentirse mejor, pero lo que era aún más importante, a desarrollar un nuevo círculo de amigos. Sus valores eran opuestos a la victimización que había nublado su existencia por años. Con el tiempo se volvió maestra de meditación y se mudó a una comunidad rural de Fairfield, Iowa, el principal centro de TM en América. Un ritual había transformado su vida de manera efectiva. Ahora un segundo ritual estaba a punto de efectuar un cambio igual de profundo en su alma.

María no había encontrado mucho sentido en los rituales de la iglesia con la que había crecido, pero cuando llegó la Pascua, ella y su hermana, que vino a visitarla a Fairfield para el fin de semana, decidieron ir a misa. Los rituales de la niñez están incrustados con profundidad, aunque carezcan de mucho sentido, y pueden brindar un sentido de seguridad y familiaridad. Así que María y su hermana buscaron la oportunidad de honrar este viejo ritual. Pero cuando María buscó a su alrededor, se dio cuenta de que se les había pasado el servicio católico local. La única iglesia del pueblo que daba servicio por la tarde era la Junta de Dios, la cual era mucho más evangélica que cualquier cosa que ella o su hermana hubieran experimentado antes.

El pastor decía su sermón con mucha pasión, se reclinaba sobre el púlpito y ponía emoción en cada una de sus palabras. Era como estar escuchando la historia de La Pasión de Cristo por primera vez, las palabras se hundían con profundidad en los corazones de ambas. El sermón era sobre la salvación personal. Jesús había muerto por los pecados de *otros*. A través de él podían tener una segunda oportunidad. María estaba casi temblando, y cuando volteó a ver a su hermana, cuya vida también había sido difícil, notó que también estaba conmovida. El pastor las invitó a pedirle a Jesús que fuera su Señor y Maestro, y ellas aceptaron. María y su hermana sintieron la liberación de una enorme carga conforme una poderosa energía las limpiaba y llenaba de amor.

Al regresar al trabajo la semana siguiente, María sentía su nueva fe como una fuerza intensa, pacífica y curativa dentro de ella. Con esperanza nueva, hizo el compromiso de poner a Jesús antes que nada en su vida. Hoy en día su fe tiene un significado incluso más profundo para ella. Se volvió a casar y su hija Laura vive una vida feliz en Texas. María está en paz.

En esta historia, la diferencia entre los rituales vacíos de la niñez y los rituales que hicieron una conexión emocional tiene toda la importancia. Los rituales religiosos en los que María participa ahora tienen un profundo significado para ella. Se ha alejado de la niña diligente de siete años y ejemplifica de manera hermosa una cita del físico Edward Teller: "Cuando tienes que llegar a la orilla de toda la luz que conoces y estás a punto de caer en la oscuridad de lo desconocido, tener fe es reconocer que sólo una de dos opciones puede ocurrir: tendrás algo sólido en donde pararte, o tendrás que aprender a volar."

PRÁCTICA RITUAL
Un corazón abierto

Una parte inspiradora sobre la historia de María es cómo encontró una manera de amarse y perdonarse a sí misma. Un corazón cerrado logró abrirse y permitió que el amor fluyera. La siguiente práctica para abrir el corazón a la cultura, al amor y al perdón proviene del Maestro Stephen Co de la tradición de curación pránica. El Maestro Co dice que aquellos que son capaces de percibir la energía sutil reportan que cuando una persona está enamorada o ama a otra, el color rosa permea su campo energético. Así que al radiar energía rosa se estimula más el amor y cariño en la otra persona.

Visualiza a alguien a quien amas o quieres parado frente a ti.

Usa tu mano derecha para tocar el centro de tu pecho. Luego, levanta ambas manos y enfócate en tu corazón, imagina una hermosa luz rosa que irradia desde tu corazón como energía líquida que fluye por tus manos e inunda a la otra persona con esta hermosa luz rosa. Enfócate en tu corazón y recuerda momentos felices que hayas tenido con esta persona. Continúa irradiando esta energía amorosa hacia la persona, mientras la imaginas frente a ti.

Esta sencilla técnica se usa para activar el flujo de energía amorosa desde tu corazón. Una vez que el corazón fluye con ésta, puedes visualizar a quién tú quieras (por ejemplo, alguien del trabajo con quien estás teniendo roces), y mientras te enfoques en tu corazón y los satures con energía rosa amorosa, notarás que hay un cambio en la otra persona.

Quitar bloqueos

No todas las personas que meditan retoman la fe de su niñez. Ése fue el resultado para una mujer porque su diseño de vida reveló lo que era correcto para ella. Antes de que pudiera ver (y lo que es más importante, sentir) de que se trataba su vida en realidad tenía que quitar muchas trabas. El tipo de obstáculos que tuvo que atravesar existen en la vida de todos:

Viejos hábitos.

Condicionamiento de la niñez.

Creencias negativas sobre uno mismo.

Sentirse incapaz.

Emociones autodestructivas: ansiedad, enojo, desesperación, desesperanza.

Presión para conformarse.

Un deseo sencillo y natural como "quiero ser feliz" debería encontrar su camino de manera natural hacia la plenitud. Sin embargo, cuando tu diseño de vida está bloqueado, el camino hacia la plenitud se vuelve muy rebuscado y frustrante. Durante su pasado, María hizo todas las cosas "correctas" en términos de encontrar una pareja, casarse, tener un bebé e ir a la iglesia, pero esos pasos no la acercaron a la felicidad, sino al contrario. Sin la coherencia interior de la energía vital que fluye a través de las cuatro puertas: física, mental, emocional y espiritual, su vida exterior se distorsionó, como lo dictaban los bloqueos de su vida interior.

Los rituales proporcionan un lugar seguro para tratar los sentimientos difíciles y te muestran que hay un camino hacia la curación. Hemos cubierto este proceso en nuestra discusión de rituales ceremoniales. Estos involucran a grupos y comunidades por una buena razón. Cuando te juntas con otras personas, no tienes que estar tú solo lidiando con tus demonios personales. Te das cuenta de que todos tenemos ciertos "asuntos" que confrontar y que la sanación se logra de manera más fácil con el apoyo de otros. Una de las principales cosas que mantienen a la gente en un estado de victimización es el secretismo. Si nos sentimos apenados y culpables, nos parece muy difícil revelar nuestros secretos más íntimos. Por consecuencia, se vuelven más y más intensos. Todas las víctimas se sienten solas en la oscuridad.

Para que la sanación suceda, tienes que traer luz a estas situaciones oscuras. Los rituales ceremoniales son muy efectivos, como descubrió María en la iglesia un día de Pascua. Como individuo, sin embargo, eres responsable de atraer la luz. Estás haciendo eso precisamente cada vez que te quitas un bloqueo y dejas que fluya la energía vital, pues esta energía, acompañada de conciencia, *es* luz. El ritual no funciona por arte de magia.

El poder de crear la vida que quieres reside en ti: en tu ímpetu, tu pasión y compromiso para crear dicha vida. Para muchos, el hecho de atribuirle este poder a un ser superior, les permite alejarse de la trampa del ego.

En las sabias tradiciones antiguas del oriente, hay diferentes nombres para lo que nosotros llamaremos "el pequeño tú" o el tú egoísta, y lo que llamaremos el "Tú universal." El Tú universal es ese aspecto de ti que está conectado a las partes cambiantes más profundas y fuertes de la vida. La conciencia del pequeño tú es limitada, no tan poderosa. A través del ritual, tienes el poder de conectar, participar y beneficiarte del Tú universal, el ilimitado, el libre.

Lo que te bloquea ahora ha sido acumulado en el pasado. Puede que estés entrando en una situación nueva, conocer una posible pareja, conseguir otro trabajo, confrontar una crisis inesperada, ¿y qué sucede? Descubres que actúas igual que siempre, tal vez con algunas pequeñas modificaciones. La voz del pasado te está diciendo cómo comportarte. Así que, en vez de manejar la situación actual de una manera fresca, estás repitiendo viejas respuestas, viejos comportamientos, viejas soluciones. Aprender a ver cómo se interponen los bloqueos entre tú y una vida plena es el primer paso para dejarlos atrás.

PRÁCTICA RITUAL
Descifrando los bloqueos

Uno de los rituales más poderosos en nuestra vida es "el trabajo." Byron Kathleen Reid, conocida como Byron Katie, describe en su libro *Amar lo que es* y en su sitio web www.thework.com

un proceso que denomina "el trabajo". Es un ejercicio simple pero efectivo para la autoinvestigación. Sus técnicas te permiten llevar luz a los lugares oscuros y dejar atrás conceptos limitantes del pasado. El problema básico que abordan las preguntas que constituyen este proceso es el pensamiento rígido. Una creencia parece ser verdad, y acarrea tanta carga emocional con ella, que no se puede ver más allá. En estos casos la solución es empezar a jugar con la creencia atorada en cuestión. Examinarla muy de cerca para probar si en realidad es verdad, luego voltearla de un lado y del otro para conseguir un punto de vista fresco.

El proceso empieza con escribir un pensamiento estresante que creas que es la causa de tu sufrimiento. Por ejemplo, "Mi esposo debería escucharme, pero no lo hace." "El trabajo" consiste en cuatro preguntas y un "giro" que puedan aplicarse a este pensamiento. Las cuatro preguntas disminuyen tu certeza sobre lo que el pensamiento te está diciendo.

Pregunta 1: ¿Es verdad?

Si usamos nuestro ejemplo sería: "¿Es verdad que mi esposo debería escucharme pero no lo hace?"

Pregunta 2: ¿Puedes saber con absoluta certeza que es verdad?

Con nuestro ejemplo quedaría: "¿Puedo saber con absoluta certeza que mi esposo me debería escuchar?"

Pregunta 3: ¿Cómo reaccionas, qué sucede, cuando crees este pensamiento?

Según nuestro ejemplo, se convertiría en: "¿Cómo reacciono, qué sucede cuando creo que mi esposo me debería escuchar pero no lo hace?

Pregunta 4: ¿Quién serías si no tuvieras ese pensamiento?

Usando nuestro ejemplo: "¿Quién sería yo si no pensara que mi esposo me debería escuchar?"

El Giro

Encuentra otros puntos de vista además del que tú sostienes. Toma el pensamiento original y voltéalo. Experimenta sentir lo opuesto de lo que considerabas como verdad en un principio. Puede haber diferentes giros. Toma cada uno de ellos y encuentra tres ejemplos específicos y genuinos de cómo esa declaración puede ser igual de verdadera, o más, que tu pensamiento original. Aquí hay algunas posibilidades que se pueden aplicar para nuestro ejemplo: "Mi esposo debería escucharme."

Giro hacia mí: Yo debería escucharme a mí misma.

1. Debería escuchar la manera en que le hablo a mi esposo. Quizá no es muy agradable.

2. Debería escuchar el problema que le estoy contando a mi esposo. Quizá descubra una solución.

3. Debería escuchar el consejo que le estoy dando a mi esposo y practicarlo yo misma.

Giro hacia el otro: Debería escuchar a mi esposo.

4. Debería escuchar a mi esposo cuando me dice que se siente abrumado o distraído. Quizá no es el momento preciso para escucharme.

5. Debería escuchar los problemas de mi esposo si quiero que escuche los míos.

6. Debería escuchar las acciones de mi esposo que me dicen que no le interesa saber al respecto. Puedo buscar a alguien que sí le interese.

Giro contrario: Mi esposo no debería escucharme.

7. Mi esposo no debería escucharme en este momento porque tiene una fecha importante de entrega y necesita terminar lo que está haciendo.

8. Mi esposo no debería escucharme porque me estoy enfocando en cosas negativas que no le ayudarán a nadie.

9. Mi esposo no debería escucharme porque no es su responsabilidad hacerme feliz, es mi trabajo.

El poder de "el trabajo" está en abrir tu mente, liberarte de la necedad de un sólo punto de vista. Cuando haces eso, creas lo que llamamos un "puente de compasión" con los que tienen puntos de vista opuestos al tuyo. Al liberarte de las restricciones que tiene tu antigua creencia, permites que el poder del amor se convierta en una influencia sanadora en tu vida.

Imagina un círculo. Un círculo es una línea que se conecta consigo misma; consiste en un número infinito de puntos que se juntan. Ahora imagina que esos puntos son posibles pensamientos que tú o cualquier otro pueden tener. Por cada pensamiento que puedas tener, hay un pensamiento opuesto. "Me gustan los huevos con jamón" contra "No me gustan los huevos con jamón." "Es bueno ver por ti mismo" contra "Es bueno ayudar a los demás."

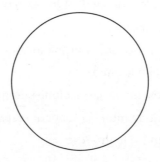

Si juntas un número infinito de inversos, el círculo representa el juego de opuestos o lo que podemos llamar "el universo dual". Todo en la vida tiene un contrario. Para cada arriba hay un abajo, para cada adentro hay un afuera, para cada gordo hay un flaco, y así de forma sucesiva. "El trabajo" hace que te muevas de un polo al opuesto, ya que en realidad siempre hay dos. Así funciona la existencia, a través del juego de las dualidades. Si puedes unirte al él, serás parte del baile de la vida.

Cada vez que examinas un pensamiento estresante y lo volteas, estás creando un puente entre tu creencia y su opuesto, así:

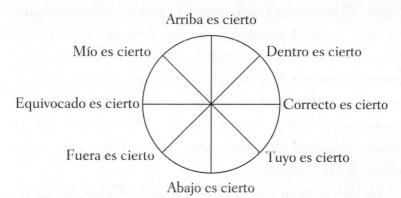

Lo extraordinario sobre "el trabajo" es que conforme haces las cuatro preguntas y volteas tu pensamiento, en poco tiempo las respuestas llegan por sí solas. Estás "deshaciendo" de manera constante los pensamientos que te causan sufrimiento y, dentro de poco, ya no sufrirás más por ellos.

Puedes imaginar lo que sucede cuando *todos* los razonamientos que tienes, no sólo los estresantes, están conectados con su opuesto de manera automática. Estarás viviendo una increíble conciencia en expansión. En vez de que un sólo pensamiento tenga su opuesto, cada uno estará conectado con otro, y entonces el círculo se vería así:

Este simple diagrama representa el estado de iluminación, en donde el universo dual se remplaza por la unidad. Los opuestos dan lugar a la totalidad. La totalidad te lleva más allá del conflicto interno. Para usar terminología budista, derrotarás al sufrimiento sólo cuando transciendas la batalla entre hacer el bien y el mal. En el flujo natural de la energía vital, el bien y el mal se hacen cargo de sí mismos; cada acción que tomas es para beneficio de las criaturas vivientes. Éste es el estado del amor verdadero, en el que cada parte de la vida está conectado con otra por un "puente de compasión".

No quiere decir que la unidad llega de pronto. Todos nos aferramos a conceptos sobre cómo deberían ser las cosas. Por suerte, una vez que "el trabajo" comienza a construir el primer puente y siga creando más, la mente desarrolla una nueva apertura y libertad. El hábito de vincular opuestos se establece, y cuando se vuelve automático, el proceso evoluciona por sí solo, con más velocidad y facilidad. El propósito del amor es experimentar más amor, hasta que con el tiempo, un estado de amor incondicional, proveniente del centro de la vida misma, sea tuyo. Al sentirte completo tú mismo, al mismo tiempo mirarás un mundo que de forma milagrosa también está completo.

La intención cambia la realidad exerna

Vayamos más allá con la sencilla pregunta con la que empezamos. ¿Por qué algunos sueños se hacen realidad y otros no? Para la mayoría de la gente, la conexión entre tener una intención "aquí" que conlleva a un resultado "allá" es confusa. Si te fijas en el diagrama de tu diseño de vida en la página 27, los dos anillos exteriores están marcados como "vida interior" y "vida exterior", se reflejan el uno al otro cuando la energía vital fluye a través de las cuatro puertas sin ninguna traba. Como todos tenemos algún bloqueo, el flujo de la energía no siempre es suave. En una palabra, impedimos que nuestros sueños se vuelvan realidad porque la mente está llena de mensajes cruzados. Piensa en la posibilidad de pedir como postre un helado con caramelo derretido en un restaurante. Puede que tengas algunos de los siguientes pensamientos:

Suena delicioso, me encantaría ordenarlo.
Pero engorda.
Necesito vigilar mi peso.
Pero me encanta el chocolate.
¿Cuánto daño me puede hacer un postrecito?

Estos pensamientos son simples y familiares, pero puedes notar cómo se contradicen uno a otro y crean un efecto de jala y empuja en la mente. Algunas veces cederás y terminarás ordenando el helado con caramelo derretido, otras veces resistirás la tentación.

Pero, ¿qué pasaría si tu decisión sobre ordenar o no ordenar el helado con caramelo derretido viniera de un nivel más profundo que el pensamiento? ¿Qué pasaría si estuvieras tan sintonizado con tu cuerpo que pudieras sentir lo que te dice, conectarte con tu conocimiento interior, y tomar una decisión basada en eso, en vez de los argumentos racionales (o irracionales) de tu mente? Nuestro sistema educativo nos entrena para tomar decisiones a través del análisis lógico, y en algunos casos eso es valioso. Pero el efecto secundario de este entrenamiento es que muchos perdemos la habilidad de conectarnos con partes más tenues… que están más allá del pensamiento. Éste es uno de los valores del ritual. Los rituales reentrenan a tu mente para abrirla a estos niveles más sutiles de la experiencia.

Desde el punto de vista de las intenciones que se vuelven realidad, los mensajes contradictorios retrasan o impiden que la vida te ayude a alcanzar tus metas. Estás mandando señales de sí/no, jala/empuja, así que lo que obtienes son resultados contradictorios. Los escépticos lo negarán con el argumento de que el mundo exterior no está emparejado con el mundo interior en primer lugar. No por el simple hecho de que quieras algo significa que el mundo físico responderá a ello. Pero una larga serie de experimentos indican que hay una conexión viable. Se puede comprobar con las tradiciones de sabiduría. Ellas han explorado la conciencia de manera tan inteligente como la ciencia de hoy en día explora los fenómenos externos. Sin embargo, a veces los dos caminos se traslapan.

El físico Robert Jahn es decano emérito en ingeniería y ciencias aplicadas en la universidad de Princeton. Sus colegas y él pasaron más de veinticinco años realizando experimentos controlados de manera estricta para comprobar que la intención de un individuo puede afectar el resultado de sucesos casuales. La configuración del experimento era sencilla y elegante. Se puso a un grupo de personas en un cuarto con una máquina que generaba dos números al azar, cero y uno. En una impresión, la secuencia que se obtenía se veía como algo así: 0110011011010100011. En una secuencia muy larga, el número de ceros sería exactamente igual al número de unos.

Sin embargo, a las personas se les pedía que mandaran la intención específica para que la máquina generara más unos que ceros. A través del pensamiento convencional, tal intención no daría ningún resultado. A la máquina no le importaría lo que sucede en las mentes de las personas; su trabajo era simplemente generar ceros y unos al azar. Aun así, en los millones de pruebas que hizo el equipo de Princeton encontraron que la intención humana podía causar un cambio en la dirección deseada el cincuenta y dos por ciento de las veces. (Otros experimentos que pretendían replicar estos resultados, descubrieron variantes similares, e incluso encontraron que algunas personas tenían más talento para modificar los resultados de la casualidad. Aun cuando una diferencia de dos por ciento no parezca mucho, es una diferencia enorme para un científico que ha sido educado para creer que el azar es el azar, con seguridad matemática. Una variación tan marcada de la casualidad indica que algo real está sucediendo. ¿Pero, qué?

Además de sus descubrimientos misteriosos, cuando los investigadores de Princeton tenían parejas que mantenían la misma intención juntos, los resultados podían ser *seis veces más fuertes* que con una sola persona. Por alguna razón, un grupo de personas con una fuerte conexión emocional que mantiene el mismo deseo, amplifica el efecto en gran medida.

Bueno, ahora ya tienes una gran idea sobre por qué algunos sueños se vuelven realidad. La conexión entre el mundo interno y el mundo externo tiene que ser continua. Cuando hay coherencia entre la mente, el cuerpo y el mundo exterior, todos conectados por el flujo de energía vital, tu habilidad para crear lo que quieres se incrementa de manera sustancial.

¿Será que un efecto similar aplica a grupos que tienen una intención colectiva? Aquí tenemos un ejemplo inspirador.

Michael tenía veintisiete años. Por varios años había disfrutado de una experiencia de conexión increíble y muy personal con el centro trascendente de su vida que llamaba "Dios". Mientras caminaba por la calle, escuchó una voz interior que le decía: "Es momento de hacerse público." No era algo fácil de escuchar. Aunque había soñado con comenzar una nueva comunidad, la experiencia interior de Michael con la presencia de Dios era un asunto personal, estático y dichoso, y una parte de él no quería renunciar a ese estilo privado y personal.

Le tomó varios años ponerse en acción; pero al final decidió formar un círculo, que llamó el grupo de la visión. Quería ver cómo sería expandir una relación personal con Dios en un lugar sagrado junto con otras personas. Invitó a miembros de las tres partes principales del trabajo de su vida: los clientes que asesoraba en forma privada, los alumnos que estaban aprendiendo a ser practicantes espirituales y la gente que había asistido a sus talleres. Los que respondieron se encontraron en la calle 43 Place, 4345 en Los Ángeles y se volvieron una familia espiritual, unidos por su amor y el potencial de lo que podían crear. Juntos plantearon la pregunta: "¿Cuál es la idea de Dios sobre sí mismo, como comunidad, y cómo se ve?"

Esto era una versión actualizada de una tradición cristiana de hace cientos de años, en la que los devotos forman el cuerpo de Cristo en la Tierra. En varios periodos las congregaciones sentían que su poder provenía de rezar juntos, pero siempre ha habido un lado más místico, en el que la presencia divina hablaba y actuaba a través de los creyentes. El círculo de Michael planteó también una segunda pregunta: ¿En qué nos debemos convertir, de forma energética y consciente, para que esta comunidad nazca en el ámbito de la manifestación?"

Los meses siguientes, semana tras semana, el círculo se encontraba e imaginaban cómo sería una "querida comunidad". El fruto de su trabajo sigue hoy en día, veintiséis años después, como el Centro Espiritual Internacional Ágape, con más de nueve mil miembros locales y un millón de amigos y seguidores en todo el mundo.

Cuando renunció a su resistencia, a la edad de veintisiete años, el doctor Michael Bernard Beckwith sirvió como catalizador para crear un instrumento superpoderoso para la expresión de la voluntad de Dios. Mostró el poder de crear un lugar sagrado en el que la ceremonia, el ritual, la oración y la intención conjunta estuvieran entrelazados. También se le puede llamar a esto el poder de la conciencia colectiva, cuando la alineación del diseño de vida se amplifica de un individuo a un grupo. Ágape se ha vuelto reconocida por su hermosa música profundamente espiritual; su comunidad comprensiva y muy unida; y el poderoso mensaje de esperanza y renovación que genera cada semana.

Crear tu propio círculo

Desde el momento en que los humanos se juntaron alrededor del fuego por primera vez, el ritual del círculo ha sido parte de la herencia social. Puede ser formal o informal, o una mezcla de ambas. Los rituales cimentan la identidad del círculo. Se espera que una intención se lleve a cabo, los medios para hacerlo se organizan con un procedimiento predecible y se les da a todos los involucrados la oportunidad de agregar su propia perspectiva. Cada mes, tenemos una reunión en línea con nuestro equipo de *Descubre el secreto*. Cada uno de los integrantes comienza declarando de manera breve su intención para la reunión y termina apreciando a todos los otros miembros. Estos sencillos rituales no toman más de diez minutos, pero cultivan una cercanía con el equipo que no sería igual de otra manera.

Los rituales de un círculo proporcionan herramientas sencillas a sus integrantes que les ayudan a:

Comunicarse de manera honesta y abierta.

Cultivar la cooperación y la comprensión.

Motivar las soluciones creativas.

Disminuir las diferencias.

Promover la reconciliación.

Así como el mandala es un símbolo espiritual que se aparece con diferentes formas en muchas culturas alrededor del mundo, el círculo es un ritual que está presente en cada cultura ancestral. Es obvio que todavía tenemos círculos hoy en día. Los llamamos reuniones o juntas de negocios. Pero los círculos modernos deben tener una estructura de ritual para crear un contexto respetuoso dentro del que se desarrollen las reuniones. Ya sea con tu familia, amigos, socios de negocios, los maestros y administradores de la escuela de tu hijo, tienes el poder de transformar esas reuniones. Hemos hecho algunas sugerencias en la siguiente práctica ritual. Algunas prácticas se traslapan con lo que mencionamos en los rituales ceremoniales, pero sentimos que eran bastante valiosas para repetirse.

PRÁCTICA RITUAL
La sabiduría del círculo

En la siguiente reunión que te sientas lo bastante cómodo como para sugerirlo, invita a los integrantes a estructurar algunos rituales dentro de su grupo. Aquí hay algunos sencillos para comenzar:

1. *Tener un comienzo y un final formal para la reunión.* Este puede ser el marco de intención y apreciación del que hablamos con anterioridad. Otras posibilidades son: una oración al empezar y terminar; tomarse de las manos en un momento de silencio; o leer una declaración visionaria para su iniciativa conjunta. Escoge lo que sea que se sienta como una manera apropiada y motivadora para el comienzo y el fin. Las juntas de negocios, en particular, con frecuencia parecen tan frías y desconectadas de los sentimientos que introducir cosas simples que puedan ayudar al grupo a conectarse es una valiosa práctica.

2. *Reconocer la sabiduría del grupo.* Los miembros están ahí por una razón. Cada persona contiene una pieza de la sabiduría que el grupo necesita para crear los resultados que buscan. Al reconocer esto, se crea un ambiente en el que se escucha a la persona con respeto. Por ejemplo, los integrantes pueden compartir su mayor ganancia de la semana anterior. Una forma de terminar la junta es que cada miembro comparta cómo pretende poner en práctica los resultados de la reunión.

3. *Crear un centro claro.* Sienta a los participantes para que estén frente a frente y marca el centro con algo que sea

significativo para el grupo. En una junta de negocios podrían ser los valores centrales de la compañía o el acta constitutiva. En una familiar, puede ser un álbum de fotos o una cosa hereditaria. En una reunión de trabajadores puede ser las metas anuales del equipo o las declaraciones de su misión personal.

4. *Crear un objeto para hablar.* Puede ser un palo, una piedra, una gema, un trozo de ropa, o cualquier cosa que todos en el grupo reconozcan como un objeto que da el derecho de hablar sin interrupción a la persona que lo sostiene. Cuando el orador ha terminado, la pieza para hablar se pasa a la siguiente persona que quiere decir algo. Recomendamos que la pieza para hablar sea algo que todos consideren valioso. Esto le recordará a los oradores que el derecho de hablar es muy preciado y que cada palabra tiene valor.

Es importante que veas por ti mismo lo que un círculo puede hacer cuando contacta con el potencial humano. Hace unos años, Janet y sus amigas hablaban sobre cómo les gustaría hacer algo a través de la intención colectiva para los amigos y miembros de sus familias que estaban pasando por momentos difíciles de salud o dinero. Janet cuenta la historia:

Nuestro círculo original estaba constituido por mí y otras tres: Debra, Adrienne y Suzanne. Todas nosotras estábamos comprometidas de una manera espiritual, y este tipo de actividad nos quedaba como anillo al dedo. Habíamos leído sobre la ayuda que se les brinda a los pacientes cuando se reza. Bueno, el caso es que nos encantaba tratar con lo inadvertido. Cada semana nos veíamos las cuatro en la casa de Suzanne. En cuanto entrábamos teníamos que escoger una carta de la baraja de ángeles.

Es una baraja especial en la que cada carta muestra un ángel con una pequeña frase en la parte de atrás. Con el tiempo, todas nos empezamos a tomar muy en serio escoger nuestra carta porque significaba en lo que más teníamos que trabajar dentro de nosotras en ese día. De una extraña manera ¡la carta siempre le atinaba! Después nos sentábamos en un círculo y poníamos fotos y estatuas de nuestros maestros religiosos y espirituales favoritos en el centro. Prendíamos un poco de incienso y velas, y luego nos tomábamos de las manos mientras rezábamos por la gente que sentíamos que necesitaba nuestro amor y apoyo esta semana.

Cuando terminábamos de rezar, desayunábamos juntas. Muchas veces, el tema principal del almuerzo no era la película más reciente, sino cuánta inspiración nos daba el círculo y qué tan diferentes nos sentíamos, en un buen sentido, después de habernos conocido. Corrió el rumor sobre las experiencias que teníamos en nuestro círculo de oración. Parecía que nuestras vidas individuales estaban floreciendo, y la gente por la que rezábamos estaba mejorando y llevando una existencia más feliz y plena. Habíamos hecho contacto con algo. En poco tiempo el círculo se expandió y éramos ocho mujeres.

Después de dos meses de reuniones mensuales regulares, todas estábamos de acuerdo en que sin duda, era lo más importante y significativo que hacíamos. Tomamos la decisión grupal de juntarnos cinco veces a la semana, en vez de una. Debra anunció que su esposo nos había bautizado como "el grupo de los ángeles." Le dijo que cuando llegaba a casa de una reunión, la sentía llena de alegría, como un ángel. Todo el primer año nos íbamos convenciendo de que estas reuniones de una hora, cinco veces a la semana, eran de alguna manera lo más importante de nuestras vidas.

Un día, después de un círculo de oración en especial profundo, recibí una llamada de la secundaria local. Una de mis amigas se había quemado horrible en un incendio. La escuela quería saber si podría llevar a sus tres hijos al hospital a la unidad de quemaduras. La mamá se encontraba en una situación crítica. No podían encontrar al padre, y la persona que llamó dejó muy claro que la situación era grave. Mi amiga tenía terribles quemaduras en el noventa por ciento de su cuerpo y quizá no lo lograría.

Apuré a los niños para ir al hospital y les pedí que esperaran en silencio antes de ver a su mamá. Estaba muy ansiosa por lo que pudieran ver. No me podía imaginar cómo sería, y me endurecía conforme iba caminando hacia el cuarto. Fue impactante: incapaz de estar acostada sin sentir un insoportable dolor, mi amiga colgaba del aire, su cuerpo estaba quemado del cuello para abajo. Temía que cuando la viera se me retorcería el estómago, pero me sentí tranquila y abierta. Pienso que lo único que pudo generar esa reacción fue el grupo de los ángeles. Durante las siguientes semanas rezamos por su recuperación, y a pesar de la agonía por la que atravesaba, mi amiga logró una recuperación total al final. Vive feliz con su esposo y sus tres hijos, quienes ya crecieron.

Al mirar atrás, me sorprende ver cuánto se hizo con cuatro amigas a las que les gustaba juntarse a tratar con lo inadvertido.

Expandir tu conciencia

Todas las vidas son multidimensionales. Cada día te trasladas de despertar, a dormir y de dormir a soñar. Te subes a la montaña rusa de tus emociones y juegas en el campo de los deseos, esperanzas y aspiraciones. La vida ideal es aún más multidimensional que la que llevas ahora, porque cuando descubres tu diseño de vida, tu energía vital fluye de manera libre. Es impredecible saber a dónde te llevará. La vida es tan ilimitada en sus posibilidades como la misma mente.

En nuestra época científica, se ha explorado la realidad desde la más fina partícula de la naturaleza hasta las galaxias más lejanas. La infinitud se expande en todas dimensiones. Pero lo mismo sucede en tu mundo interior. ¿Por qué habríamos de encerrar la conciencia dentro de unas paredes? Su misma naturaleza es infinita, y refleja al cosmos. Cuando la conciencia se abre de repente, la experiencia es inigualable.

En nuestro trabajo, hemos sido afortunados al estar con mucha gente que ha tenido experiencias expandidas del centro trascendente de su vida. Así es como una persona nos la contó:

Muy rápido sentí que tenía acceso a un estado más profundo de felicidad, el cual era muy hondo y completo... Sentí como si se disolviera la idea de mí mismo, como si la individualidad se evaporara. Tenía esta enorme impresión de unidad... Logré esta hermosa serenidad y conexión desinteresada a través de la meditación. Sentía amor. Amor por mí mismo, pero también por todos los demás. Un estado constante de amor puro entre todos nosotros.

Estas experiencias tan hermosas las atestiguan personas ordinarias y es probable que casi todo el mundo haya vivido algo parecido. Poll indica que casi la mitad de los estadounidenses han percibido luz que emana de otra persona o han sentido lo que en definitiva parece una presencia divina. Casi treinta por ciento de los entrevistados han tenido alguna experiencia de "renacimiento", y la cantidad de personas que mantenían creencias alternativas, como la reencarnación y la comunicación más allá de la tumba, está creciendo de forma constante. Incluso en una sociedad en la que la tendencia es alejarse de la religión organizada, entre ochenta y noventa por ciento de la gente reportan creer en Dios, el alma y en irse al cielo después de morir.

La historia de eben

¿Por qué Eben estaba despierto? Eran las cuatro y media de la mañana, una hora antes de prepararse para ir al trabajo. Acostado en la cama, notó un dolor que se intensificaba de manera constante. Colgó sus pies por la orilla y se paró, el dolor intenso y punzante se movió a la base de la espalda. Su esposa aún estaba dormida, así que se dirigió en silencio hace el pasillo del baño, y pensó que una ducha caliente le ayudaría. Le había funcionado otras veces antes cuando le dolía la espalda. Se metió con cautela mientras anticipaba su efecto relajante, pero el dolor sólo seguía empeorando. No se parecía a nada que hubiera sentido antes.

Eben era doctor, y mientras se envolvía en la bata de baño y se arrastraba de vuelta al cuarto, su mente rebuscaba entre el catálogo de posibilidades antes de desvanecerse en la cama. En poco tiempo estaba perdiendo la conciencia, así que su esposa se apuró a llevarlo al hospital en donde trabajaba, y en menos de una hora una tragedia médica se desencadenó en una serie de convulsiones incontrolables.

El doctor Eben Alexander era un neurocirujano reconocido que había pasado quince años trabajando en las escuelas de medicina de Harvard y Brigham, y en el Hospital para Mujeres de Boston. Por querer estar más cerca de sus familias, él y su esposa se mudaron a Lynchburg, Virginia en 2006, para trabajar en la Fundación de Ultrasonido Enfocado en Charlottesville. Era muy conocido por casi todos en la comunidad médica local.

La doctora asistente Laura Potter, trató sin mucho éxito de mantener las crisis de Eben bajo control con una inyección lumbar mientras seis enfermeras y ayudantes lo sujetaban. Tomó cierto tiempo llegar al diagnóstico desalentador: meningitis por bacteria, una condición poco común provocada por un tipo de virus de *E. coli*. La enfermedad ataca a menos de uno en diez millones. A lo largo de una semana, la corteza cerebral, la porción externa del cerebro de Eben, se apagó por completo. Cayó en un coma que duró siete días, y sus posibilidades de sobrevivir bajaron del diez al tres por ciento conforme pasaba cada día.

Las únicas partes de su cerebro que seguían funcionando eran las regiones primitivas que llevan a cabo las funciones primarias del cuerpo. Desde la perspectiva de la medicina moderna, la parte de Eben que podía pensar, soñar, imaginar, calcular e incluso alucinar, estaba muerta. Sería imposible creer que estaba teniendo una visión que cambiaría su vida y lo lanzaría a la atención pública.

El extraordinario viaje de Eben Alexander, como se relata en su *bestseller* del 2012, *La prueba del Cielo*, forma parte de cientos de historias acerca de "ir hacia la luz", donde un paciente se muere en la sala de emergencias o en la mesa de cirugía y luego regresa a la vida. Sin embargo, su historia sobresale en dos aspectos. El primero es que Alexander no era sólo doctor, sino neurocirujano, bien equipado para saber cómo funciona el cerebro en sus límites extremos. El segundo, cuenta un viaje al cielo en extremo detalle, y esto viene de alguien que no creía en la existencia del cielo.

Ya que su libro causó tal sensación que varios lectores ya lo han de conocer, no contaremos de nuevo la historia completa. Pero él, como muchos otros sobrevivientes de experiencias cercanas a la muerte, regresó con un profundo sentido de paz y una seguridad de haber visto la realidad de una manera más íntima que nunca.

Estaba rodeado de oscuridad, pero no negra por completo. Estaba consciente de que existía, pero no tenía memoria de su familia, trabajo, vida, ni de quién o qué era. Lo único que sabía era que estaba "aquí", sin importar lo que "aquí" significaba.

Conforme se iba orientando, lo que experimentaba se llenaba de una belleza, magnificencia y asombro, que más tarde notó que eran imposibles de describir por completo. No había sentido del tiempo, pero en algún momento se percató de que tenía un compañero, una niña adorable que volaba junto a él. Unos rizos dorados rodeaban sus pómulos y sus profundos ojos azules. Mientras lo miraba, su mirada hacía que cada momento de la vida valiera la pena. No era una mirada romántica, ni siquiera la mirada de un amigo muy querido. Era una mirada profunda y penetrante, llena de un amor que sobrepasaba cualquier cosa que Eben hubiera experimentado jamás.

Más tarde se dio cuenta de que los dos estaban sostenidos sobre una superficie estampada de una manera intrincada, que explotaba con colores llamativos, ¡iban montados en una mariposa! La niña empezó a hablar sin palabras, el significado pasaba a través de él con la fuerza de la verdad inmediata. Eben describe tres mensajes hasta donde se pueden expresar en palabras:

"Eres amado y adorado por siempre."
"No tienes nada que temer."
"No hay nada que puedas hacer mal."

Eben sintió un gran alivio, como si hubiera estado jugando toda su vida y alguien por fin le hubiera explicado las reglas. Sucedieron una infinidad de sucesos impresionantes, pero lo que penetró de manera profunda fue este mensaje: que continuó después de haber despertado del coma, contra todas las posibilidades, y recuperó por completo todas sus funciones cerebrales. El relato del doctor Alexander fue tomado por algunos (en especial por desacreditadores profesionales) con escepticismo y controversia. No vamos a detallar los argumentos de ambos lados, ya que representan posiciones duras y fijas. Hemos aceptado el relato de Alexander por su valor de entrada ya que resuena y apoya muchas experiencias cercanas a la muerte.

Puede que te preguntes por qué consideramos esta historia un ejemplo de conciencia expandida, ya que en la superficie pareciera ser religiosa, una confirmación del cielo como una realidad. Ahora, Alexander sentía y sabía que la existencia de

Dios era cierta. Nuestra respuesta nos lleva de vuelta al diseño de vida. Lo que contiene casi toda experiencia cercana a la muerte es un sentido de libertad y expansión más allá de las fronteras. La duda y la confusión de la vida diaria se remplazan por certeza y claridad. Es el tipo de transformación exacta que ocurre cuando tu energía vital ya no está bloqueada. Con la libertad llega una realidad nueva por completo. Sin decir sí o no a la "prueba" de que Alexander fue al cielo y volvió, hay una fuerte similitud entre el conocimiento que obtuvo y el nivel de perspicacia en el mandala del diseño de vida.

En su viaje, Alexander encontró que le llegaron muchas preguntas, las cuales eran contestadas casi al instante, sin tener que usar la lógica, el razonamiento ni las palabras. Las respuestas tomaban forma dentro de su conciencia como una explosión de luz, color y amor. La experiencia le trajo una profunda sensación de saber. Cada respuesta contenía en sí una totalidad; podía ver de golpe todo lo relacionado con la pregunta. Conforme miraba hacia atrás, Alexander se dio cuenta de que en un instante de revelación, obtuvo cierto conocimiento que le hubiera tomado años entender en la tierra. Pero si le quitamos toda la intensidad a lo que pasó, los matices espirituales, los colores alentadores y la belleza, sucedió algo familiar. La "revelación" del conocimiento es una experiencia universal. La revelación y la imaginación, los súbitos impulsos de amor, los momentos de éxtasis, todos son aspectos esenciales de la conciencia.

Si tomas la historia de Alexander desde este ángulo, el punto es decirnos quiénes somos, aquí y ahora. Su viaje no parecería algo extraño para un maestro iluminado, para un santo cristiano o un yogui avanzado. Todos ellos han experimentado la intensidad de la conciencia que llega cuando el diseño de vida emerge por completo. Lo que surge puede llamarse Dios, pero también conciencia totalmente expandida o conciencia pura.

No es necesario ir al cielo o experimentar el amor que permea todo, incluyendo los detalles de la vida diaria. Un estado de conciencia expandida lleva este amor a la luz. Kahu Kawai'i, un curandero o chamán hawaiano expresa lo anterior de manera hermosa: "Lo que puedes sentir hacia un ser humano que amas es lo que sientes hacia una hoja seca en el piso y hacia la lluvia del bosque y el viento. Existe tal intimidad que todo te habla y todo te responde de acuerdo a cómo seas, casi como un espejo que refleja tus sentimientos."

La sensación de que tu vida exterior refleja la vida interior es una gran señal de que estás realizando el diseño de tu vida. Dos aspectos de la conciencia que, por lo general aceptamos como separados, están unidos cuando empiezas a vivir desde el centro trascendente de tu ser.

Dimensiones superiores en todas las tradiciones

Durante siglos, se ha viajado una y otra vez a otras dimensiones. A través de ellos, la gente encontraba nuevas maneras de ver a dónde pertenecían los seres humanos en la grandeza de la creación. En vez de hablar de dioses y diosas que ven hacia abajo desde los cielos, identificaremos a las dimensiones superiores con la conciencia superior. Las ceremonias con los dioses se trataban de una comunicación de dos. Los participantes pedían regalos y favores, y los dioses se los podían mandar o no. Pero en las tradiciones de sabiduría del mundo, en realidad no hay un diálogo. Hablamos con otras dimensiones pero de nosotros mismos. Los dioses y diosas son imágenes que representan las cualidades de la conciencia humana, las mismas cualidades que surgen conforme desarrollas tu diseño de vida.

Una garantía que tenemos de todo esto, es que las características de la conciencia superior se describen de la misma manera en las culturas de Oriente y de Occidente. Separados en tiempo y espacio, el viaje interior siempre llega al mismo destino. A continuación tenemos algunos de los nombres que se les da a estas características a lo largo de una variedad de tradiciones. Los nombres son diferentes, pero la esencia es la misma. ¿Qué tal que todas estas tradiciones están describiendo de hecho una misma realidad, usando tan sólo diferentes palabras?

Sabiduría: El arcángel Uriel en la tradición judeocristiana; Toth en la cultura egipcia; Atenea en la tradición griega; Minerva en la cultura romana; Saraswati en la tradición védica; Así en Persia; Mimir en la tradición escandinava; Emer en la tradición celta; Omoikane o Fukurokuju en la tradición shinto; Erland Shen en China.

Justicia: El arcángel Miguel en las tradiciones judeocristiana y musulmana; Aino en Finlandia; Akonadi en Ghana; Ma'at en Egipto; Belet Seri en Babilonia; Justitia en la cultura romana; Varuna en la tradición védica; Themis en griego; Forseti en Escandinavia; Itztlacoliuhqui en la tradición azteca.

Sanación: Ah Unicir Dz'acab en la tradición maya; Sekhmet en Egipto; Asclepius en la tradición griega; los Ashvins en la cultura védica; Xu para los aborígenes de África; Patecatl en la tradición azteca; Wong Tai Sin en China; Rafael en la tradición judeocristiana; Israfi en el islam.

Mensajero divino: Mercurio en la tradición romana; Hermes en la cultura griega; Gabriel en las tradiciones judeocristiana y musulmana; Agni (también dios del fuego) en la tradición védica; Elégbara en la cultura yoruba; Hahana Ku en la tradición maya;

Ismud en Mesopotamia; lentengamunye Swazi en Swazilandia; Ockabewis entre los indios chippewa.

Prosperidad: Anauel en la tradición judeocristiana; Aje en la tradición yoruba de África; Daikoku en Japón; Tsai Shen en China; Lakshmi en la tradición védica de la India, Euthenia entre los griegos.

Guía interior

Muchas culturas antiguas describen niveles de los planos celestiales, así como los de existencia en nuestro mundo, desde organismos primitivos de una sola célula a primates mayores y humanos, cada uno con su propio rango de inteligencia. La ciencia ha organizado las formas de vida inteligente en jerarquías de menos a más. No es un salto tan grande imaginar que este continuo de inteligencia pueda seguir muy lejos, incluyendo niveles de vida más allá de la nuestra, que existan en dimensiones que no son accesibles a nuestros sentidos. De hecho, muchas religiones y tradiciones espirituales describen las jerarquías de los ángeles o los devas u otros seres más inteligentes que representan un nivel de desarrollo más alto que el de los humanos.

Para un cristiano, la dimensión celestial se concibe en las formas apropiadas para las creencias cristianas: el elevado Jesucristo, los ángeles, el trono de Dios, un paisaje con toda la belleza del paraíso. Las imágenes no serían las mismas para los hindús o musulmanes, pero eso no importa. Lo que experimentó Eben Alexander fue un acceso repentino a las verdades que yacen en las profundidades. No hay razón para creer que las imágenes que él experimentó en particular, sean las que experimenten todos los demás. Es igual de probable que su experiencia sobre la naturaleza de la vida fuera universal, y se expresara en imágenes que sólo sean significativas para él. Se ajustaba a sus expectativas y esperanzas; su visión personal de Dios era seguramente una expresión de cómo la parte más profunda de su naturaleza individual era capaz de entender lo que está más allá del entendimiento humano.

Sea cual sea el camino que sigas, el propósito es guiarte hacia el mismo centro de verdad que encontró Eben Alexander. Ese lugar en donde el miedo se disipa y el amor se revela. Donde poco a poco se explica el trabajo de la luz y la oscuridad, del bien y el mal, de Dios y el hombre. Todos, así como la gravedad y las leyes de la naturaleza, son los hechos de la existencia y son invisibles a los ojos. Los rituales sirven para marcar el camino con símbolos visibles y gestos organizados que le muestran a la mente a dónde debe ir después.

Hemos descrito muchas prácticas rituales en este libro. Tienen el propósito de guiarte para evolucionar y crecer. Las apariencias de los rituales se ven diferentes, pero el objetivo interno siempre es el mismo. Entonces, ¿cómo sabes si estás llegando a la meta? La naturaleza te va a guiar, lo que significa que tu propia sabiduría interior te señalará el camino. Ésta es la guía más confiable que alguien puede seguir.

Cuando la gente busca un tipo de guía, por lo general se siente confundida y en conflicto. Se van para un lado y para el otro. Todos nos hemos encontrado en situaciones en las que el camino hacia adelante no es claro, y hasta que no lo sea, nos sentimos ansiosos y dudosos. Si alguna parte de tu vida te hace sentir así, aquí hay un ritual para reconocerla, aprender de ella, y luego realinearla con tu diseño de vida. Lo llamamos el "sistema guía de la naturaleza."

El fundamento de esta guía proviene de tu propia experiencia. Todos hemos tenido el sentimiento de expandirnos y el opuesto de contraernos. Suceden todo el tiempo. A veces te sientes genial, prendido, apasionado, energético, emocionado, cariñoso, generoso y optimista, éste es el estado al que nos referimos como "expandido." Otras veces te sientes triste, solo, ansioso, preocupado, enojado, frustrado, irritable, exhausto, deprimido y pesimista, llamamos a este estado "contraído."

No todos estos sentimientos necesitan existir, tampoco tienen que ser intensos. La mayoría de la gente, aunque asumen que no tienen un historial de depresión o ansiedad, caen justo en el rango medio de un humor negativo suave a moderado. El día avanza de manera normal cuando de repente hay una razón para contraerse, para retraerse dentro del caparazón. Les llega una mala noticia o reciben una gran cuenta de tarjeta de crédito o les llaman de la escuela para una charla de padres y maestros. Sea cual sea el detonante, ya no se sienten abiertos, relajados y conformes con las cosas.

Cuando estás consciente de este cambio incómodo, tienes la opción de usarlo para tu beneficio. Pero la mayoría de la gente sólo reacciona sin pensar, y tratan de evitar el dolor o la incomodidad matándose en el trabajo, comiendo en exceso o escapando, incluso al grado de abusar del alcohol o las drogas. Estos intentos por evadir los sentimientos incómodos sólo los entierran bajo la superficie, pero volverán a asomar la cabeza más tarde. Por eso, una enfermedad como una depresión ligera puede aumentar en espiral hacia una forma más severa conforme los detonantes se repiten y se refuerzan. Esto se va incrementando fuera de la vista, con frecuencia sin ser notada. ¿Es de sorprenderse que el uso de antidepresivos haya aumentado cuatrocientos por ciento entre 1988 y 2008? No curan la condición subyacente y se necesitan cada vez más para suprimirla.

Si imaginas que en la vida existe una continuidad que va de la alegría y la plenitud a la miseria y el sufrimiento, puedes imaginar que el sistema guía de la naturaleza funciona así:

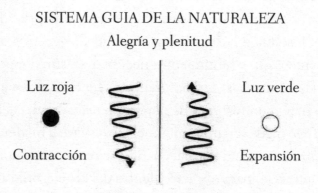

SISTEMA GUIA DE LA NATURALEZA
Alegría y plenitud

Luz roja

Luz verde

Contracción

Expansión

Miseria y sufrimiento

La vida está llena de expansiones y contracciones. Es justo como la respiración. A veces inhalas y otras exhalas. Ambas son necesarias para que la vida continúe. Lo mismo sucede con la expansión y la contracción, no importa qué tanto puedas desear sentirte en expansión todo el tiempo.

La depresión surge cuando alguien experimenta la contracción y se enfoca sólo en la historia que cree que causó esa contracción. "A lo que más atención le pones, crece y se vuelve más fuerte." Es decir que entre más atención le des a lo que creas que te hace miserable, más miserable te vas a volver, como lo indica la espiral que apunta hacia abajo en el lado izquierdo del diagrama anterior.

Pero la expansión y la contracción les suceden a todos, incluso a la gente que es en extremo feliz y exitosa. Entonces,

¿cuál es la diferencia? Todo está en la manera en que interpretan su experiencia.

Cuando empiezas a darte cuenta de que la contracción es una señal de parar, de tomar un descanso y obtener más claridad, entonces dejas de sufrir.

Es justo como una luz roja cuando vas manejando. Si eres inteligente, no te molestas con la luz roja, sino te das cuenta de que está ahí para prevenir que tengas un accidente y asegurar que el tránsito fluya mejor.

De la misma manera, los periodos de expansión no son personales. Son como la luz verde que te dice que es momento de ir, actuar, seguir tus pasiones y avanzar en la dirección que te inspira.

PRÁCTICA RITUAL
El sistema guía de la naturaleza

La siguiente práctica es una manera fácil y efectiva de regresar a la expansión lo antes posible cuando te sientas contraído:

El proceso de expansión

Paso 1: Notar lo que sucede por dentro. Hasta que no tomes conciencia de que estás contraído, no hay mucho que puedas hacer al respecto. Así que debes estar alerta, y no disminuyas los síntomas de la contracción, los cuales pueden ser algunos de los siguientes:

Aparecen pensamientos sombríos.

Tu humor ya no es alegre y optimista.

Has comenzado a preocuparte.

Terminar cualquier cosa se vuelve una gran tarea rutinaria.

Tienes una sensación de hundimiento en la boca del estómago.

Te sientes solo y desamparado.

Tienes una sensación vaga e inquietante de que algo malo va a suceder.

Te invade la tristeza con frecuencia de manera inesperada.

Sientes rigidez o incomodidad en alguna parte de tu cuerpo, como opresión abdominal o rigidez en el cuello.

Sientes dolor en el pecho o corazón, por lo general con opresión.

Aparecen dolores, tales como dolor de cabeza o estómago.

Paso 2: Respira. Cuando notes cualquier signo de contracción, toma una pausa, inhala y exhala unas cuantas veces de manera profunda. Cierra los ojos y siente cómo la honda respiración dentro de ti, abre toda tu fisiología. Permite que se esparza la sensación de relajación. Cuando nos enojamos, nuestras inhalaciones tienden a hacerse más superficiales e irregulares, así que respirar con profundidad te ayudará a calmarte. No hay otro mecanismo tan poderoso para restablecer tu cuerpo en todos los niveles.

Paso 3: Pide estar abierto. Cuando estás contraído y alguien te pide algo ¿qué es más probable que contestes: "sí" o "no"? "No", por supuesto, incluso cuando a lo que estás diciendo "no" es ayuda y apoyo, justo lo que necesitas para sentirte mejor. Así que debes mirar hacia adentro y decir, "Por favor, permíteme estar abierto para expandirme de nuevo." Al mismo tiempo, estás reconociendo que la expansión es tu estado natural.

Paso 4: Sumérgete en el sentimiento. Una vez que te sientas un poco más estable, necesitas soltar la incomodidad y opresión que está provocando tu contracción. Por lo general, esto se resume en una sensación física, emocional o en pensamientos negativos. Los sentimientos que están relacionados con el malestar te piden que los sientas. Si en vez de eso, te alejas y entierras la incomodidad, por lo general seguirá incrementándose para llamar tu atención. Cuando esto sucede, no te están castigando. Una parte de ti quiere que le pongas atención.

Debido a que pueden ser dolorosos, la mayoría de nosotros tratamos de evitar las emociones estresantes. Pero la evasión sólo hará que las cosas empeoren más adelante. Recuerda y di: "Estos pensamientos/sentimientos/sensaciones quieren irse. Les puedo enseñar el camino de salida." Ve a un lugar privado y siente el estrés específico (mental, físico o emocional) mientras te concentras y te relajas.

Hay una cierta habilidad al hacer que esto se desarrolle con la experiencia. La mayoría de la gente se aproxima al estrés con bajas expectativas, y se preocupa de que un síntoma aislado signifique un enorme problema difícil de enfrentar. Con seguridad las incomodidades de todos caen en un patrón. Si tiendes a deprimirte cuando alguien más se enoja, si sientes mariposas en el estómago mientras a alguien más le da dolor de cabeza, tu originalidad se volverá familiar con el tiempo. Esa sensación de "Aquí vamos" enmascara el hecho de que el sentimiento, pensamiento o sensación negativa, quiere escapar, sin importar qué tan seguido la hayas experimentado. El sistema del cuerpomente está programado para desechar dolor e incomodidad. Así que no te desmotives, no puedes desechar años de condicionamiento de un solo golpe. Necesitas persistencia y el conocimiento de que puedes expandirte... si quieres.

Precaución: no estamos aconsejando que sólo sientas el dolor de una condición médica para hacer que se vaya. Hay una gran diferencia entre sentir el corazón herido y tener un ataque al corazón. Los síntomas físicos que persisten, en especial si se vuelven más fuertes con el tiempo, en definitiva requieren la atención de un doctor.

Paso 5: Siente la sensación. Conforme pones atención a la fuente de tu incomodidad, sigue respirando. Sólo que esta vez, exhala de manera consciente el dolor. Deja que se aleje de tu sistema con cada exhalación. Nota cualquier sensación física en tu cuerpo y dirige tu atención a esa sensación. A mucha gente le parece que la visualización ayuda para esto, ven una luz blanqui-dorada que llena el cuerpo y luego fluye hacia fuera en la exhalación, sacando toda la negatividad y las impurezas con ella.

Recuerda, tus sentimientos te pertenecen a ti y a nadie más. Déjalos ir a donde quieran, mientras te quedas dentro de tu zona de confort. En el momento presente, la mayoría de la gente sólo puede liberar cierta cantidad de emoción (hay pocas posibilidades de que tu enojo se convierta en hervor de rabia o tu tristeza en desesperación). Aquí es donde la práctica se vuelve útil. Libera un poco de emoción la primera vez, ve sintiendo tu camino de manera gradual. Hacer ruido es útil: gritarle a una almohada, gemir o rugir, llorar a gritos. Tus emociones conocen el ruido que quieren hacer. Déjalas hacerlo. Lo mismo aplica para los movimientos corporales. Existe liberación al columpiar los brazos, golpear el piso con los pies, brincar y dar patadas al aire.

No hay que forzar ninguno de estos mecanismos de liberación. No se trata de hacer drama, sino de sentir lo que tu sistema quiere hacer para soltar la incomodidad. Continúa hasta que sientas que la contracción se está yendo y la expansión se está incorporando. No liberes tu estrés de manera tan forzosa que al final termines cansado. El secreto aquí es que, una vez que le mandas señales al cuerpo y a la mente que quieres liberar estrés, dar el primer paso es suficiente por lo general para detonar un proceso que tu sistema continuará por sí mismo.

Paso 6: Usa las herramientas. Dale seguimiento usando las herramientas que tienes para volver a un estado más expansivo. En este contexto, las herramientas son cualquier cosa que sepas que te puede ayudar a sentir mejor. Puede ser salir a caminar, escuchar música, hablar con un amigo, hacer "el trabajo" de Byron Katie, o cualquier otra herramienta que estés acostumbrado a usar. Sólo debes estar alerta para sentir las sensaciones *antes* de usar estas herramientas; de otra manera, se vuelven una forma de evitar sentir el origen de tu contracción, la cual luego se almacenará en vez de liberarse.

Paso 7: Comunícate de forma clara. Si la molestia tiene que ver con alguien más que es cercano a ti, el momento para hablar con él o ella no es cuando estás molesto y contraído. Una confrontación inmediata siempre llevará a más contracción. Espera a que te sientas expandido y tranquilo. Entonces podrás acercarte a la persona de manera más cariñosa, con mayores posibilidades de generar una diferencia.

Usamos una fórmula de tres pasos para la comunicación clara. Es increíblemente valiosa en las relaciones de esposos, parejas, familias y amigos. Puede adaptarse, usando las palabras apropiadas, a colegas y jefes de trabajo. En su forma más pura, la fórmula de tres pasos es "te amo y me amo", pero la puedes modificar para diferentes situaciones: te valoro y me valoro, te respeto y me respeto, te tengo una gran estima y tengo una gran autoestima.

Así es como funciona:

1. *Te amo.* Empieza por expresar lo que aprecias y valoras sobre la otra persona, y demuestra que entiendes y respetas su perspectiva.
2. *Y.* "Y" conecta, "pero" separa. ¿Alguna vez te han dicho algo agradable que siga con un "pero"? Borra todo lo que se dijo con anterioridad, ¿no es así? Usa "y" para crear una expectativa diferente.
3. *Me amo.* Éste es un punto de respeto mutuo. La comunicación clara requiere compartir tus necesidades y expectativas. Cuando te sostienes en tu propia autoestima y dignidad, creas la posibilidad de llegar a una conclusión que pueda funcionar para ambos, para ti y la otra persona.

Lo valioso del sistema guía de la naturaleza es que te estás alineando con tu propia existencia. Es la tendencia del sistema mente-cuerpo para alcanzar el equilibrio, la comodidad y la falta de estrés. Puedes ver que lo mismo pasa con los animales. Por ejemplo, cuando un gato fracasa en agarrar un pájaro, se aleja moviendo la cola y luego toma una siesta, dos mecanismos para liberar la frustración que le llegan de manera natural. Los seres humanos no son muy diferentes. Nos sacudimos el mal humor y nos encojemos ante los pequeños problemas. Nos sentimos mejor con nuestras emociones después de tomar una siesta. En el ritual que te acabamos de dar, llevamos los reflejos naturales un poco más lejos.

Salir de la contracción implica práctica, pero vale la pena. Necesitamos herramientas de apoyo, hay demasiado estrés ahí afuera para intentar sacudirlo todo. Todos los días de la próxima semana, haz una nota mental cuando te enojes, te irrites, te frustres, te enfurezcas o te canses. Piensa: "Oh, así es cómo se siente la contracción." Vuélvete familiar con el ritmo de la contracción y la expansión que te sigue durante el día. Puede expresarse en pares:

La contracción contra la expansión: polos opuestos

Para saber tu punto de partida, tienes que ponerle nombre a lo que sucede. Sin una etiqueta, los sentimientos se cuelan y no van a ningún lado. Cada vez que notes que te estás empezando a contraer, incluso si el sentimiento es vago, consulta la lista a continuación y nombra tu incomodidad. Cuando sabes la situación por dentro, puedes cambiarla por fuera. La autoconciencia es la clave para expandir la conciencia.

Irritable contra contento

Triste contra alegre

Doloroso contra agradable

Estresado contra relajado

Apretado contra suelto

Rígido contra flexible

Duro contra suave

Pesimista contra optimista

De mentalidad abierta contra mentalidad cerrada

Controlador contra permisivo

Exigente contra tolerante

Frustrado contra satisfecho

Rechazar contra aceptar

Cuando te acostumbres a la manera en que estas polaridades te contraen y te expanden, empieza a enfocarte en nuestro propio patrón particular de contracción. Haz una lista, y luego usa el ritual del sistema guía de la naturaleza para salir de tu contracción. Con práctica, es una manera poderosa de volverte más expansivo en general.

Mis típicos estados de contracción son:
1. _____
2. _____
3. _____
4. _____
5. _____

Al enfocarnos en la guía interior, parece que nos hemos alejado un poco de los rituales, pero en realidad no es así. Desde la India hasta América, cuando atestiguas un ritual ceremonial desde afuera, es típico ver cantos, bailes, ofrendas, humo y marcas corporales distintivas. Pero lo que sucede en realidad al nivel de la conciencia va más allá de lo físico: una conexión interior está guiando a los integrantes en su viaje. Puede ser que entren al plano celestial o sutil que describe el doctor Alexander de manera tan vívida. Tal vez tengan contacto con espíritus, guías animales o ancestros antiguos. O es posible que no haya nada visual en absoluto. Puede ser que estén contactando el nivel de conocimiento que Alexander visualizó como una bola de luz, la orbe que le enseñó las verdades superiores.

Detrás de los bailes, cantos, fumarolas de humo y demás elementos de los rituales que se han hecho durante miles de años, los participantes pueden estar experimentando profundos estados de conciencia. Aquí hay una descripción de la experiencia del ritual ceremonial de Tlakaelel, o "el viejo tolteca", el nombre adoptado por Francisco Jiménez mientras siguió los caminos ancestrales del México precolombino durante cincuenta años:

> … aquí dentro, alcanzas un punto en el que sientes éxtasis. Es algo muy hermoso, y todo es luz. Todo vibra con señales muy pequeñas, como ondas de música, muy suaves. Todo brilla con una luz azul. Y sientes un tipo de dulzura. Todo está cubierto con esa dulzura, y hay paz. Es una sensación como de un orgasmo, pero puede durar mucho tiempo.

Los rituales ceremoniales están diseñados como un mecanismo para conectar con niveles superiores de orientación. Cuando haces una conexión, te encuentras con las mismas verdades que han transmitido los más grandes maestros espirituales y que Alexander descubrió cuando viajó hasta el fondo. Hay una guía dentro de todo ese conocimiento superior. Tu conciencia te permite acceder a este conocimiento para resolver problemas, alcanzar una meta deseada, o simplemente seguir evolucionando. Cuando empiezas a tener acceso a una parte más profunda de tu propia inteligencia, te das cuenta de que el miedo es innecesario, el "mal" es limitado, y sobre todo, que eres amado.

Estos no son sólo clichés. Hoy en día las investigaciones publicadas en revistas serias apoyan la idea de que estas experiencias interiores tan profundas tienen una influencia más allá del individuo.

Se hicieron una serie de experimentos con grandes grupos que practicaban juntos meditación trascendental (TM) por un periodo específico de tiempo, por lo general una semana. Ahí, los investigadores pudieron estudiar las estadísticas criminales, y de hecho, en todos los casos en que los grupos estaban meditando en una ciudad grande, los índices de crimen se redujeron justo durante el periodo de tiempo en cuestión. Es decir, el índice de criminalidad era más alto antes y después del experimento. Parecía como si la paz interior y exterior se conjuntaran.

Uno de los ejemplos más dramáticos de este efecto, fue publicado en el *Journal of conflict resolution (Diario de Resolución de Conflictos)*. Un grupo avanzado de personas que practican TM llevaron a cabo su programa en Israel por varios meses durante la guerra de Israel y Líbano en 1983. Los investigadores midieron la relación entre el tamaño del grupo de personas que meditaban y el número de variables, incluyendo las muertes por guerra en Líbano. Encontraron una relación inversamente proporcional. Cuando el tamaño del grupo de personas meditando incrementaba, se reducía el número de muertes por guerra, y cuando el tamaño del grupo bajaba, las muertes por guerra aumentaban. Ya que usaban el análisis estadístico más avanzado disponible, descartaron todas las explicaciones alternativas concebibles para estos resultados. En los reportes, cuando uno de los críticos devolvió los resultados al diario, comentó, "No hay manera que pueda creer los resultados de este estudio, pero el método científico es impecable, así que sólo me queda recomendar que se publique."

A veces es difícil creer en la veracidad de las cosas que van más allá del alcance de nuestros sentidos y que están fuera del plano del mundo material.

Sin embargo, cuando adoptamos una perspectiva diferente, que el centro trascendente de cada persona está conectado a la vida misma, entonces los resultados de investigaciones como ésta en el *Journal of conflict resolution* cobran sentido.

Hoy, más que nunca, la evidencia de que nuestro mundo interior afecta el mundo exterior es irrefutable. Este mundo interior nos lleva a nuevos descubrimientos que emergen conforme se aparece poco a poco tu diseño de vida. No son simples recordatorios que se pegan en el espejo del baño. La vida interior y exterior deben evolucionar para que la verdad se mantenga y se convierta en una parte viviente de ti. ¿Puedes imaginar que una conexión interior sea diferente al tipo de comunicación al que estás acostumbrando, la cual viene del exterior? La mayoría de nosotros estamos tan acostumbrados a las influencias externas que no vemos cómo limitan nuestro propio conocimiento interior. Todos aceptamos opiniones y creencias de segunda mano. Caemos en el hábito de pensar igual que todos los demás. La presión para conformarse hace que sea difícil voltear hacia dentro y encontrar tu propia verdad. Puede ser que alguien se entere y les diga a todos los demás lo diferente que eres. Pero el viaje interior es el recorrido más fantástico que te puedas imaginar.

VISTAZOS DE UNA CONCIENCIA EN EXPANSIÓN

No hay razón para pensar que las experiencias "superiores" están reservadas sólo para unos cuantos. Todos tenemos un diseño de vida que es parte de nuestro ser y nos lleva de manera implacable al aspecto más profundo de nuestra propia naturaleza (de donde, por lo general, surgen tales experiencias). Muchas veces, con frecuencia sin advertirlo, has echado un vistazo al estado abierto, expandido y feliz que llega al tocar el centro trascendente de ti mismo. En otros momentos, tocas diferentes niveles de tu diseño de vida, por ejemplo, accedes a la perspicacia cuando tienes un destello de conocimiento o sabes de forma intuitiva que algo es verdad.

Tómate un momento para escribir y reconocer que has tenido momentos de conciencia en expansión. Al anotarlos aquí o en un diario, te volverás más reflexivo de estos momentos especiales y los harás una parte presente de lo que esperas en tu vida.

1. Piensa en un instante en que hayas sentido una gran felicidad o un profundo sentido de alegría o dicha estática:

   _____

   _____

   _____

   _____

2. Piensa en un momento en que hayas tenido ese "saber" interior, ese tipo de corazonada, cuando tu intuición era atinada:

   _____

_____

_____

_____

3. Piensa en una ocasión en que hayas estado de verdad presente y en el momento; alguna vez en que hayas sentido una profunda conexión con los demás a tu alrededor:

_____

_____

_____

_____

4. Piensa en un tiempo en que hayas sentido una profunda sensación de paz y que quizá hasta otros la notaron:

_____

_____

_____

_____

Conforme te conectas con tu propia sabiduría interior, los niveles "superiores" de inteligencia son reflejos de ti mismo. Pero, las capas de sabiduría en tu centro (que pueden proporcionar toda la alegría, creatividad y verdad que estás destinado a vivir) sólo pueden percibirse y conocerse cuando entras en ellas por completo. Así como le pasó a Alexander cuando echó un vistazo hacia otras dimensiones. Intentar concebir la inteligencia infinita es tan imposible como concebir la infinidad de los universos.

Pero la intención actual es que la inteligencia infinita desarrolle un patrón único para cada persona. Esta naturaleza única significa que no tienes que andar buscando la verdad dentro de un gran almacén con todas las sabias tradiciones del mundo. Sólo tienes que buscar en un lugar: dentro de ti, en el centro trascendente de donde surgen todos los niveles y capas. Por eso, la meditación, que es el ritual del pensamiento trascendente sistemático, está en el centro de las tradiciones de sabiduría.

Al final de una semana, Eben Alexander se sentó en la cama de la unidad de terapia intensiva. Su regreso fue extraordinario para la medicina. Había sobrevivido a una enfermedad que tiene un índice de mortalidad del noventa y siete por ciento. Se despertó con absoluta memoria de lo que había pasado mientras estaba en un coma vegetativo, lo cual sucede rara vez. Prosiguió a desafiar las expectativas médicas al recuperar un estado de salud normal. Incluso su hermana describió un arcoíris que apareció sobre el hospital cuando fue a visitar la unidad de terapia intensiva, sin saber que su hermano acababa de despertar.

Pero para él, la sorpresa más grande fue su transformación de un escéptico a un defensor de experiencias cercanas a la muerte. Al principio no estaba listo para aceptar que su experiencia había sucedido por una razón. "Todavía existía el viejo doctor dentro de mí queriendo saber qué tan extravagante y milagroso había sido todo." Pero el peso de las cosas imposibles que me pasaron, una tras otra, se volvió muy fuerte.

… cuando fui juntando la simple imposibilidad de todos los detalles, en especial cuando consideré qué tan perfecta era una enfermedad como la meningitis de *E. coli* para acabar con mi corteza. Al descubrir mi recuperación rápida y absoluta desde la destrucción casi completa… Simplemente tuve que tomar en serio la posibilidad de que en realidad *había* pasado por una razón.

El viaje de Eben al cielo refleja el viaje de la vida en el que todos estamos. Moviéndonos de donde estamos a un lugar donde se puede experimentar el amor como una ley de la naturaleza y la fundación de la vida misma.

Conforme vas limpiando los escombros y empiezas a tener acceso al potencial infinito del centro, tus experiencias se volverán expresiones tuyas, hermosas y únicas. Vivir tu diseño de vida servirá de inspiración a otros. Un diseño radiante que en verdad expresa tus riquezas escondidas, puede visualizarse así:

La expresión del diseño de vida (Arte de Joma Sipe)

En este hermoso trabajo del artista portugués Joma Sipe, el centro se expresa a través de las cuatro puertas que están conectadas a los dos anillos de la vida interior y exterior que las rodean. Ésta es una vida que contribuye con riqueza y motivación para todos aquellos con los que tienes contacto.

Nuestro libro termina donde el viaje empieza. Al mirar atrás, verás todo tipo de rituales para mejorar tu vida. Pueden resumirse en una estructura de 3 + 1:

> Los tres fundamentos de la vida diaria: tiempo, energía y mente;
> Más la dimensión espiritual, donde todo encuentra su fuente infinita.

El objetivo final de tu diseño de vida es darte la bienvenida a la totalidad, a la "riqueza iluminada." Verás por ti mismo que la separación es tan sólo una apariencia generada por tus sentidos. Cuando tu conciencia se expande por completo, la realidad cambia. Sólo hay amor y conexión. El mundo está completo cuando tú estás completo. Como la totalidad es el estado más sencillo de la existencia, causa los problemas que nacen del sentido de separación (del miedo a desvanecerse como la niebla). Verás, de manera clara y perfecta, que tu vida se sostiene por una creatividad infinita, y sobre todo, por amor. En la siguiente página comienza una historia sin fin y la vida humana empieza de verdad.

Posdata: si el mundo te llama, ¿puedes oírlo?

Justo después de amanecer, llaman al joven para salir de la cueva que ha sido su casa desde la infancia. Está emocionado, lleno de ideas. Camina de forma lenta hacia la cima de la montaña donde lo espera su *hátei*. El joven sentía la tierra, rica y suave bajo sus pies desnudos. La Gran Madre le daba soporte. Los verdes, cafés y rojos de los arbustos y árboles por los que iba pasando eran vivos, hermosos, vibrantes, magníficos con su exquisita belleza. Los espíritus guardianes están presentes en ellos, recordándole la herencia de su pueblo desde antes de que su memoria lo registrara.

Cuando llegó a la cima de la montaña, jadeaba. Ante él se abría una vasta extensión de montañas que jamás había visto, elevándose a más de 5 400 metros a lo largo de cuarenta kilómetros por toda la costa del caribe. El joven estaba atónito. Estaba viendo el mundo por primera vez. Había escuchado descripciones toda la vida, pero el mundo exterior sólo eran imágenes en su cabeza, eran como dibujos al carboncillo, en blanco y negro. Ahora, una explosión de colores, olores, sonidos y sensaciones entraban por sus sentidos.

La mayor parte de sus dieciocho años, el joven arahuaco vivió dentro de los confines del centro ceremonial de hombres. Ahí era su casa, escuela y templo. Arregoces, como lo llamaremos, estuvo en preparación para un rol sagrado en la tribu. Su comida era preparada de forma especial porque todo tenía que ser blanco. Desde la niñez le enseñaron las complejidades de preparar los elementos ceremoniales y ofrendas devocionales que se requerían para los rituales sagrados. Aprendió a entrar al *Se,* el centro espiritual de la existencia en la cultura arahuaca y a interpretar las visiones, mensajes e intuiciones que surgían de su alma, del mundo del pensamiento y la imaginación.

Los ancianos de la tribu habían transmitido todo esto con mucho cuidado. Ahora Arregoces podía atravesar este misterioso reino interior con las habilidades de un explorador entrenado. Lo más importante es que entendió su rol como uno de los *Mamas,* "guardianes del mundo", quienes mantienen el balance y sostienen la vida en la tierra. A través de experiencias, los ancianos le han mostrado que el valor real de la vida surge de lo que está más allá de los sentidos, en el mundo del espíritu. Y ahora Arregoces estaba "renaciendo" al mundo después de terminar dos periodos intensos de entrenamiento. Cada uno duró nueve años, reflejando los nueve meses que había pasado en el vientre de su madre.

El *hátei* sostenía un tazón con hojas de coca secas. Arregoces tomó unas, las puso en su boca, las masticó formando una bolita pequeña que apretaba con suavidad contra su mejilla. Los efectos de la hoja son mucho más leves que la cocaína concentrada que se extrae de ellas. El *hátei* sirvió agua en un guaje que tenía conchas de mar tostadas recogidas en la playa por una expedición de ancianos y empezó a salir vapor. Esto sucede porque cuando el agua se mezcla con la alta concentración de cal de las conchas se genera una reacción química. Después le entregaron el tercer elemento de su iniciación, un palo puntiagudo.

Arregoces puso el palo en su boca y cubrió la punta con las hojas de coca mojadas, entonces lo insertó en el guaje humeante.

El agua de cal reaccionó con las hojas formando una sustancia amarillenta, la cual frotó por la abertura del guaje. Dejó un poco en la orilla para secarla en una corteza, a la cual se le agregará más día tras día por el resto de su vida. Al ir construyendo una capa más gruesa, sólo verla le recordará sus obligaciones como guardián espiritual y sustentador.

El ritual que hemos descrito es una reconstrucción basada en la investigación del doctor Wade Davis, explorador en residencia de la National Geographic Society, y Alan Ereira, un escritor y reportero de la BBC cuyo extraordinario documental *Desde el corazón del mundo* (www.thehiddenriches.com/heartoftheworld) era el primer intento de las tribus para advertirnos, a sus "hermanos menores", que estábamos destruyendo nuestro planeta.

La tribu arahuaca vive en las montañas del norte de Colombia, en la Sierra Nevada de Santa Marta, y todavía se conservan lejos del mundo exterior. Son una de las cuatro tribus descendientes de la antigua civilización Tairona, la cual nunca fue conquistada por los españoles. Cuando llegaron los conquistadores, estos pueblos se refugiaron en las montañas, donde vivieron sin ser molestados por los caprichos de las civilizaciones modernas, hasta la década de 1940. Separados por lengua pero unidos por las creencias y prácticas espirituales, tres de las tribus, incluyendo los arahuacos, han mantenido su cultura al menos durante mil años. Hasta la fecha han rechazado permitir al Occidente entrar en sus dominios, salvo por unas cuantas excepciones especiales.

Wade Davis ha pasado mucho tiempo con los arahuaco, primero en la década de 1970 y luego otra vez, treinta años después. Fue uno de los primeros extranjeros a los que se les permitió observar el extraordinario ritual de convertirse en adulto descrito en la historia de Arregoces. Hoy en día, su casa está en Washington D. C. y sirve como una embajada no oficial para los arahuaco, quienes nos envían delegaciones tratando de transmitirnos la urgencia de nuestro problema global actual.

La tribu arahuaca ha experimentado de forma directa los devastadores efectos del calentamiento global. Por ejemplo, cuando las capas de nieve de sus sagradas montañas se empezaron a derretir, la vegetación que vivía gracias a esta nieve murió. La violencia alrededor del tráfico de cocaína ha diezmado a su pueblo. Como "hermanos mayores," sienten que le han fallado a nuestro mundo y ahora deben educar a sus "hermanos menores" en formas espirituales.

Empezamos este libro con el llamado que hizo una tribu al mundo, los Achuar, y terminamos con otro pueblo que toma la responsabilidad por el estado de la naturaleza y nuestro lugar en ella. Los rituales cumplen una necesidad universal para una vida pacífica, ordenada y significativa. Cuando miras alrededor y observas las amenazas que enfrenta nuestro planeta, estás escuchando el llamado que el mundo te hace, y al mismo tiempo es tu propia voz. Estás reconectando tu sentido de empatía, compasión y vinculación emocional humana.

Así que te daremos un último ritual para abrazar a todos los que tienen la intención de paz y de curación para nuestro precioso planeta. Es una oración védica cuyas palabras son antiguas pero su intención es atemporal:

> Que el bien pertenezca a todas las persona del mundo.
> Que las reglas vayan más allá del camino de la justicia.
> Que lo mejor de un hombre y su origen prueben ser una bendición.

Que todo el mundo disfrute la felicidad.

Que la lluvia llegue a tiempo y la abundancia llene la tierra.

Que el mundo sea libre de sufrir y los nobles de corazón libres de temor.

Lee esta oración y repítela cuando sientas que el mundo te llama, lo cual pude ser diario. Preocuparte, sufrir, deprimirte o sentirte mal no es la forma de ayudar a curar el mundo. Lo harás reforzando tu conciencia interior. Dentro de ella existen todas las herramientas para sanarlo. Los rituales están aquí para mejorar tu crecimiento personal y formar lazos invisibles que te reconecten con todos los demás. Con este conocimiento, la esperanza y las razones para ser optimistas son enormes. El diseño de una persona expresa el propósito de la vida misma, el cual tiene la respuesta para cada problema.

Apéndice:
guía fácil de referencias

Una visión de la plenitud

Cuestionario: ¿Cómo gastas tu tiempo?, 38

Cuestionario: ¿Cómo gastas tu energía?, 41

Cuestionario: ¿Qué tan bien te trata tu mente?, 45

Rituales básicos: tomando el ritmo

Cuestionario: ¿Te cuidas?, 52

Práctica ritual: Rutina diaria, 55

Tu momento de "revelación" y cómo alcanzarlo

Práctica ritual: Respiración alternando las fosas nasales, 95

Cuestionario: ¿Cuáles son tus creencias de corazón?, 103

Rituales para relaciones mágicas

Práctica ritual: Atraer a la pareja perfecta, 126

Práctica ritual: *Wabi-sabi*, 137

Práctica ritual: Para la intimidad, 145

Rituales para la dieta, la salud y la belleza

Práctica ritual: El Plan Daniel, 152

Práctica ritual: Cómo corregir desequilibrios sutiles, 155

Práctica ritual: Mascarilla tahitiana, 157

Práctica ritual: Ritual humectante de Dawn, 160

Pasos siguientes

Descubrir tu diseño de vida es un viaje. Necesitas tener claro quién eres, qué te ilumina y cuáles son los dones que traes de nacimiento. No importa si este proceso de descubrimiento es nuevo o viejo para ti. En www.thehiddenriches.com encontrarás herramientas útiles y divertidos consejos para ayudarte a aclarar el diseño único de tu vida y cómo alinearte con él.

Tal vez sepas que el cambio no se da solo. Ya nos escuchaste decir: "A lo que más atención le pones, crece y se vuelve más fuerte." Uno de los mayores valores del ritual es ayudar a dirigir tu atención a las cosas que te traerán mayor satisfacción y plenitud.

Y para empezar a descubrir el poder de la transformación de los rituales diarios, simples y fáciles de hacer, hemos diseñado el Reto de 30 días. Te ayudará a hacer un cambio significativo y alinearte con tus deseos y tu propósito único.

Inscríbete en: www.thehiddenriches.com/challenge

Te guiaremos a través del proceso *Descubre el secreto* para encontrar tus cinco pasiones, luego te ayudaremos a crear rituales simples de cinco minutos que puedes hacer cada día para reforzar la intención del cambio que estás haciendo. A través de nuestro grupo de *facebook* (llamado *Challenge*) podrás conectarte con otras personas que están experimentando el mismo proceso.

Una vez que empieces, cada día recibirás un pequeño video con mensajes que te mantendrán inspirado. Éstos te guiarán para crear una visión de tu vida y un plan de acción para hacerla realidad.

He aquí los comentarios de dos participantes:

Muchas gracias por estos treinta días. ¡Por fin pude mantener un ritual diario! Había querido hacerlo durante años. Aunque me salté un par de días (para cuidar a mi primer nieto), ¡los anteriores fueron maravillosos! Me ayudó a ser más específica con lo que quiero. ¡Las cosas y las oportunidades han empezado a llegar! Continuaré mi ritual diario de manera constante y feliz. ¡Gracias otra vez por la dirección y el apoyo!

Margaret Soloway

Quiero agradecerles por esta experiencia tan poderosa ("¿simple?"). Es muy engañoso como un ritual diario aparentemente sencillo genera tanto poder. Puedo identificar acciones diarias y decisiones que escojo a favor de mis pasiones. Si no estuviera haciendo el ritual diario, habría sido fácil desviarse entre "práctico" y "obligatorio" (también debemos satisfacer estas necesidades, pero si cumples tus deseos primero parecen darte energía).

Ildiko Haag

Si estás listo para aplicar lo que leíste y usarlo para cambiar tu vida, el Reto de 30 días de rituales es tu boleto.

www.thehiddenriches.com/challenge.

Agradecimientos

Todos: este libro conlleva un esfuerzo extraordinario. El apoyo del increíble equipo en *Harmony Books* es una bendición. Gracias a nuestra maravillosa y asombrosa editora, Mary Choteborsky, por su clara guía, su gentil impulso, sus astutos comentarios y su asombrosa flexibilidad.

También a nuestra publicista, Tina Constable, quien estuvo con nosotros al empezar el viaje de convertirnos en autores cuando trabajamos en el libro de nuestros queridos amigos, colegas y compañeros Mark Victor Hansen y Robert Allen. Tina, gracias por tu confianza en nosotros y por darnos la oportunidad de trabajar con tu increíble equipo.

¿Cómo agradecer al hombre que creyó en nosotros y nos empujó para dar lo mejor? Scott Hoffman, eres un héroe. Tu inteligencia nos sorprendió, tu corazón nos tocó y tu amistad significa todo para nosotros. Tenerte como agente literario ha sido una de nuestras más grandes bendiciones. Y fuera de todo eso, ¡tu karaoke es inigualable!

Si este libro tiene algo de brillantez y sabiduría es gracias al soporte y trabajo de nuestro querido amigo y editor, George Brown. Por ti y por la maestría inspiradora que emana de ti, se hizo este libro, y se hizo bien. Gracias.

También, nuestro más sincero agradecimiento a los otros miembros del equipo en *Harmony*: Diana Baroni, Tammy Blake,

Ellen Folan, Allison Judd, Meredith McGinnis, Christina Foxley, Derek Reed y Stephanie Knapp.

Dean Draznin y todo el equipo de Draznin PR, ¡son una roca! Gracias por sacar este mensaje al mundo.

Tuvimos incontables entrevistas con algunos de los expertos en rituales más divertidos, interesantes y sabios del mundo. Nuestro sincero agradecimiento a todos por su tiempo (sabíamos que no tenían mucho). En especial al maestro Stephen Co, doctor Alex Loyd, doctor Andrew Newberg, doctor Wade Davis, Lynne Twist, Dawn Gallagher, Rev. Michael Beckwith, Jack Canfield, Arielle Ford, Lynne McTaggert y el doctor Eben Alexander.

Cuando buscamos los mejores ejemplos del arte mandala, las fuerzas invisibles de la vida nos enviaron al artista portugués Joma Sipe. Joma, tu generosidad al compartir tus dones tocó nuestros corazones de forma profunda. Estamos honrados y muy agradecidos de que hayas creado *La expresión del diseño de vida* para este libro en especial (página 301). Confiamos en que muchos de nuestros lectores visitarán la página www.jomasipe.com y descubrirán tus hermosas obras de arte.

¿Cómo habríamos creado este libro sin la inspiración y ejemplo de nuestra querida hermana Marci Shimoff? Marci, tú eres nuestra roca, guía, maestra, amiga, soporte y nuestra mayor animadora. Tu conocimiento y genialidad cuando nos das un mensaje es inigualable. ¡Te amamos muchísimo!

Gracias querido Fairfield, Iowa (nuestro lugar favorito para vacacionar). Sólo estar ahí nos recuerda lo que de verdad importa en la vida.

Nuestra gratitud más profunda al mayor de los maestros, abrió nuestros ojos y nuestros corazones al poder del ritual y a la unidad de todas las cosas: Su Santidad Maharishi Mahesh Yogi. No hay palabras que expresen lo que aprendimos de usted. Nuestra esperanza es que este libro sea una ofrenda por las bendiciones que nos ha dado.

Janet: ¡Wow! Bueno, ahora viene la parte divertida… Muchas gracias a mis queridos ángeles, Suzanne Lawlor, Alexsandra Leslic, doctor Sue Morter, Elisa Zinberg y Marci, por pasar tanto tiempo conmigo pensando en este libro durante Navidad y darme el mejor regalo de todos, su talento.

A mi amiga Debra Poneman, por tu retroalimentación inspiradora y tu amorosa presencia en mi vida.

A mi adorable asistente Josephine por asegurarte de que la casa esté limpia, la ropa en su lugar, flores por todas partes y mi bebida verde aparezca siempre que la necesito (mientras nos metíamos por completo a crear este libro).

A mi hermano John por tu invaluable y honesta percepción y retroalimentación al leer los primeros borradores. Y a mi hermana Mickey por siempre estar al pendiente y amarme de la forma que puede.

A mi querida Sylva por emocionarte como yo lo hice sobre las posibilidades de este libro, tanto como para inspirarme a sentarme y empezar a escribir. También por tu sorprendente investigación que descubre tantos tesoros.

A Chris por darte cuenta del potencial que tenía este libro y por estar cien por ciento concentrado en que lo acabáramos.

Por último, gracias a Bonnie Solow, nuestra agente de *Descubre el secreto*. Tu guía nos ha enseñado mucho, a tal punto que tu sabiduría siempre estuvo con nosotros al crear este nuevo libro.

Chris: ¡Wow! Qué viaje. Cuán bendecido estoy de tener a la esposa más amorosa, comprensiva y maravillosa. Doe, eres todo lo que soñé tener en la vida. Gracias por apoyarme durante los largos días y noches del tiempo que tardó en estar listo este libro.

A Sophie Nandini Jyoti Bagambhrini Attwood, Tianna Satya Priya Devi Attwood y Christopher Bala Rama Attwood, ustedes son las mayores bendiciones del cielo. Me siento muy agradecido por su existencia. Gracias por su participación paciente y feliz en los rituales de nuestra familia. Por ayudar a su papi a sentirse el hombre más afortunado del universo.

Querida hermana Sylva, gracias por este asombroso viaje. Por tu paciencia, tu amor y tus brillantes contribuciones para este libro. ¡Estoy muy emocionado por haberlo hecho juntos y por presentarte al mundo!

De manera especial, querida hermana Janet (aka Janima), madrina de mis hijos, mi maestra, guía, compañera de negocios y mejor amiga: gracias. Gracias por tener la inspiración de traer este libro a la vida y por permitirme ser parte de él. Me has dado la oportunidad de compartir mis mayores deseos y adentrarme en el misterio de esta maravillosa experiencia llamada vida. Me siento profundamente bendecido de tenerte en mi vida.

Sylva: Estoy agradecida por este viaje de rituales y el nacimiento de este libro. Primero, gracias a mis padres. Sin su enorme valentía para creer en la libertad, nunca habría sabido el verdadero significado de la palabra. A todos los miembros de mi familia, a mi hermana Radana, mis sobrinos Anna y James, gracias por la vida que compartimos.

Janet y Chris, ustedes son parte de mi familia, su presencia en mi vida es un gran regalo y una bendición. Hermana Janima, tu pasión y amor llegan más allá de este mundo. Hermano Chris, tu bondad de corazón y genialidad brillan como la estrella más luminosa del universo.

Travis, gracias por ser mi roca. Tu presencia me da amor, solidez y soporte. Mi magnífico león: te amo.

A mis madrinas, Mihaela, Jean, Sharon, Deborah, Stacie y Kande, ustedes y nuestros años del ritual del círculo mensual son un tesoro en mi vida. Rosanne, gracias por tu inquebrantable fe en mí. Gracias a todos los amigos que me apoyaron en el nacimiento de este libro, incluyendo a Liora, Annika, Agnes, Mark, Cristina, Phil, Leslie, Julie, Tami, Brian, Rose, Jana, John, Doe y Rhya.

A mis maestros, mentores y en especial a su Divina Gracia A. C. Bhaktivedanta Swami, por su sabiduría y guía. A mis clientes porque me inspiran. A mi precioso Ángel, a todos los animales y espíritus de la tierra porque diario me enseñan el poder de la naturaleza.

Agradezco a Dios, con la conciencia de que a través del ritual ¡podemos experimentar la creación y lo sagrado que hace todo posible en cada momento!

Amén

Namasté

Tu riqueza oculta, de Janet Bray Attwood y Chris Attwood
se terminó de imprimir en mayo de 2015
en los talleres de Litográfica Ingramex, S.A. de C.V.
Centeno 162-1, Col. Granjas Esmeralda,
C.P. 09810, México, D.F.